LA MAGIA DE LEER EN VOZ ALTA

Meghan Cox Gurdon

La magia de leer en voz alta

Los beneficios intelectuales y emocionales
de la narrativa oral en niños y adultos

URANO

Argentina – Chile – Colombia – España
Estados Unidos – México – Perú – Uruguay

Título original: *The Enchanted Hour –The Miraculous Power of Reading Aloud in the Age of Distraction*
Editor original: Harper, An Imprint of HarperCollinsPublishers, New York
Traducción: Núria Martí

1.ª edición Marzo 2020

ISBN: 978-84-16720-91-0
E-ISBN: 978-84-17780-80-7
Depósito legal: B-4.788-2020

Fotocomposición: Ediciones Urano, S.A.U.

Impreso por: Rotativas de Estella – Polígono Industrial San Miguel Parcelas E7-E8
31132 Villatuerta (Navarra)

Impreso en España – *Printed in Spain*

Para Hugo y los Chogen

El alma está contenida en la voz humana.
JORGE LUIS BORGES

El amor no es inerte como una piedra. Hay que crearlo,
como el pan, rehacerlo continuamente, de nuevo.
URSULA K. LE GUIN

Índice

Nota de la autora

Este libro surgió de «El gran regalo de leer en voz alta» [«The Great Gift of Reading Aloud»], un artículo que escribí para el *Wall Street Journal* en el verano de 2015, que a su vez procede de las dos décadas que llevo leyendo relatos por la noche a mis hijos y de los más de doce años a cargo de la crítica de libros infantiles en el periódico. Unas cuantas líneas de ese artículo y de otros que escribí para el *WSJ* sobreviven en estas páginas, al igual que pasajes adaptados de *sketches* cómicos familiares que escribí a principios de la década del 2000.

Las referencias de los libros citados aparecen en las notas a pie de página. En los agradecimientos menciono a las personas que compartieron generosamente conmigo su tiempo y su experiencia. Cualquier error que exista relacionado con las fechas o con la interpretación son míos y no suyos. Todas las personas que aparecen en estas páginas son reales y he grabado fielmente sus palabras (a veces corrigiéndolas u ordenándolas para que se entendieran mejor), pero para proteger su privacidad he cambiado la mayoría de los nombres. Los diálogos son tan fieles a la verdad como mi memoria, las grabaciones digitales y las notas tomadas me lo han permitido. Para simplificar, he usado la palabra *padres* para describir a cualquier adulto leyéndole en voz alta a un niño, y confío en que las tías, los tíos, los primos, los hermanos, las hermanas, los profesores, los canguros y los cariñosos vecinos de la puerta de al lado que les leen libros a los niños comprendan que, por supuesto, también me refería a ellos. De igual modo, siguiendo la tradición (y para facilitar además la lectura), he usado la palabra *niños* para describir a cualquier niño o niña.

Cuando un libro combina autobiografías y adhesiones con la ciencia, la historia, el arte y la literatura, como en este caso, es inevitable que resulte imposible tratar o celebrar algunas ideas, pensadores y acontecimientos. Espero que los lectores me perdonen estas omisiones ineludibles, al igual que ocurre con los libros de los que hablo y, en especial, con las listas de títulos sugeridos al final. No se trata de un catálogo objetivo, imparcial o completo de libros «correctos» para leer en voz alta, sino de mis relatos preferidos y de los de mis hijos. Otras familias preferirán otros libros, y ¿por qué no? No vivimos en Camazotz, el oscuro planeta de *Una arruga en el tiempo* donde todo el mundo tiene que amoldarse. Podemos leer lo que nos gusta y saltarnos lo que no nos gusta, y así es como debe ser. Lo más importante es leer… en voz alta.

Introducción

El tiempo que dedicamos a leer en voz alta es un tiempo que no puede compararse con ningún otro. Cuando una persona le lee a otra se da una alquimia milagrosa que convierte las cosas corrientes de la vida —un libro, una voz, un lugar donde sentarse y un poco de tiempo— en una energía extraordinaria para el corazón, la mente y la imaginación.

«Cuando un ser querido nos lee un relato, bajamos la guardia,[1] —me dijo en una ocasión la novelista Kate DiCamillo—. Existimos juntos en una pequeña parcela de calidez y luz.»

Tiene toda la razón del mundo, y las investigaciones sobre el cerebro y los estudios conductuales empiezan a arrojar descubrimientos emocionantes sobre el porqué. No es una casualidad que esos hallazgos aparezcan durante un cambio de paradigma en nuestro estilo de vida. La tecnología que nos permite observar el funcionamiento del cerebro humano es la misma que lo desconcierta y aturde, y que parece estar remodelándolo. En una cultura que vive lo que se conoce como «la gran desconexión»,[2] muchas personas están lidiando con los efectos de las pantallas y los aparatos electrónicos, unos dispositivos que mejoran nuestra vida y, al mis-

---

1. Kate DiCamillo, intercambio de correos mantenidos con la autora a inicios de 2015, citado en Meghan Cox Gurdon, «The Great Gift of Reading Aloud», *Wall Street Journal*, 10 de julio de 2015.

2. Catherine Steiner-Adair, *The Big Disconnect: Protecting Childhood and Family Relationships in the Digital Age*, Harper, Nueva York, 2013.

mo tiempo, hacen que nos cueste más concentrarnos y retener lo que hemos visto y oído, y además que nos resulte alarmantemente fácil estar solo medio presentes incluso con los seres que más amamos. En esta era llena de distracciones necesitamos cambiar nuestra idea de lo que es leer en voz alta y de los efectos que produce. No es simplemente un pasatiempo sencillo, agradable y nostálgico que podemos adoptar o dejar sin consecuencias. Tenemos que reconocerlo como el acto tremendamente transformador e incluso contracultural que es.

En cuanto a los bebés y los niños pequeños, con su cerebro desarrollándose a pasos agigantados, no hay nada como esta actividad. Por esta razón, he dedicado una buena parte de este libro a los niños pequeños. Cuando un adulto les lee cuentos responden inmediatamente de las formas más consecuentes, y como resultado son objeto de la mayor parte de investigaciones sobre el tema. Como se verá, escuchar los relatos viendo ilustraciones estimula las redes profundas neuronales del cerebro de los niños, por lo que fomenta su desarrollo cognitivo óptimo. Además, la experiencia socializadora de las lecturas compartidas cultiva la empatía, acelera espectacularmente la adquisición del lenguaje en los niños pequeños y los catapulta por delante de sus compañeros de clase cuando van al colegio. Las recompensas de la lectura en voz alta en la infancia temprana son asombrosamente significativas: los niños pequeños a los que les han leído montones de relatos se transforman en niños más proclives a gozar de relaciones sólidas y muestran una mayor atención y una resiliencia emocional y un autodominio más fuertes. Las pruebas se han vuelto tan abrumadoras que los científicos sociales consideran ahora las sesiones de lectura en voz alta uno de los indicadores más importantes del futuro prometedor en la vida de un niño.

Aunque sería un error relegar la lectura en voz alta solo al reino de la infancia. El profundo intercambio humano de una persona leyéndole a otra es, en realidad, humano, lo que significa que todos podemos disfrutar de sus placeres y beneficios. Los adolescentes y los adultos a quienes les leen relatos, o que los leen a otros, tal vez no gocen del mismo grado de interés científico, pero sin duda se benefician en el aspecto intelectual, emocional, literario e incluso espiritual de esta actividad. En cuanto a los adultos agotados en la mediana edad, con miles de cosas acaparando su atención, hacerse un hueco en la vida cotidiana para leer en voz alta es como aplicarse un bálsamo sosegador en el alma. Y para las personas mayores los efectos resultan tan consoladores y estimulantes que son como un tónico revitalizante o incluso una especie de medicina.

Tenemos todas las de ganar y no hay tiempo que perder. En la era tecnológica en la que vivimos, todos podemos beneficiarnos de lo que la lectura en voz alta nos aporta, pero en el caso de los niños la necesidad es urgente. Muchos jóvenes llegan a pasarse nueve horas al día ante una pantalla. Están rodeados de tecnología que configura su mundo, absorbe su atención y se apodera de sus manos y sus ojos…, y necesitan en su vida la presencia de adultos que les lean libros no a pesar de ello, sino *precisamente* por esta razón.

En nuestra adaptación cultural a Internet, hemos ganado y hemos perdido. Leer en voz alta es una actividad reconstituyente que puede devolvernos lo que la tecnología nos quita. Las pantallas suelen separar a los miembros de las familias al enviarlos a cada uno a su propia realidad virtual privada; en cambio, leer juntos hace que nos sintamos más cerca unos de otros y más unidos. Al sentarnos con un libro y uno o dos compañeros, somos transportados a los reinos de la imaginación en la cálida proximidad física del otro. A los niños, contemplar las ilustraciones de los libros en silencio y detenidamente les ayuda a inculcarles la gramática del arte visual de un modo que no se da cuando las imágenes son animadas o se están trasformando o saltando de una a otra. Las posibilidades infinitas y tumultuosas de una pantalla táctil nos distraen; en cambio, un relato leído en voz alta nos atrapa la mente, haciendo que prestemos una atención intensa y sostenida. El lenguaje de los cuentos ayuda a los bebés a desarrollar el andamiaje lingüístico para el habla temprana y predispone a los niños pequeños al dominio de la lengua. Y cuando son más mayores, las novelas leídas en voz alta les permiten acceder al lenguaje y a los relatos complejos que podrían, de lo contrario, escapar a su comprensión. La experiencia baña a los niños de todas las edades en torrentes de palabras, imágenes y ritmos sintácticos que quizá no experimentarían en ninguna otra parte. Les da alegría, involucramiento y una profunda conexión emocional a los niños, a los adolescentes, a los adultos y a todo el mundo. Leer en voz alta es probablemente la intervención más económica y eficaz que podemos realizar para el bien de nuestra familia y de una cultura más amplia.

La magia de leer en voz alta se dirige a cualquier persona amante de los libros, los relatos, el arte y el lenguaje. Es para cualquiera que desee darles a los bebés y a los niños pequeños el mejor comienzo posible en la vida, para cualquier persona a quien le importen los bondadosos alumnos de secundaria y los vulnerables y curiosos adolescentes, y para cualquiera que haya anhelado tener un encuentro con la literatura que rompa lo que Virginia Woolf llamó «el algodón de la vida cotidiana».[3] Es para personas que nunca han intentado leer en voz alta. Y para las que llevan años haciéndolo. Y sobre todo, quizás, este libro es para cualquiera que haya sentido que la conexión emocional se le embotaba y las ideas claras y las prioridades se le enturbiaban en una época de bullicio efímero, fascinación tecnológica y un excesivo ciclo de noticias.

En estas páginas encontraréis una actividad fascinante de lo más sencilla. En esencia, es el modesto acto de una persona leyéndole a otra. Podría tratarse de un profesor leyéndoles a sus alumnos, una madre leyéndoles a sus hijos, un marido leyéndole a su mujer o incluso un voluntario leyéndole a un perro. El acto es sencillo, pero sus repercusiones son complejas y maravillosas. En los capítulos siguientes las expondré. Exploraremos cómo compartir libros favorece el desarrollo infantil y por qué los libros ilustrados son mejores que cualquier tecnología o juguete a la hora de darles a los niños pequeños lo que necesitan para progresar. Viajaremos a una época del pasado en la que *todas* las lecturas se hacían en voz alta, para hacernos una idea de la imbricación histórica de la voz y la escritura. Hablaré de libros en audio y de pódcasts. Luego

---

3. Virginia Woolf, *Momentos del ser*, citado en Goodreads, https://www.goodreads.com/work/quotes/900708-moments-of-being-autobiographical-writings

exploraremos el poder extraordinario del silabeo para definir la comunicación, la gramática y la sintaxis, y de las formas en las que pueden liberar al lector de los límites del espacio y el tiempo. La voz lectora ha sido una fuente de entretenimiento al lado de miles de hogueras crepitando, y un puente entre generaciones. De una forma muy real, nos ha ofrecido una escalera para salir de la ignorancia y una vía de escape para el sufrimiento y la esclavitud, y todavía lo sigue haciendo. También ayuda a los oyentes a descubrir lo que los motiva y les hace tomar conciencia del arte y la belleza, y prepara a los niños pequeños para que alcancen su potencial cuando sean unos adultos bondadosos, curiosos y cultivados.

Espero que los razonamientos, las anécdotas y las investigaciones de este libro os parezcan tan apasionantes que todos queráis apresuraros a leerles libros en voz alta a quienes más améis. Si os ocurre, habré desempeñado mi parte en una gran carrera de relevos cultural que para mí empezó, al igual que para muchos de vosotros, cuando era demasiado pequeña como para saber lo que estaba ocurriendo.

¿Tenía tres años? ¿Cuatro? Desde que tengo uso de razón puedo oír a mi madre leyéndome *The Big Honey Hunt* de Stan y Jan Berenstain y *Huevos verdes con jamón* del Dr. Seuss. También puedo oír la voz de mi abuela leyéndome *La historia de Ping* de Marjorie Flack. Los adultos de mi vida dejaron de leerme libros en cuanto fui lo bastante mayor para hacerlo por mí misma, que es a menudo lo que suele ocurrir (aunque más tarde lo lamenten, como se verá más adelante), y luego crecí y me olvidé del asunto.

Durante décadas ni siquiera se me pasó por la cabeza lo de leer en voz alta en un sentido o en el otro, aunque la idea de ello, su belleza y su importancia estaban sin duda almacenadas en mi mente. Esa idea latente despertó de pronto una noche cuando mi prometido en aquella época y yo fuimos a cenar en casa de Lisa y Kirk, unos amigos con un montón de niños pequeños. Durante los cócteles, mientras todos charlábamos animadamente, Lisa se disculpó para dirigirse a la planta superior de la casa. Tardaba tanto en volver que al final alguien le preguntó a Kirk si había surgido algún problema. «¡Oh, no!, solo está leyéndoles cuentos a los niños», respondió él.

Solo está leyéndoles cuentos a los niños. Cualquier desazón que hubiéramos sentido por la desaparición de nuestra anfitriona se transformó, al menos en mi caso, en una admiración llena de asombro y en el propósito de hacer yo también lo mismo con mis hijos si era madre algún día. Yo también convertiría en una prioridad leerles en voz alta.

De modo que hace veinticuatro años, tras el nacimiento en el hospital, cuando mi marido y yo llegamos a casa con nuestro primer hijo, en mi mente aturdida de madre parturienta no hacía más que pensar en una sola cosa, era como un rótulo de neón en medio de la neblina: *tengo que leerle cuentos a este bebé.* En cuanto la puerta de nuestra casa se cerró a nuestras espaldas, llevé a mi hija a la mecedora y agarré un libro de cuentos de hadas. Todo era muy nuevo para mí, muy extraño y desconcertante. Abrí el libro de par en par y me puse a leerle un cuento.

«Había una vez un hombre viudo padre de una hija que se casó en segundas nupcias con una viuda con dos hijas. Como las hermanastras eran muy envidiosas, para la pobre hija del hombre fue una desdichada situación, pues la obligaban a quedarse en casa y hacer todas las tareas domésticas pesadas, mientras ellas se ponían sus vestidos más elegantes y se iban a fiestas al aire libre…», le leí a Molly, mi hija recién nacida.

Los rayos de sol se filtraban perpendiculares por la ventana. Mi voz sonaba falsa y extraña a mis oídos. Mi hija no parecía ser consciente de lo que pasaba.

«El príncipe estaba bailando un minué con la mayor de las hermanastras cuando, de repente, la música se detuvo…»

¿Me estaría mi hija escuchando siquiera?

¿Se suponía que debía mostrarle las ilustraciones?

¡Un momento…! ¿Estaba ella durmiendo?

Con una sensación de fracaso personal agudizado por el agotamiento y el descubrimiento de que ese espectáculo era absurdo —¿qué clase de chiflada le lee *Cenicienta* a una recién nacida?—, noté que se me hacía un nudo en la garganta y que los ojos se me empañaban.

Fue un comienzo caótico y poco auspicioso de lo que acabaría convirtiéndose en el ritual familiar más querido. *La magia de leer en voz alta* surgió de esos trémulos días de madre primeriza y de los años que les siguieron a medida que a Molly se le unió Paris, su nuevo hermanito, y luego tres hermanas más: Violet, Phoebe y Flora. Les leía libros durante una hora cada noche y aún sigo haciéndolo hoy. En los momentos frenéticos de su extrema juventud, sentarnos después de un día largo y turbulento para ir a nuestro refugio nocturno de lecturas era como descubrir una balsa salvavidas. Me inundaba una ola de alivio y gratitud. ¡La jornada por fin había terminado! *Ahora* podíamos relajarnos. *Ahora* venía la mejor parte del día.

¿Fueron siempre los momentos de lectura mágicos? Sin duda, no. Leer libros en voz alta suele ser un sacrificio y a veces un engorro. Pero, incluso para una fanática de esta actividad, no siempre es fácil encontrar el tiempo o la paciencia. Hubo noches en las que me moría de ganas de que todos se acomodaran para poder empezar la sesión, y noches en las que los libros que elegíamos no le gustaban a nadie. A veces les leía las páginas con los ojos entrecerrados de agotamiento. O en medio de resfriados y de gargantas irritadas, y en una ocasión, estúpidamente, justo después de haberme sometido a una cirugía oral (y de golpe se me abrió uno de los puntos mientras les leía *Así fue como al rinoceronte se le formó la piel*). Hubo momentos en los que no podía soportar leerles cada elaborada descripción y acortaba los pasajes sobre la marcha (lo siento, Brian Jacques). Y también algunos libros me emocionaron tanto que rompí a llorar e hice llorar además a mis oyentes al ver mis lágrimas rodándome por las mejillas.

Poco antes de que Flora naciera en otoño de 2005, empecé a ocuparme de la crítica de libros infantiles del *Wall Street Journal*. De la noche a la mañana nuestro hogar se inundó de libros infantiles recién publicados. En nuestras sesiones de lectura había ahora títulos nuevos, clásicos, y antiguos libros favoritos. Durante años, enfrascada en la crianza de mis hijos, los libros infantiles se apilaban a la altura de mis rodillas.

Después llegó la primera partida agridulce. Molly dejó nuestro círculo mágico de lectura en la adolescencia temprana. Varios años más tarde, Paris también lo hizo. Phoebe fue la tercera en seguirles. Fue la decisión de Violet de dejarlo hace varios años, a los quince, lo que me empujó a escribir este libro. Mientras terminaba de escribirlo, vi las primeras señales vacilantes en Flora de estar preparándose para dejarlo también. Los libros infantiles siguen formando pilas en casa, pero pronto habré dejado de leérselos en voz alta a mis hijos. Sin embargo, lo que oís no es un sollozo contenido de desdicha o de nostalgia, sino el golpe seco del testigo que os estoy entregando.

La vida familiar puede ser frenética y agitada. A veces cuesta una barbaridad mantener a todo el mundo a flote, por no decir arrastrarlos hasta la balsa salvavidas de leerles en voz alta cuando es hora de ir a dormir. Pero es un esfuerzo que vale la pena, sobre todo en este momento en que casi todas las balsas salvavidas se bambolean en un mar inmenso y a menudo solitario de píxeles. Tanto los jóvenes como los viejos necesitamos lo que las lecturas en voz alta nos ofrecen. Si fuera Glinda,[4] la Bruja Buena de *El maravilloso mundo del mago de Oz*, agitaría la varita mágica y les concedería este deseo a todos los hogares del mundo. Pero como no soy más que una simple mortal y no tengo una varita mágica, espero que este libro obre el persuasivo hechizo.

---

4. En *El maravilloso mundo del mago de Oz*, el clásico de L. Frank Baum de 1900, Glinda crea sus beneficiosos efectos sin una varita mágica. Pero como la mayoría de lectores la conocen sobre todo de la película de 1939 de la Metro-Goldwin-Mayer, en la que tiene una varita mágica, me he tomado la libertad de darle aquí también una.

1

Los efectos de la lectura en voz alta en el cerebro de los niños

«En la gran habitación verde, hay un teléfono, un globo rojo y un cuadro de… una vaca saltando sobre la luna, y otro más con tres ositos sentados en sus sillas…»

Margaret Wise Brown, *Buenas noches, luna*

En 1947,[5] el diseñador francés Christian Dior presentó, tras la Segunda Guerra Mundial, un «Nuevo Look» en la moda femenina, Jackie Robinson firmó un contrato con los Brooklyn Dodgers y se convirtió en el primer afroamericano que participó en las Grandes Ligas de béisbol y la editorial Harper & Brothers publicó *Buenas noches, luna,* un relajante cuento infantil para dormir.

¡Fue un año importante! La innovación de Dior produjo un exuberante renacimiento de la moda en la posguerra, la dignidad y el atletismo de Robinson inspiraron al mundo entero y el apacible cuento infantil ilustrado se acabó convirtiendo en el texto más adorado de la infancia

---

5. https://www.dior.com/couture/en_us/the-house-of-dior/the-story-of-dior/the-new-look-revolution; https://www.history.com/this-day-in-history/jackie-robinson-breaks-color-barrier; https://en.wikipedia.org/wiki/Goodnight_Moon

moderna. Desde que se publicó por primera vez, se han vendido, por lo que sé, millones de ejemplares[6] de *Buenas noches, luna*. Generaciones de niños han escuchado a adultos leerles las frases cristalinas y graciosas de Margaret Wise Brown sobre la rutina nocturna de un conejito dando las buenas noches a los objetos de su habitación. Innumerables deditos han tocado las ilustraciones de vivos colores de Clement Hurd de la gran habitación verde con los cuadros, el fuego crepitando en la chimenea y las grandes ventanas con cortinas verdes y doradas. Innumerables pares de ojos se han posado en los peculiares detalles que hacen que la escena sea tan deliciosa y característica: la alfombra de piel de tigre del conejo, un peine y un cepillo, un tazón lleno de papilla y los gatitos jugueteando con el ovillo de lana de «una viejecita susurrando ¡shh!». Mientras pasamos las páginas y transcurre la noche, un ratoncito corretea de un lado a otro y la luna brillante se asoma por el cielo estrellado.

Cuando mis hijos eran pequeños, *Buenas noches, luna* era una parte muy importante del ritual nocturno. Supongo que no les leía el cuento cada noche, pero a estas alturas me parece como si fuera así. Las frases cadenciosas del libro se volvieron tan conocidas y reconfortantes como un viejo osito de peluche. Aunque las ilustraciones siempre tenían un elemento novedoso, ya que continuamente procurábamos encontrar algo nuevo en ellas. En un determinado momento, cuando Molly empezaba a gatear, nos inventamos el «juego de las preguntas». Consistía en intentar desconcertar a mi hija, y más tarde a sus hermanos, pidiéndoles que buscaran y encontraran objetos que no eran fáciles de ver en libros como el de *Buenas noches, luna*. Cuando mis hijos eran muy pequeños, suponía para ellos todo un reto descubrir «el tazón de papilla», «las llamas de la chimenea» o «los calcetines» de las ilustraciones de Clement Hurd. A medida que fueron creciendo, tuve que buscar otros objetos más inusuales y usar un lenguaje más complicado para seguir divirtiéndoles con el juego.

---

6. Se estima que se han vendido 48 millones de ejemplares, según la información de Wikipedia consultada el 12 de abril de 2018.

«¿Podéis descubrir los dos relojes?», les preguntaba. Y entonces alargaban sus deditos para tocar el reloj que había sobre la repisa de la chimenea y el de la mesita de noche del conejito.

«¿Y sois capaces de encontrar los... morillos?»

Era una palabra difícil. Recuerdo que mis hijos se quedaban callados, desconcertados. Y yo, al cabo de unos momentos, les señalaba con el dedo las misteriosas piezas (estaban en la chimenea, sosteniendo la leña ardiendo) y probaba con otra palabra.

«¿Quién de vosotros es capaz de encontrar la segunda luna?»

Otro dedito alargado señalaba una lunita creciente en el cuadro de la vaca saltando en medio del cielo nocturno. En aquella época ignoraba que nuestro juego era algo más que una actividad divertida, ya que sin saberlo habíamos tropezado con la falda de la montaña de las evidencias pedagógicas. Por lo visto, cuando haces que los niños pequeños interactúen con un texto y les hablas de las ilustraciones y las historias, estás aumentando enormemente los beneficios del rato que pasáis leyendo cuentos juntos. Hablaré de este fenómeno con detalle un poco más adelante.

En nuestra familia nos encanta *Buenas noches, luna* porque forma parte de las cosas que amamos en nuestra vida familiar, y además nos recuerda la tierna infancia de nuestros hijos. Pero el cariño que le tenemos no es más que una pequeña expresión de su importancia cultural más amplia. A lo largo de las siete décadas posteriores a su publicación, los niños pequeños se habían estado impregnando hasta tal punto de las palabras y las ilustraciones del libro, que los científicos sociales acabaron acuñando la frase «el momento *Buenas noches, luna*»[7] para describir el agradable rato nocturno que los niños pasan con sus padres —se ponen el pijama y se lavan los dientes, y luego les leen un cuento en voz alta y los arropan en la cama— en el que se sienten seguros y amados antes de apagar la luz.

---

7. Robert D. Putnam, *Our Kids: The American Dream in Crisis*, Simon & Schuster, Nueva York, 2015, p. 126.

Y, por supuesto, *Buenas noches, luna* es perfecto para la hora de dormir. Es un cuento relajante. Te ayuda a conciliar el sueño. Supongo que millones de padres lo han usado por lo menos a la hora de dormir al ayudar a sus hijos a entrar en un estado de placidez.

Pero las apariencias engañan. Aunque un niño que escucha un cuento mirando las ilustraciones parezca estar de lo más tranquilo, bajo esa placidez se oculta, como veremos más adelante, un dinamismo increíble.

* * *

Si buscáramos el polo opuesto de la gran habitación verde, no nos equivocaríamos si eligiéramos un cierto recinto refrigerado,[8] situado al fondo de un edificio dedicado a la investigación, conectado al Centro Médico del Hospital Infantil de Cincinnati, en la cima de una colina al suroeste de Ohio. Tras pasar por delante de una enorme pared de cobalto cubierta de pantallas de vídeo y cruzar un reluciente pasillo, después de dejar atrás una serie de puertas de madera de tonos claros, llegamos a una antesala y a dos salas divididas por una pared de cristal. La llamaré la insulsa sala beis.

En este lugar no aparecen las alegres imágenes de una vaca saltando sobre la luna, ni la de una chimenea o la de una lámpara de mesa emitiendo una bonita luz dorada. Las luces parpadeantes y los signos de advertencia en la entrada sugieren el serio propósito del lugar. En la primera sala, un escritorio tan largo como la pared de cristal ante la que trabajan los técnicos con los numerosos monitores les ofrece una buena visión de lo que ocurre al otro lado. En el otro extremo, en la segunda sala, hay una especie de cama que no tiene nada que ver con la cama en la que se acuesta el conejito del cuento de Margaret Wise Brown. La

---

8. Salas de IRM situadas al fondo del pasillo del Centro para la Investigación de la Lectura y la Alfabetización, en el Centro Médico del Hospital Infantil de Cincinnati, visitado por la autora los días 7 y 8 de febrero de 2017.

cama es estrecha[9] y está diseñada para inmovilizar a sus jóvenes ocupantes. Antes de que un niño se acueste en ella, le ponen en los oídos unos tapones amarillos blandos y unos auriculares y lo sujetan a la cama con correas. En cuanto está recostado, introducen su cuerpo por la apertura circular de un aparato de imágenes por resonancia magnética o de IRM. Tendido boca arriba y rodeado del traqueteo de las bobinas magnéticas vibrando, reacciona en las partes más profundas de su cerebro a los sonidos que oye por los auriculares y a las imágenes que ve proyectadas en un espejito sujeto sobre su cara.

Con la imagen de sus piernas cubiertas con una manta saliendo del aparato, los médicos —neurólogos, radiólogos, pediatras e investigadores— captan en sus ordenadores cada instante de los pensamientos del niño, cada fugaz mensaje viajando de una parte a otra de su cerebro.

Los estudios realizados en el Centro para la Investigación de la Lectura y la Alfabetización de Cincinnati [Cincinnati Children´s Reading and Literacy Discovery Center] están generando descubrimientos fascinantes sobre los beneficios de leer en voz alta a los niños para su cerebro en desarrollo. Entre otros hallazgos, se ha descubierto que es cierto lo que los apasionados de la lectura infantil sospechábamos desde hace mucho: leer en voz alta es realmente una especie de elixir mágico.

* * *

A unos diez kilómetros de distancia,[10] mientras la lluvia caía sobre el barrio de Oakley de Cincinnati, bebés, niños pequeños y padres, abuelos y canguros intentaban abrirse paso, empujados por el río de asistentes, para hacerse un sitio en el interior cálido y colorido de una librería infantil. El lugar contrastaba con la sala aséptica del hospital, las paredes es-

---

9. Estas descripciones proceden de la propia experiencia de la autora al someterse a un experimento sobre la lectura usando un IRMf para ayudar a probar un protocolo en el Hospital Infantil de Cincinnati. ¡La autora lo puede demostrar con el escáner cerebral que le hicieron!

10. Blue Manatee Bookstore, en Cincinnati, visitada por la autora el 7 de febrero de 2017.

taban cubiertas de los garabatos y los dibujos firmados de los niños que la visitaban. Aunque las imágenes no distraían a los pequeños, cuyo objetivo era conseguir un puesto en la zona central, despejada ahora de los sillones y los sofás que antes la ocupaban, para celebrar la fiesta semanal en la que podían bailar y escuchar al mismo tiempo cuentos ilustrados leídos en voz alta.

«¡Mira, allí esta!», exclamó una madre indicando a su hija que mirara hacia una tarima con una moqueta violeta donde se encontraba Sarah Jones, «la narradora de historias», esperando con una guitarra en compañía del propietario de la librería. Juvenil y expresiva, con el cabello castaño recogido en un moño, la «señorita Sarah» se puso a rasguear la guitarra sonriéndole encantada al numeroso público. A su lado, una niña pequeña estaba plantada atónita, con un babero atado al cuello y pantalones a rayas y una expresión de cándido asombro en la cara. Su hermana mayor, a pocos pasos, también permanecía atónita. Por todas partes se veía a niños pequeños arrodillados, sentados en cuclillas o encaramados a los regazos de los adultos. Jones comenzó a tocar unos acordes con la guitarra para indicar que la fiesta estaba a punto de empezar.

«Bienvenidos, bienvenidos todos», cantó con la melodía de «Twinkle, Twinkle, Little Star» («Estrellita que brillas más»). Voces de adultos se unieron a Jones y algunos de los niños se pusieron a bailar mientras ella anunciaba: «Ahora estamos aquí para pasárnoslo bien».

Los niños habían venido para divertirse. Y yo, a observar. Ahora que mis hijos ya tenían una edad de dos cifras, hacía bastante tiempo que había dejado de estar inmersa en el mundo de los niños pequeños. Quería refrescar mi comprensión de las formas en que respondían a los cuentos leídos en voz alta en un ambiente grupal, y este era el lugar idóneo para hacerlo. El doctor John Hutton, el propietario de la librería, al igual que yo, también les había estado leyendo en voz alta a sus hijos durante más de dos décadas. Es pediatra y profesor adjunto en el Hospital Infantil de Cincinnati [Cincinnati Children's Hospital] y, además, forma parte de un equipo que se dedica a estudiar mediante las imágenes por resonancia magnética funcional los efectos positivos de leer en voz alta a los niños para su desarrollo cognitivo. La escena que estaba teniendo lugar era como un año de investigación para iniciados mediante IRMf en un contexto de saltos y griterío.

Tocando aún la guitarra, Jones exclamó: «¡Bien, amigos! ¡Estoy muy contenta de veros aquí a todos esta mañana!» Después hizo una floritura con las cuerdas del instrumento, lo dejó y cogió una pequeña pila de libros. Inclinándose hacia delante, les anunció a los niños que iba a leerles cuentos sobre animales de granja amodorrados, bebés adormilados y un sistema solar soñoliento.

«¿Adivináis de qué va el tema hoy?», les preguntó.

La pregunta produjo un estruendo de gritos y síes, todos alegres, aunque ninguno demasiado coherente. En ese momento había apenas en la librería treinta niños pequeños, y más o menos la misma cantidad de padres, abuelos y canguros.

«Primero empezaremos con *El sistema solar soñoliento*», anunció Jones mostrando la cubierta de un libro en la que aparecían tres planetas rechonchos arropados con una colcha violeta.

«¡Buenas noches!», gritó alguien. Una abuela se puso a hacerle el caballito a un bebé en su regazo. Un niño seguía bailando. Algunos otros continuaron moviéndose por el lugar, pero casi todas las caras apuntaban ahora a la narradora de cuentos.

«"Ha sido un día muy largo y ajetreado en la Vía Láctea estrellada" —leyó Jones en voz alta, alargando las vocales—. "El adormilado sol poniente le da las buenas noches a todo el mundo".» La escena entera, con los niños fascinados, los padres implicados, las rimas y las ilustraciones del libro, constituía un bucle de retroalimentación perfecto de estímulos emocionales y de enriquecimiento literario.

Jones dejó de leer el cuento un momento.

«¿Podéis bostezar todos con los planetas soñolientos?»

«¡Síii!», exclamaron bostezando los niños.

«Los días en que Sarah está enferma o no puede venir y tiene que acudir alguna otra pobre narradora de cuentos a entretener a los niños, a algunos críos les da un berrinche y gritan decepcionados: "¡Quiero a la señorita Sarah!"», me contó el doctor Hutton en voz baja inclinándose hacia mí.

Me eché a reír y volví a girarme para mirar la apasionante escena. En la ilustración del libro, los planetas soñolientos con sus gorros calados se disponían a dormir.

«¡Sí!», gritaron los asistentes, aplaudiendo.

* * *

Cuando más tarde fui a ver al doctor Hutton en su consulta del hospital, en la pantalla de su ordenador aparecía un cerebro humano flotando.[11] La imagen mostraba la materia o sustancia blanca del cerebro de un niño, con las fibras nerviosas recubiertas de mielina, una sustancia protectora. No se veía blancuzca, a pesar de su nombre, sino de colores vivos. Parecía una criatura brillante de las profundidades marinas, una maraña de hebras sensibles y delicadas con matices psicodélicos azul celeste, carmín y verde lima, suspendida en medio de la negritud de la nada.

«Es como un diagrama de cableado —me explicó el doctor Hutton, señalándome los lugares donde las hebras se cruzaban y convergían—. Las experiencias tempranas refuerzan las conexiones y fortalecen los circuitos neuronales.

»La mayoría de estos elementos se desarrollarán con normalidad al estar programados genéticamente. Pero la solidez de las conexiones neuronales, la mielinización y el recubrimiento de las fibras nerviosas son muy sensibles a los estímulos. En neurociencia existe la siguiente máxima: "Las neuronas que se activan juntas se conectan juntas".»

Con un clic, el doctor Hutton eliminó la criatura marina de la pantalla e hizo aparecer un cerebro cercenado en rodajas grises —era una imagen menos macabra de lo que parece— como si uno lo estuviera

---

11. Entrevistas realizadas al doctor John S. Hutton por la autora los días 7 y 8 de febrero de 2017, en el Hospital Infantil de Cincinnati.

viendo por debajo. En el fondo de cada porción se veía una pequeña mancha escarlata en forma de guindilla. Las manchas rojizas eran de distintos tamaños en cada cerebro. Estas imágenes procedían del apasionante estudio[12] que el doctor Hutton realizó con sus colegas dos años atrás. Escanearon los cerebros de una cohorte de niños de tres a cinco años. (Es un largo proceso que puede llegar a tomar cuarenta y cinco minutos en cada caso. Se inicia con la paciente preparación de cada niño, para asegurarse de que se mantenga inmóvil en el interior del aparato. «Lo convertimos básicamente en un juego —me contó el doctor Hutton—. Les decimos a los niños cosas como: "¡Ahora estás dentro de un cohete espacial!" O: "Quédate sentado sin mover una pestaña, jugaremos al juego de estar quieto como una estatua"». Los investigadores querían ver qué ocurría en el cerebro de esos niños cuando oían a alguien leyéndoles cuentos adecuados para su edad.) ¿Qué áreas del cerebro se activarían? Los niños a los que les habían leído muchos cuentos ¿responderían neuralmente de una forma distinta de los que no habían gozado de esta experiencia?

El equipo de investigadores descubrió que el cerebro de los niños pequeños a los que sus padres les habían leído cuentos y que habían tenido acceso a una mayor cantidad de libros infantiles se activaba con más viveza que el de los otros niños de su misma edad. Es decir, el cerebro de los preescolares que habían escuchado la lectura de cuentos parecía ser más ágil y receptivo a los relatos, lo cual sugería que tenían una mayor capacidad para procesar mejor lo que estaban escuchando, y además lo hacían con más rapidez. Fue el primer estudio que demostró que un ambiente en la temprana infancia que fomentaba la lectura —es decir, en el que los niños disponían de libros y de adultos que les leían cuentos— producía una diferencia mensurable en la función cerebral y, por lo tanto, fomentaba el desarrollo cerebral. Los investigadores creen que los niños a los que les leen cuentos tienen una mayor experiencia con

---

12. John S. Hutton *et al.*, «Home Reading Environment and Brain Activation in Preschool Children Listening to Stories», *Pediatrics 136*, n.º 3, 2015, pp. 466-478.

el lenguaje y la imaginación durante el tiempo en que se los leen, por lo que se desarrollan más cognitivamente que los otros niños de su misma edad que no gozan de este ambiente. (Una maestra de preescolar me contó que ella y sus compañeros de trabajo siempre reconocían a los niños a los que les habían leído cuentos en casa. «Muchos de ellos, al llegar a clase por la mañana,[13] van directos al lugar donde están los libros y me dicen: "¿Puedes leerme este libro?" mientras buscan un sitio en el que sentarse.» Al contarme esta parte, se levantó de la silla y meneó el trasero como un niño de tres años buscando un lugar donde sentarse.)

Las guindillas escarlatas que vi en las imágenes de los cerebros de esos niños —y que indicaban una mayor activación— se encontraban en la parte posterior del hemisferio izquierdo del cerebro, en una zona conocida como la corteza asociativa parieto-temporo-occipital. En esta parte del cerebro se procesa la información multisensorial, en especial la visual y la auditiva. Era el área que el doctor Hutton y sus colegas descubrieron que se activaba con más fuerza en los niños a los que más les habían leído en su casa. Pero lo sorprendente es que en este estudio los niños habían estado escuchando los cuentos por los auriculares, sin ver las ilustraciones, por lo que los investigadores supusieron que la activación de estas áreas del cerebro en las que se procesan las imágenes representa la imaginación. Por lo visto, los niños que habían escuchado una mayor cantidad de cuentos tenían una mayor capacidad para evocar imágenes en su mente que la de los otros niños de su misma edad que no habían sido expuestos a un gran número de libros y de lecturas en voz alta.

El equipo del doctor Hutton ha publicado desde entonces dos estudios más como este, basados en escáneres cerebrales[14] realizados con pre-

---

13. Andrea Roure, maestra de preescolar, National Child Research Center, Washington, DC, entrevistada por la autora el 20 de julio de 2017.

14. John S. Hutton *et al.*, «Story Time Turbocharger? Child Engagement During Shared Reading and Cerebellar Activation and Connectivity in Preschool-Age Children Listening to Stories», *PLoS One 12*, n.º 5, 2017: e0177398; Tzipi Horowitz-Kraus y John S. Hutton, «Brain Connectivity in Children Is Increased by the Time They Spend Reading Books and Decreased by the Length of Exposure to Screen-Based Media», *Acta Paediatrica 107*, n.º 4, abril de 2018, https://doi.org/10.1111/apa.14176

escolares, para analizar los efectos de la lectura en voz alta. Uno de ellos reveló que el cerebelo, la parte del cerebro que ayuda a orquestar el perfeccionamiento de las habilidades, se activaba con más fuerza[15] en los niños que expresaban un mayor interés en que les leyeran cuentos.

Tal vez afirmemos que esto es natural. Es lógico que un cerebro acostumbrado a determinados estímulos desarrolle una mayor capacidad para manejarlos. ¿Por qué es importante leerles cuentos a los niños? ¿Qué diferencia crea?

Es importante porque reciben esta intensa formación en sus primeros años de vida.[16] El cerebro de un niño pequeño tiene una gran plasticidad y adaptabilidad, y además se desarrolla a pasos agigantados. En los primeros doce meses de vida, el cerebro de un bebé dobla su tamaño. A los tres años, su cerebro se ha desarrollado un 85 por ciento de lo que se desarrollará. El sensible periodo en el que se forman las sinapsis para el lenguaje y para otras funciones cognitivas superiores alcanza su punto culminante a los dos años. Al final de los primeros cinco años de vida, un niño ha pasado por todas las etapas más rápidas del desarrollo relacionadas con el lenguaje, el control emocional, la visión, la escucha y las formas habituales de reaccionar. Las experiencias tempranas, la activación neuronal y la formación de redes neuronales crean la arquitectura de la mente de un niño pequeño, establecen las vías para la actividad mental y el razonamiento en el futuro.

Leerles cuentos a los niños es una forma sumamente eficaz y productiva de hacer que los mensajes viajen velozmente de una parte del cerebro a otra, por lo que crea y refuerza esas importantes conexiones neuronales. Leerles en voz alta a los niños es una actividad tan constructiva en este sentido que, de hecho, en 2014 la Academia Americana de Pediatría recomendó a los 62.000 médicos que la componen que aconsejaran a los

---

15. Hutton *et al.*, «Story Time Turbocharger».

16. Para una descripción útil del crecimiento del cerebro en la primera infancia y en la niñez, véase «Early Childhood Development: The Key to a Full and Productive Life», Unicef, https://www.unicef.org/dprk/ecd.pdf

padres que acudían a su consulta que les leyeran en voz alta a sus hijos. «Leerles con regularidad en voz alta a los niños pequeños[17] estimula los patrones óptimos para el desarrollo del cerebro y fortalece la relación paternofilial en una etapa crítica del desarrollo infantil, lo cual a su vez fomenta el lenguaje, la alfabetización y las habilidades socioemocionales que uno tendrá a lo largo de toda su vida.»

¡Los patrones óptimos para el desarrollo del cerebro! ¡Una relación paternofilial más sólida! ¡Habilidades que duran toda la vida! Si leer en voz alta a los niños fuera una pastilla, los pediatras se la tendrían que recetar a todos los críos del país.

Pero, en su lugar, ponemos a su alcance pantallas de dispositivos electrónicos para que se distraigan.

* * *

Es imposible seguir pensando en los niños y en su bienestar sin tener en cuenta los efectos de la tecnología. En la actualidad, las pantallas forman parte incluso de los ámbitos más privados de la infancia que en el pasado estaban tan protegidos. Las consecuencias de ello, tanto buenas como malas, se están manifestando a nivel económico en todos los sentidos y en cualquier tipo de familia. Según un estudio reciente, prácticamente la mitad de los niños pequeños[18] posee hoy día una tableta o un dispositivo electrónico. Los niños de ocho años y de menor edad[19] pasan un promedio de dos horas y media cada día ante una pantalla. Aunque la media, por supuesto, no puede generalizarse. Muchos niños pequeños pasan mucho más tiempo en Internet. Los de más edad están incluso más en-

---

17. Council on Early Childhood, «Literacy Promotion: An Essential Component of Primary Care Pediatric Practice», *Pediatrics*, 23 de junio de 2014, https://doi.org/10.1542/peds.2014–1384

18. A. R. Lauricella *et al.*, *The Common Sense Census: Plugged-in Parents of Tweens and Teens*, Common Sense Media, San Francisco, 2016, p. 13.

19. Jacqueline *Howard*, CNN, «Kids Under 9 Spend More Than 2 Hours a Day on Screens, Report Shows», 19 de octubre de 2017, http://www.cnn.com/2017/10/19/health/children-smartphone-tablet-use-report/index.html

ganchados aún,[20] los adolescentes pasan un promedio de seis horas y media ante una pantalla, y más de una cuarta parte, ocho o más horas, la mayoría de las veces en horas extraescolares. Y cuando la realidad virtual predomina en sus vidas, todavía están más horas pegados a la pantalla.

Cuando un niño mira un cuento en vídeo en el portátil o en una tableta, la actividad tal vez parezca que sea como mirar las ilustraciones de un cuento infantil mientras un adulto se lo lee. En ambos casos, sus ojos miran una serie de ilustraciones, sus oídos oyen la voz de un narrador y su cerebro interpreta lo que oye. Pero hay una diferencia abismal entre una actividad y la otra. Aunque en las dos el niño esté oyendo un cuento, son radicalmente distintas, y como las pantallas están ahora por todas partes y los niños pasan muchas horas ante ellas, se diferencian de formas muy elocuentes y preocupantes.

Otro novedoso estudio[21] que el doctor Hutton llevó a cabo con sus colegas en 2017 sugiere cómo y por qué estas dos actividades son tan distintas. En aquella ocasión, el objetivo de los investigadores era aumentar la variedad de comparaciones al analizar la actividad cerebral cuando los niños escuchaban simplemente un cuento, cuando lo hacían viendo además ilustraciones —la típica experiencia de mirar un libro infantil ilustrado— y, en último lugar, cuando veían un cuento en vídeo. Hablaré más delante de la importancia de escuchar un cuento sin mirar ilustraciones, como cualquiera de nosotros haríamos al escuchar un audiolibro, pero por el momento solamente tendremos en cuenta la diferencia entre un libro de cuentos y un cuento en vídeo.

---

20. Vicky Rideout y Sita Pai, «U.S. Teens Use an Average of Nine Hours of Media Per Day, Tweens Use Six Hours», Common Sense Media, 3 de noviembre, 2015, p. 13. Existe una diferencia entre el uso de los jóvenes de las pantallas para navegar por Internet y el consumo de ocio digital (que incluye actividades como leer y escuchar música). El informe, como indica el título, hace hincapié en el mayor espacio de tiempo dedicado al uso total de Internet. Es decir, con relación a mi razonamiento estoy señalando, en concreto, el tiempo que los adolescentes pasan delante de una pantalla.

21. John S. Hutton *et al.*, «Shared Reading Quality and Brain Activation During Story Listening in Preschool-Age Children», *Pediatrics*, diciembre de 2017, https://doi.org/10.1016/j.jpeds.2017.08.037

En esa ocasión, el equipo del Hospital Infantil de Cincinnati escaneó el cerebro de veintiocho niños de entre tres y cinco años de edad, explorando en tres fases su actividad cerebral. Cada fase duraba cinco minutos. Como base de referencia, los investigadores reunieron imágenes de lo que ocurría en el cerebro de esos niños mientras veían en una pantalla un emoticono sonriente. Después, la imagen desaparecía y empezaba el experimento. Con descansos entre cada fase, los preescolares escuchaban por los auriculares, tendidos en la oscuridad, un cuento con diversos niveles de estímulos visuales. Primero, escucharon *El concurso de castillos de arena* de Robert Munsch, leído por el autor. Escucharon el cuento sin ver ninguna imagen. En la segunda fase escucharon *Cuando se te caen los dientes,* otro relato del mismo autor, leído también por él, aunque acompañado esta vez por ilustraciones que mostraban escenas del cuento. Y, en la última fase, vieron y escucharon una versión animada de *La estación de bomberos* de Munsch.

El objetivo era ver qué ocurría en cada circunstancia en unas redes neuronales en concreto del cerebro que fomentan el nivel de alfabetización en la temprana infancia. Los investigadores analizaron cinco áreas: el cerebelo, la región en forma coralina en la base del cráneo que regula el perfeccionamiento de las habilidades; la red neuronal por defecto, que rige procesos internos como los de la introspección, la creatividad y la autoconciencia; la red neuronal de las imágenes visuales, relacionada con las zonas visuales superiores y la memoria, que le permite al cerebro ver imágenes con la imaginación; la red neuronal semántica, que le permite al cerebro interpretar el lenguaje; y la red neuronal de la percepción visual, que regula el procesamiento de los estímulos visuales. Los médicos registraron la activación de estas redes neuronales del cerebro durante cada una de las tres fases, y se fijaron en especial en lo conectadas y sincronizadas que estaban.

Los resultados fueron asombrosos. El doctor Hutton me mostró un gráfico que revelaba las conclusiones preliminares del equipo de investigadores. Los rectángulos rojos mostraban la mayor actividad de importancia estadística, los rosados indicaban una menor actividad y los de color azul celeste y azul marino revelaban el grado en el que las redes neuronales habían desaparecido o permanecido inactivas.

En primer lugar observamos los datos que revelaban lo que les había ocurrido a los niños que habían escuchado un cuento sin ver ninguna ilustración. Se veía un solo rectángulo rojo. «Se está dando una cierta estimulación,[22] se han activado unas pocas redes neuronales —afirmó el doctor Hutton—. Pero el rectángulo que sobresale es el de la conexión entre las áreas introspectivas, cómo esto se relaciona con la vida de uno y con la comprensión de las cosas. El área vinculada con la visualización apenas se ha activado.» Era lógico, los niños pequeños tienen una experiencia limitada del mundo y aún no han reunido una gran biblioteca de imágenes, sentimientos o recuerdos en los que basarse.

Deslizó el dedo por la segunda columna del gráfico, la que mostraba la activación neuronal cuando los niños miraban ilustraciones mientras escuchaban un cuento.

«¡Vaya! —exclamó—. Todas estas redes neuronales se están activando y conectándose unas con otras.»

No era necesario tener un título de médico para interpretar la serie de recuadros de color rojo vivo. Cuando los niños escuchaban cuentos mirando imágenes, las redes neuronales se ayudaban unas a otras, por lo que se fortalecían las conexiones neuronales y se reforzaba la arquitectura intelectual del cerebro, los delicados filamentos de la criatura marina flotante.

El doctor Hutton seguía señalándome el gráfico con el dedo.

«Pero si comparamos esto con la fase del cuento en vídeo, vemos un bajón general», apuntó.

Nos quedamos sentados en silencio un momento, contemplando la tercera parte del gráfico. Todos los recuadros rojos se habían vuelto azules.

«Es como si el cerebro dejara de registrar la actividad», observó.

«Salvo la red neuronal de la percepción visual —añadió—. Están viendo y mirando el cuento, pero no se da ninguna actividad en las redes

---

22. Entrevista realizada al doctor Hutton.

neuronales superiores del cerebro relacionadas con el aprendizaje. Lo que parece estar ocurriendo es la desvinculación de la visión, las imágenes y el lenguaje. El niño está viendo y mirando la historia, pero no la integra con otras redes neuronales más elevadas. Su cerebro, simplemente, no tiene que trabajar. La actividad de la red neuronal de la imaginación (apoyada por la red neuronal por defecto y la red neuronal de las imágenes) es la que sobre todo cae en picado.»

«¿Y qué implicaciones tiene esto?»

«En la literatura conductual, es evidente que los niños que pasan demasiado tiempo ante una pantalla pueden tener déficits en distintas áreas, como la del lenguaje, la imaginación y la atención —repuso el doctor Hutton con el semblante serio—. El periodo de los tres a los cinco años es la etapa formativa del desarrollo infantil. Pasar demasiado tiempo ante una pantalla a esas edades fomenta la atrofia o el subdesarrollo de las redes neuronales superiores. Si lo que se conoce sobre la plasticidad del cerebro es verdad, a los niños que crecen con las redes neuronales poco desarrolladas les costará más aprender, tener sus propias ideas, imaginarse lo que ocurre en los cuentos y conectarlo con sus propias vidas, y dependerán mucho más de la información que reciban de forma pasiva. Creo que es un gran problema que se complicará cada vez más conforme los niños tengan mayor acceso a los dispositivos electrónicos. No hay una barrera natural que les impida usarlos.»

Volví a observar el gráfico, ahora me parecía brutal en cuanto a las comparaciones que mostraba.

«Es como si el color hubiera desaparecido, como si no estuviera ocurriendo nada en sus cabezas mientras ven el cuento en vídeo», apunté.

«Las luces están encendidas, pero no hay nadie en casa», comentó el doctor Hutton.

Hay una realidad crucial que debemos tener en cuenta. Los cerebros que parecen estar inactivos cuando sus jóvenes propietarios ven un vídeo son los mismos que se activan cuando ven las imágenes de un libro de Robert Munsch mientras él les narra en voz alta el cuento. Los investigadores del Hospital Infantil de Cincinnati han llamado a este fenómeno "efecto Ricitos de Oro".[23] Al igual que los tazones de avena de los tres ositos, el cuento en audio es «demasiado frío» como para activar las redes neuronales del cerebro de un niño y hacer que lo integre a un nivel óptimo. El cuento en vídeo es «demasiado caliente» para el cerebro. Leer en voz alta un cuento mientras el niño mira las ilustraciones del libro parece ser «lo ideal». Los niños tienen que esforzarse un poco para descodificar lo que están oyendo y viendo, lo que no solo convierte a la experiencia en algo estimulante y divertido, sino que también ayuda a fortalecer las conexiones cerebrales que les permitirán procesar otras historias más complejas y difíciles a medida que vayan creciendo.

Es decir, lo que los niños no obtienen de un tipo de cuento,[24] lo pueden obtener de otro. Pero si durante las horas que pasan ante una pantalla hacen muy poco, o nada, para estimular su desarrollo neurológico, como los investigadores parecen demostrar, en tal caso es muy importante que pasen un rato a diario haciendo una actividad que se lo estimule.

Y aquí es donde el elixir de leer en voz alta entra en juego, y cuanto antes esté presente esta actividad en la vida de un niño, mejor. Los niños solo son pequeños durante un breve espacio de tiempo, así es que más vale no dejarlo para mañana, o para más tarde, o quizá para nunca. Es una actividad de la que necesitan gozar cuanto antes. Escuchar cuentos leídos en voz alta no es solo una manera agradable de disfrutar de un relato. Es un poderoso contrapeso para contrarrestar el peso de las fuerzas culturales que están remodelando la temprana infancia y la niñez con pasmosa rapidez.

---

23. John S. Hutton et al., «Goldilocks Effect? Illustrated Story Format Seems "Just Right" and Animation "Too Hot" for Integration of Functional Brain Networks in Preschool-Age Children», https://www.eurekalert.org/pub_releases/2018–05/pas-nsm042618.php

24. Horowitz-Kraus, «Brain Connectivity in Children».

El asunto también reviste una exigencia moral.

* * *

En 2015, Adam Swift, un profesor británico de filósofía política, hizo poner el grito al cielo a los padres angloparlantes del mundo al sugerirles a los que les leían cuentos a sus hijos que reflexionaran sobre cómo estaban «creando una injusta desventaja»[25] para los *otros* niños. Fue una manera pícara de formular una verdad incómoda, y como Internet es lo que es, al profesor de la Universidad de Warwick se le inundó la bandeja de entrada de correos electrónicos llenos de odio de padres furibundos. Como la mayoría de los que le criticaron no se molestaron en leer su entrevista original con la Sociedad Australiana de Radiofusión, se perdieron su afirmación más extraordinaria.

«Las evidencias demuestran que entre aquellos [los niños] a los que les leen cuentos para dormir y aquellos a los que no se los leen, la diferencia en cuanto a *las oportunidades de las que gozarán en la vida* es mayor que la diferencia entre los que van a un colegio privado elitista y los que no.» (La cursiva es mía a modo de énfasis.)

Adam Swift utilizó la expresión[26] «cuentos para dormir» del mismo modo que otras personas utilizan «el momento *Buenas noches, luna*». Es decir, como una abreviatura académica para referirse a numerosas situaciones informales que incluyen leer en voz alta, «las conversaciones en las comidas, la cultura familiar, las distintas formas de criar a los hijos, la inculcación de actitudes y valores», tal como él lo expresó.

Robert Putnam, un politólogo de Harvard, también hace una afirmación similar al asegurar que «el momento *Buenas noches, luna*»,[27] es uno de

---

25. Adam Swift, entrevistado por Joe Gelonesi, «Is Having a Loving Family an Unfair Advantage?», *Philosopher's Zone*, ABC, 1 de mayo de 2015, http://www.abc.net.au/radionational/programs/philosopherszone/new-family-values/6437058

26. Adam Swift, intercambio de correos electrónicos mantenidos con la autora, mayo de 2015.

27. Putnam, *Our Kids*, pp. 126–127.

los indicadores más importantes del porvenir universitario de un niño. En su libro *Our Kids*, Putnam cita los libros de Jane Waldfogel y de Elizabeth Washbrook al escribir que «las diferencias en la crianza de los hijos[28] —en especial en cuanto a la sensibilidad y el afecto materno, pero también en lo que respecta a ofrecerles a los hijos libros, a llevarlos a bibliotecas y a realizar otras actividades parecidas— son el factor más importante a la hora de explicar las diferencias en cuanto al rendimiento escolar entre los niños ricos y los niños pobres, evaluado por la puntuación obtenida en las pruebas de alfabetización, matemáticas y lengua a los cuatro años de edad».

El desarrollo humano es acumulativo. Cada experiencia y cada habilidad que adquirimos nos sirven para las siguientes. Las repercusiones de leer en voz alta a los niños no acaban en la época escolar, sino que incluso llegan a la adolescencia. Las ondas se propagan en todas direcciones hasta la adultez. A los niños a los que les leen cuentos esta actividad les afecta de manera positiva, y a los que no se los leen, de manera negativa. Un estudio elaborado en 2012[29] reveló que los niños que empiezan el jardín de infancia sin haber vivido «el momento *Buenas noches, luna*», o sin apenas haber gozado de ellos, tienden a ir de doce a catorce meses más retrasados que los otros niños en cuanto al lenguaje y a las habilidades prelectoras. Una vez en primaria, esos niños disfrutan, como los otros de su misma edad, de los momentos divertidos y estimulantes en los que les leen cuentos, con las rimas infantiles, el humor, las aventuras, las ilustraciones y todo lo demás que esta actividad implica. Sin embargo, en su inocencia ignoran que están separados del resto de sus compañeros por las implacables matemáticas de un fenómeno conocido como «brecha de vocabulario». Un estudio histórico realizado a principios de la década de 1990 sacó a la luz las diferencias abismales en la cantidad de palabras que los niños oían o no, dependiendo de cómo los habían criado

---

28. Putnam, *Our Kids*, p. 123.

29. «The First Eight Years: Giving Kids a Foundation for Lifetime Success», Annie E. Casey Foundation, noviembre de 2013. Citado en (entre otros) Michael Alison Chandler, «Children from Poor Families Lag in Cognitive Development and Other Areas, Report Says», *Washington Post,* 3 de noviembre de 2013. Véase también, Putnam, *Our Kids,* p. 127.

en la infancia: una brecha de vocabulario[30] de treinta millones de palabras a los tres años. (Un estudio llevado a cabo en 2017 estableció la cantidad de cuatro millones de palabras[31] a los cuatro años. Aunque sea quizás una brecha más pequeña, sigue siendo de todos modos una diferencia abismal.)

Las implicaciones importan —no solo a nivel individual, sino social—, ya que el lenguaje en la temprana infancia y las habilidades cognitivas y sociales relacionadas con él están muy ligadas al éxito universitario. Una investigación reciente ha revelado lo que parece ser un vínculo contraintuitivo entre las habilidades que los niños necesitan desarrollar para rendir en lengua y las que necesitan para rendir en matemáticas. Estas dos distintas asignaturas tal vez parezcan tener muy pocas cosas en común a simple vista,[32] pero poseen unas similitudes ocultas que son cruciales.

La razón por la que algunos niños tienen problemas con las matemáticas en primaria y en los primeros años de secundaria no se debe al parecer a los números y a la aritmética, sino a las palabras y a la lectura. Según la doctora Candace Kendle, presidenta y cofundadora de «Lee en voz alta 15 MINUTOS», una campaña nacional para convencer a los padres de que les lean relatos a diario a sus hijos: «Si un niño no es capaz de superar sus problemas de lectura en el quinto curso,[33] que son en realidad los primeros problemas matemáticos analíticos con los que se en-

---

30. Esta famosa frase empezó a formar parte del léxico académico con la publicación del libro de C. Hart y T. Risley, *Meaningful Differences in the Everyday Experience of Young American Children*, Brookes, Baltimore 1995.

31. Jill Gilkerson *et al.*, «Mapping the Early Language Environment Using All-Day Recordings and Automated Analysis», *American Journal of Speech-Language Pathology 26*, mayo de 2017, https://doi.org/10.1044/2016_AJSLP-15-0169

32. Si consideramos la idea habitual de que una persona tiene facilidad para las «matemáticas» o para las «lenguas», o que quizás está simplemente «más dotada para las matemáticas». En Estados Unidos, por lo menos, se tiende a imaginar que una persona tiene más talento para una asignatura o para la otra. Pero, en realidad, las dos disciplinas tienen cualidades importantes en común, y también comparten las habilidades necesarias para entenderlas.

33. Candace Kendle, entrevista telefónica realizada por la autora, a finales de febrero de 2016. John Hutton es el «médico-portavoz» de «Lee en voz alta 15 MINUTOS», la campaña de Kendle, http://readaloud.org/

contrará, si no aprende a procesar frases complejas, le costará una barbaridad progresar incluso en las ecuaciones y las fórmulas matemáticas al no haber dominado el proceso analítico en el quinto curso.

»Cuando nos planteamos que muchos niños tienen problemas con la lectura o todavía no han aprendido a leer bien en el cuarto curso, significa que como país hemos perdido casi la mitad de nuestra posible plantilla de científicos, técnicos, ingenieros y matemáticos. Es una situación alarmante».

Como directora ejecutiva de una organización clínica de investigación,[34] Kendle vivió de primera mano las dificultades de encontrar licenciados jóvenes cualificados para realizar análisis de laboratorio. «Es como si el cuarenta y cinco por ciento de los chicos no fueran competentes —afirmó—. Tal vez sepan leer, pero no son lo bastante competentes como para entender una lectura analítica sofisticada.»

La cifra tal vez sea más elevada[35] de lo que Kendle cree: un informe elaborado en 2015 reveló que el 64 por ciento de alumnos estadounidenses de cuarto curso no tenían un buen nivel en lectura. Si un alumno de cuarto curso no es un buen lector, significa que también flojeaba en esta asignatura el año anterior, y también en el segundo curso. Este tipo de datos y de razonamiento relacionado con un problema de lectura ya viene de primaria, del jardín de infancia, de la guardería e incluso de la temprana infancia. Estos valiosos años tempranos son el punto de inicio en las deficiencias escolares que no se convertirán en un problema evidente hasta que los jóvenes vayan al instituto.

Cerca de un 20 por ciento[36] de adolescentes estadounidenses —una

---

34. En 1981 Kendle cofundó Kendle International, una compañía para la investigación clínica y la elaboración de medicamentos, en la que trabajó como directora ejecutiva de 1981 a 2011.

35. 2015 Mathematics & Reading Assessments, The Nation's Report Card, https://www.nationsreportcard.gov/reading_math_2015/#reading?grade=4

36. Las estadísticas de este pasaje se han citado extensamente y provienen de un informe titulado «Evaluación nacional sobre la alfabetización de adultos» publicado en abril de 2002, llevado a cabo por el Centro Nacional para las Estadísticas Educativas (https://nces.ed.gov/pubs93/93275.pdf), y fueron confirmadas por una encuesta internacional realizada en 2013, publicada por la Organización para la Cooperación y el Desarrollo Económico, que aparece en este enlace: https://www.insidehighered.com/news/2013/10/08/us-adults-rank-below-average-global-survey-basic-education-skills

quinta parte— terminan el instituto siendo operativamente unos analfabetos que no leen ni escriben con la suficiente soltura como para moverse por el mundo laboral. Es una forma terrible de empezar la vida adulta. El 85 por ciento de los chicos con problemas con la ley muestran un nivel muy bajo de alfabetización. El 70 por ciento de reclusos de instituciones estatales y federales tienen la misma dificultad, al igual que el 43 por ciento de la gente que vive en la pobreza.

Es un problema desalentador. En este sentido, leerles en voz alta a los niños es mucho más que una actividad que les enriquece emocional e intelectualmente, y que además les ayuda a desarrollarse. Imaginémonos cómo sería el mundo si a todos los niños les hubieran leído cuentos de pequeños cada noche. Como afirma Rosemary Wells, ilustradora de libros y defensora de leerles cuentos a los niños: «Podríamos reducir la brecha del rendimiento escolar[37] sin gastar un solo céntimo más».

*   *   *

¿Cómo está ahora la situación? ¿A cuántos niños les leen cuentos y a cuántos no se los leen? Podemos encontrar algunas respuestas en las encuestas realizadas cada dos años por la editorial Scholastic sobre los hábitos de lectura de las familias. En un informe de 2017 de Scholastic, el 56 por ciento de familias afirmaba[38] leerles a sus bebés cuentos la mayoría de días. Y los índices fueron más elevados en los niños de tres a cinco años, un 62 por ciento de los encuestados afirmaban leerles cuentos a sus hijos de cinco a siete veces a la semana. Estas cantidades han ido aumentando con el tiempo, lo cual es fabuloso.

Pero si invertimos las cifras, veremos una realidad más deprimente: al 44 por ciento de bebés y niños pequeños y al 38 por ciento de niños

---

37. Rosemary Wells, intercambio de correos electrónicos mantenidos con la autora, agosto de 2017.

38. *Kids & Family Reading Report*, 6.ª ed., Scholastic, Nueva York, 2017, http://www.scholastic.com/readingreport/reading-aloud.htm

estadounidenses de tres a cinco años apenas les leen cuentos o no les leen ninguno. En Gran Bretaña, la cantidad está bajando en picado.[39] Una encuesta reciente ha revelado que el índice de preescolares a los que les leen cuentos a diario se ha desplomado casi un 20 por ciento en los últimos cinco años, poco más de la mitad. (Nielsen Book Research, la entidad que realizó la encuesta, observó con preocupación el aumento proporcional de un 20 por ciento de niños pequeños que miran cuentos en vídeo en Internet a diario.) Es decir, millones de bebés y de niños pequeños están creciendo, *en este momento,* en desventaja. Aunque no sea culpa suya, se están perdiendo el alimento emocional e intelectual que los otros niños reciben a diario.

En estos tiempos ajetreados y llenos de distracciones, no es fácil encontrar un hueco y prestarles atención a los niños. Disponer de una hora libre, e incluso de quince minutos de tranquilidad, para leerles cuentos parece una tarea imposible. Aunque los padres no trabajen muchas horas ni se dediquen al multiempleo, no es fácil reunir la energía para ello. Y, como es natural, no todas las familias pasan juntas un rato en calma. Aunque casi todos los padres interactúan con sus hijos en algún momento del día. Con un poco de ingenio, pueden aprovechar esos momentos para leer juntos.

Para algunas familias, el mejor momento para leerle un cuento a su bebé puede ser en el desayuno, mientras está sujeto en la trona. O también les pueden dedicar cuarenta minutos a sus hijos pequeños cuando están en el sofá, antes de hacer la siesta. O diez minutos mientras un padre aguarda con su hija en la sala de espera del pediatra. También les pueden leer cuentos en el cuarto de baño, o cuando la familia viaja en metro, o incluso por teléfono desde un lugar lejano. O aprovechar la tediosa media hora de espera en la puerta de embarque de un aeropuerto, antes de subir a un avión, y transformarla en una enriquecedora lectura

---

39. Alison Flood, «Only Half of PreSchool Children Being Read to Daily, UK Study Finds», *Guardian,* 21 de febrero de 2018, https://www.theguardian.com/books/2018/feb/21/only-half-of-pre-school-children-being-read-to-daily-study-finds

de treinta minutos. O abrir un libro en la mesa mientras los niños están cenando macarrones con queso a una hora temprana. O dedicar una hora entera toda la familia cada noche a leer un cuento antes de ir a la cama. «En cualquier momento, en cualquier lugar»,[40] anuncia un eslogan sin ánimo de lucro en el norte del estado de Nueva York para fomentar el alfabetismo leyéndoles cuentos a los niños, y así es.

Lo ideal es leerles cuentos, pero también sirve prácticamente cualquier breve lectura: el texto de un diario, de una revista, el manual plastificado de un avión con las instrucciones para una evacuación de emergencia en el respaldo del asiento de delante. Roger McGough, el poeta británico, recordaba con cierta jocosidad cómo su ingeniosa madre aprovechaba cualquier material de lectura durante la Segunda Guerra Mundial: «Aunque los libros escasearan[41] en aquellos primeros años, mi madre se aseguraba de que yo escuchara un cuento cada noche antes de irme a dormir. A la luz de una fábrica en llamas o de un avión Messerschmitt estrellado, me leía cualquier texto que cayera en sus manos: etiquetas de botellas de salsa, los laterales de las cajas de copos de maíz. Por la noche, arropado en la cama, calentito y cómodo, mi cuento favorito era la información de una lata de Ovaltine. Recuerdo la voz de mi madre como si fuera ayer: "Echar dos o tres cucharaditas colmadas de…"»

En ese divertido recuerdo se trasluce la fascinación, la magia inefable surgida de la combinación de una voz, un relato, una atención afectuosa y una proximidad física. Como sugieren los investigadores de Cincinnati, y como se verá en los próximos capítulos, los datos revelan que cuando les leemos cuentos a los niños ocurren cosas maravillosas. Aunque no es tan fácil explicar exactamente por qué ocurren. En un sentido, se deben simplemente a los estímulos recibidos: al lenguaje y el consuelo, a la atención mutua y a las narraciones agradables.

---

40. The Family Reading Partnership, Ithaca, NY, www.familyreading.org

41. Roger McGough, citado en Antonia Fraser, ed., *The Pleasure of Reading*, Bloomsbury, Londres, 1992, p. 138. Citado en Maria Tatar, *Enchanted Hunters: The Power of Stories in Childhood*, W. W. Norton, Nueva York, 2009, p. 226.

Sin embargo, de la lectura en voz alta surge una poderosa cualidad de trascendencia que transforma lo cotidiano en sublime. La experiencia no es solo la suma de sus partes, sino mucho más. Aunque la diseccionemos para analizar sus bellos y fascinantes componentes —lo cual es el cometido de este libro—, nos acabaremos topando con un misterio. Como un biólogo que ha diseccionado el cuerpo de un pájaro cantor, vemos las partes que formaban el cuerpo del ave. Reconocemos las alas y las patas, el pico y las plumas. Pero no podemos ver ni sostener aquello que tanto nos fascinaba del pájaro: la elegancia de su vuelo y sus gorjeos y deliciosas melodías.

Lo mismo ocurre cuando les leemos cuentos en voz alta a los niños. Hay un lector, un cuento y un oyente. El sonido de la voz se escucha unos momentos y luego se desvanece. Como el canto de un pájaro, deja de oírse, desaparece. Sin embargo, deja las huellas de su paso en la imaginación y en la memoria de quienes lo escuchan. Este fugaz intercambio es de lo más poderoso.

La historia de la humanidad es la historia de la voz humana contando historias. Al leerles cuentos en voz alta a los niños, estamos bebiendo el agua del antiguo manantial de felicidad que impregna las palabras escritas. La narrativa oral ha alimentado y revitalizado a la humanidad desde los días remotos de un lejano pasado. Y esto es de lo que hablaré a continuación.

2

Donde empezó todo

Érase una vez, en un tiempo muy lejano

*«Háblame, Musa, y a través de mí cuenta la historia de aquel varón
de múltiple ingenio que, después de destruir la sagrada ciudad de
Troya, anduvo peregrinando larguísimo tiempo, vio las poblaciones
y conoció las costumbres de muchos hombres.»*

Inicio de *La Odisea* de Homero

En el Museo Británico, al final de una serie de salas repletas de antigüedades griegas, hay una vitrina que contiene una reluciente ánfora negra y ocre[42] que parece una tinaja o un jarrón. La pieza la hizo un artesano ateniense a principios de la Edad de Oro, alrededor de 490-480 a. C., y está decorada con una figura a cada lado. Una de ellas es la de un músico de perfil ataviado con una falda larga y una túnica a cuadros. Parece que lo hayamos sorprendido mientras tocaba una flauta de caña.

Y la otra figura es la de un hombre con una túnica plisada, en una postura de relajada autoridad, con un brazo extendido apoyado en un

---

42. Se puede ver en la web del Museo Británico en: http://www.britishmuseum.org/research/collection_online/collection_object_details.aspx?objectId=399287&partId=1

largo báculo de madera. Tiene la boca abierta, y al observarlo con detenimiento se ven unas letras brotando de sus labios en forma de arco diminuto. La traducción sería: «Érase una vez en Tirins...»

Esta figura es un rapsoda o «cosedor de cantos»,[43] y una especie de prefiguración en vivo del acto de leer en voz alta. En la Grecia antigua un rapsoda no leía un libro, sino que él *era* el libro. Se sabía de memoria, entre otros textos, *La Ilíada* y *La Odisea*, las dos grandes obras épicas de Homero. Cuando las recitaba, las sacaba de la repisa y las leía en voz alta, por así decirlo.

Los relatos homéricos, apreciados hasta el día de hoy, son creaciones extraordinarias. Están plagados de acción, drama, cautela, engaños (y de manifestaciones de honor y deshonor tan distintas de las nuestras que nos parecen incluso extrañas). *La Ilíada* contiene los diez años de la Guerra de Troya, cuando los imponentes ejércitos de los reinos griegos asediaron la ciudad amurallada de Troya. En sus versos conocemos al feroz y enojado Aquiles; a Héctor, el noble príncipe; al atractivo Paris y a la encantadora Helena. *La Odisea*, la segunda gran narración homérica, describe a Ulises, el más astuto de los griegos, a lo largo de los diez años que tardará, tras conquistar Troya, en regresar a la isla de Ítaca, su hogar. Y a Penélope, su inteligente esposa, que durante tanto tiempo ha soportado la tortura de su ausencia. Durante sus viajes, Ulises se enfrenta a los motines de su tripulación, a las tentaciones eróticas de Circe y Calipso y a monstruos devoradores de hombres como el cíclope Polifemo y las sirenas homicidas. En un determinado momento, Ulises también tiene que liberar a sus hombres de los placeres adictivos y anuladores de la flor de loto.

En la actualidad, si tomamos un ejemplar impreso y encuadernado de *La Ilíada* o *La Odisea*, lo primero que advertimos no es la riqueza de la narración, sino el impresionante tamaño del libro.[44] Las obras épicas

---

43. Para conocer una breve descripción de este término y el papel que desempeñan los rapsodas, véase http://www.oxfordreference.com/view/10.1093/oi/authority.20110803100418375

44. Mi edición de bolsillo de La *Ilíada* de Homero, traducida por Robert Fagles, Penguin, Nueva York, 1998, pesa casi un kilo y tiene un grosor de cinco centímetros. ¡Un buen tocho!

son largas y extensas, y aunque estén salpicadas de recursos mnemotéc-
nicos que funcionan como marcadores mentales para poder memorizar
con más facilidad frases y epítetos gráficos como «Atenea, la diosa protectora de los ojos grises», o «Zeus portador de la égida», nos sigue
pareciendo increíble que en el pasado hubiera personas que se supieran
de memoria estos relatos épicos. Un buen rapsoda no solo tenía las dos
obras almacenadas en su cabeza, sino que podía recitarlas a partir de
cualquier pasaje sin ningún problema.[45] Esta clase de maestría se ha
vuelto muy inusual para la mayoría de personas del mundo moderno.
Como en las escuelas se ha perdido la costumbre de hacer que los
alumnos memoricen poemas, son muy pocas las personas que disponen
de un conocimiento que se asemeje lo más mínimo a los recursos interiores de un rapsoda. Tal vez sostengamos que en la actualidad no los
necesitamos, ya que los libros son económicos y fáciles de conseguir, y
además podemos buscar en Internet los textos que hemos olvidado o
que queremos leer. Los propios rapsodas se volvieron obsoletos mucho
antes de que la era digital fuera un destello en el ojo del futuro. Pero
aunque hace mucho que han desaparecido, su papel en el mundo de la
antigüedad nos recuerda que al leer un texto en voz alta estamos siguiendo una de las tradiciones más antiguas e importantes de la humanidad. Al fin y al cabo, el largo y rico linaje de leer en voz alta es una
especie de narración oral que se remonta a los días en los que aún no
existía la escritura.

* * *

Los rapsodas, como una persona en la actualidad que elige una novela y
la lee en voz alta, eran transmisores en lugar de inventores. Las palabras
con las que arranca *La Odisea:* «Háblame, Musa, y a través de mí cuenta
la historia», lo deja muy claro: el narrador de historias está reconociendo

---

45. Gregory Nagy, *The Ancient Greek Hero in 24 Hours*, Belknap Press, Cambridge, Massachusetts, 2013, pp. 246-247.

al inicio que el relato no es suyo y que espera que los dioses le ayuden a narrarlo bien. Tal vez nosotros no tomemos esta clase de precauciones al abrir un libro de cuentos y leerles a nuestros hijos las palabras que contiene, pero, como un rapsoda, también somos una especie de médium artístico. Recurrimos a un relato que no hemos escrito y la historia se despliega a través de nosotros —por medio de la concentración de nuestras facultades, las inflexiones de nuestra voz y la calidez y la presencia de nuestro cuerpo— para llegar a quien la escucha.

Es algo maravilloso: sencillo, profundo y antiquísimo. Lo que Salman Rushdie llama «el tapiz líquido»[46] de contar historias es una de las grandes realidades humanas universales. Por lo que se sabe,[47] desde el Paleolítico, en cualquier lugar donde hay, o donde haya habido, seres humanos han existido las narraciones. Como, por ejemplo, *La Epopeya de Gilgamesh*,[48] una obra épica sumeria redactada en tablillas de barro en escritura cuneiforme quince siglos antes de las obras de Homero. O como el *Mahabharata*[49] y el *Ramayana*,[50] los extensísimos poemas en sánscrito escritos en los siglos noveno y octavo antes de Cristo. Y existen muchas obras más de este tipo. Como *Beowulf*,[51] la leyenda anglosajona de mil años de antigüedad; la saga de los volsungos,[52] un texto islandés escrito en prosa; la epopeya maliense de *Sundiata*;[53] el *Mabinogion*,[54] una

---

46. Esta maravillosa expresión aparece en *Harún y el mar de las historias* de Salman Rushdie, Editorial Lumen, Barcelona, 1999. Para conocer la narrativa oral como uno de los grandes valores universales humanos, véase Donald Brown, *The Human Universals*, Temple University Press, Filadelfia, 1991.

47. En el libro de Sister Wendy y Patricia Wright aparecen pinturas rupestres prehistóricas, *Sister Wendy's Story of Painting*, DK, Nueva York, 1994.

48. https://www.ancient.eu/gilgamesh/

49. https://www.britannica.com/topic/Mahabharata

50. https://www.britannica.com/topic/Ramayana-Indian-epic

51. https://www.britannica.com/topic/Beowulf

52. https://www.britannica.com/topic/Volsunga-saga

53. https://en.wikipedia.org/wiki/Epic_of_Sundiata

54. https://www.britannica.com/topic/Mabinogion

colección de historias en prosa procedente de manuscritos medievales galeses; *Las mil y una noches*,[55] una amalgama literaria persa, egipcia y mesopotámica; y el *Kalevala*,[56] una epopeya filandesa carelia del siglo diecinueve, por citar algunas obras, aunque la lista es mucho más larga.

En el pasado ninguno de estos relatos estaba escrito en papel (o en tablillas de barro), las personas que los memorizaban los llevaban almacenados en su cabeza. Mucho antes de la existencia de Johannes Gutenberg[57] y de la imprenta, y mil años antes de la existencia de los monjes de clausura y de sus manuscritos ilustrados, el principal lugar donde se guardaban los relatos, la poesía y los cuentos populares era en la cabeza humana. Y el medio principal de transmitir ese patrimonio cultural de una generación a otra era la voz humana.

En la Grecia antigua las voces pertenecían a los rapsodas, y en la India de la antigüedad, a los aurigas bardos llamados *sutas*. En otras partes del mundo, estas voces se encarnaban en los escaldos (historiadores poetas nórdicos) o en los *rakugoka* (narradores japoneses de historias), junto con los juglares, los recitadores y los trovadores de la Europa medieval. Los chamanes transmitían las historias de los pueblos tribales nativos del continente americano. En el oeste de África había, y sigue habiendo, una especie itinerante de *griots*, los contadores de historias y músicos ambulantes conocidos desde hace mucho como archivos vivientes.

Aun cuando las sociedades humanas confiaran sus narraciones y sus historias al papel impreso, la gente seguía dependiendo de la voz para darle sentido al texto escrito. En realidad, hasta el siglo diez d. C., la escritura no era algo para captar con los ojos y considerar en silencio con la mente, sino más bien un mecanismo para una especie de dictado in-

---

55. https://www.britannica.com/topic/The-Thousand-and-One-Nights

56. https://www.britannica.com/topic/Kalevala

57. Alberto Manguel, *Una historia de la lectura*, Alianza Editorial, Madrid, 2017, pp. 262-263.

vertido. La lectura consistía en leer en voz alta.[58] La escritura cuneiforme sumeria, los jeroglíficos egipcios, los manuscritos en arameo, árabe y hebreo, los evangelios cristianos ilustrados, el Talmud, el Corán..., en todas estas formas y clases de escritura se esperaba que el texto se leyera en voz alta y que evocara, por así decirlo, su realidad. En *Una historia de la lectura*, Alberto Manguel, el autor del libro, señala que el arameo y el hebreo son las lenguas «originales» de la Biblia,[59] y no distinguen entre leer y hablar. Aplican la misma palabra para ambas cosas. El budismo y el hinduismo también le otorgan una gran importancia a la palabra hablada. ¿Acaso las meditaciones dirigidas del budismo no son como leer en voz alta? ¿Es que no ocurre lo mismo cuando en el Rama Navami, la fiesta religiosa de la primavera, los hindúes escuchan la lectura de pasajes del *Ramayana*? (Tal como un visitante anglicano de finales del siglo diecinueve que visitó la India dijo maravillado: «Se supone que incluso solo de escucharlos ya te traen buena suerte».)[60]

La clase de lectura silenciosa que realizamos en la actualidad con el texto de los libros, los portátiles y los móviles se consideraba en el pasado un proceder absurdo, un signo de excentricidad. Plutarco escribe sobre cómo Alejandro Magno[61] dejó perplejos a sus soldados, alrededor del año 330 a. C., al leer en silencio una carta que había recibido de su madre. La confusión de sus hombres da a entender lo extraña que les resulta la escena. Seiscientos años más tarde, san Agustín de Hipona observa a Ambrosio, el obispo milanés (que también se convertiría en santo), contemplando un manuscrito en su celda. San Agustín se quedó asombrado por la peculiar técnica del anciano.[62] «Cuando leía, sus ojos recorrían las páginas y su corazón

---

58. Manguel, pp. 43, 45.

59. Manguel, p. 45.

60. Joseph Edwin Patfield, *The Hindu at Home: Being Sketches of Hindu Daily Life*, Society for Promoting Christian Knowledge, Ann Arbor, Michigan, 1896, p. 178.

61. Manguel, *Una historia de la lectura*, p. 93.

62. San Agustín citado en Manguel, p. 93.

penetraba el sentido, mas su voz y su lengua descansaban», se maravilla san Agustín en sus *Confesiones*.

Para san Agustín,[63] como observa Alberto Manguel, «la palabra hablada era una parte inseparable del texto mismo». Pero ahora no pensamos de esta manera. Para nosotros, las palabras *escritas* son las que tienen un auténtico peso y trascendencia. Bromeamos diciendo: «Debe de ser verdad, lo he visto en Internet», repitiendo la frase popular del valor sagrado de las palabras impresas.

Pero, como Dante observó,[64] el habla —las palabras que decimos, las pausas que hacemos en medio y las inflexiones de nuestra voz— es nuestra lengua materna. La escritura es la cristalización de las palabras y los pensamientos líquidos y, por lo tanto, es una especie de traducción. Cuando una niña moderna escucha a su madre o a su padre leerle una versión abreviada de *La Ilíada* o *La Odisea*, curiosamente está oyendo a Homero traducido como mínimo cuatro veces. Lo que empezó como griego hablado se convirtió en griego escrito, lo cual se tradujo a su vez al castellano escrito y por último, en la transformación definitiva, las palabras se liberaron de la página y se soltaron al aire como castellano hablado.

Las palabras liberadas son algo maravilloso, ya que prácticamente cualquier persona las puede interpretar sin esfuerzo alguno. En cambio, el lector (o el trovador, o el escaldo) tiene que esforzarse en cierta medida para presentar un texto, aunque en el caso del oyente solo necesita prestar atención. Cuando estamos escuchando un relato, tanto da si alguien nos lo está narrando de memoria, a lo rapsoda, o si nos lo está leyendo de un libro. En cualquier caso, oímos el relato desde su viva forma hablada.

Desde el día que nacemos, el habla es la forma en que nos llega el lenguaje al principio. Lo oímos. Y luego, lo hablamos. Solo más tarde y tras estudiar de manera considerable, aprendemos a leerlo y a escribirlo. Como se sabe de las inquietantes estadísticas sobre los estudian

63. Manguel, p. 95.

64. Manguel, p. 251.

tes americanos que terminan el instituto, no todos alcanzan un buen nivel en lengua. Según Naciones Unidas, el 14 por ciento de la población adulta mundial[65] no sabe leer. Pero aunque el analfabetismo sea una barrera para el progreso económico, nunca ha supuesto un obstáculo para disfrutar de una narración, ya sea para adultos analfabetos o para niños que no tienen la suficiente edad, capacidad auditiva o motivación para interpretar un texto impreso. Para ellos, al igual que para los hombres y las mujeres del siglo catorce en Inglaterra que se reunían para escuchar a Chaucer leerles sus *Cuentos de Canterbury,* o los lugareños de Mali del siglo dieciocho que llegaban corriendo cuando aparecía un griot, la tradición oral nos ofrece un refugio y un placer.

* * *

¿Cómo empiezan las historias? «Érase una vez», como aparece diciendo el rapsoda del ánfora del Museo Británico. Son las auténticas palabras mágicas, sea en esta forma más conocida o en la variante oral de Indonesia: «Había una vez… y no la hubo»,[66] o en la manera jamaicana de empezar los relatos: «Érase una vez, una época fantástica. Los monos mascaban tabaco y escupían cal blanca…»[67] Mas raudas que un genio, las palabras conjuran puertas y, tras hacérnoslas cruzar, nos transportan del presente al reino de las narraciones, un lugar que puede ser fantástico, realista o la combinación de ambas cosas. «¿Quién puede enumerar las numerosas formas[68] en que los seres humanos solemos indicar: "Ahora

---

65. UNESCO Institute for Statistics, http://uis.unesco.org/sites/default/files/documents/fs45-literacy-rates-continue-rise-generation-to-next-en-2017_0.pdf

66. Maria Tatar, entrevista telefónica mantenida con la autora, 26 de marzo de 2017.

67. Esta frase se refiere tanto a los descendientes de los amos como de los esclavos caribeños: toman el tabaco de su historia, lo mascan y luego lo escupen transformado en cal blanca para arreglar las fisuras y los agujeros de las fronteras de su país deterioradas por el colonialismo. Véase *Critical Perspectives on Caribbean Literature and Culture* de Dorsia Smith, p. 9. *(N. de la T.)*

68. Laura Miller, *The Magician's Book: A Skeptic's Adventures in Narnia,* Little, Brown, Nueva York, 2008, p. 284.

voy a contarte una historia?" —pregunta Laura Miller, crítica literaria—. El narrador deja de hablar de manera corriente y el oyente reajus-
ta su atención, y ambos entran en una relación más antigua que la memoria de nuestra raza. Una narración nos lleva, por un rato, más allá del
tiempo y de las particularidades de nuestra existencia. La iniciación al
ritual puede ser en forma de pausa, de cambio de tono en la voz…, y nos
indica que ha empezado una clase especial de lenguaje, el lenguaje de las
narraciones.»

No hace mucho, durante una tarde de otoño,[69] la iniciación a este
ritual tomó la forma del director de un colegio dándole un micrófono a
un niño de doce años que vestía pantalones cortos, una camiseta y calcetines color azul turquesa. A lo largo de la mañana, los alumnos de quinto curso y otros estudiantes del colegio masculino de la zona suburbana
de Maryland estaban participando en las primeras rondas de una competición conocida como «el Bardo». Yo miraba a los niños más pequeños
recitando poesías por turnos a plena luz del día, a los pies de un pequeño
anfiteatro de piedra. Algunos poemas eran cortos: al menos dos niños se
limitaron a recitar seis breves versos de «El águila» de lord Alfred Ten-
nyson. Pero también vi a un niño de cuarto curso recitar el poema «Le-
panto» de G. K. Chesterton durante lo que parecieron ser diez buenos
minutos. Me sorprendió la gran atención de los cincuenta y pico pequeños alumnos abanicándose en las gradas, aunque la actitud vigilante de
sus profesores probablemente también ejercía un efecto apaciguador.

Ahora todo el mundo estaba intentando abrirse paso entre un gran
número de estudiantes para ir al gimnasio a escuchar a los finalistas. Es
fácil imaginarnos el estruendo de la multitud. Quinientos chicos de
nueve a dieciocho años estaban agolpados en el gimnasio intentando
pillar un sitio. Tal vez nos cueste más imaginar (aunque os prometo que
ocurrió) el silencio sepulcral que se hizo de golpe cuando el director le
entregó el micrófono al alumno de quinto curso. El niño que había ga-

---

69. La autora visita la Competición del Bardo, 30 de octubre, 2015, Heights School, Potomac,
Maryland.

nado la ronda preliminar de primaria se puso a recitar una de las despedidas más conmovedoras de la literatura, procedente del Canto VI de *La Ilíada*.

«"Dijo así la despensera, y salió Héctor de su palacio. Por las calles bien trazadas se fue desandando el camino —recitó el chico—. Tras cruzar la ciudad, cuando hubo llegado a las Puertas Esceas, por donde se iba al combate, corrió Andrómaca a su encuentro."»

Héctor no lo sabe a ciencia cierta, pero sospecha que quizá sea la última vez que vea a Andrómaca, su esposa, y a Astianacte, su hijo «semejante a una hermosa estrella». Andrómaca le ruega a su esposo que no se vaya: «Tu valor te perderá; apiádate de tu tierno hijo y de mí, que pronto seré viuda».

Héctor prevé las terribles consecuencias, pero tiene que ir a combatir, por honor. En sus últimos momentos con su esposa, intenta prepararlos a ambos mentalmente para el destino que les espera si caen en manos de los griegos: para él una muerte violenta, y para ella, la esclavitud en el hogar de un invasor. Héctor espera morir primero para librarse de ver el sufrimiento de Andrómaca. «Ojalá mi cadáver lo cubran montones de tierra antes que oiga tus clamores o presencie tu rapto».

Emocionado por sus propias palabras, Héctor tiende la mano para tomar en brazos a su hijo, pero Astianacte, aterrado por la reluciente armadura de su padre y el penacho de crines de caballo agitándose en la punta del yelmo, oculta su cara en el pecho de la nodriza.

«"Se echó a reír el padre, así como la venerable madre —prosiguió el chico, y luego hizo una pequeña pausa—. Y al instante el ilustre Héctor se quitó el casco de la cabeza, que dejó sobre el suelo, lanzando brillantes fulgores. A su hijo querido besó y acunó entre sus brazos, y oró suplicando a Zeus y a todos los dioses."»

Recorrí el gimnasio con la mirada. Algunos de los chicos se removían nerviosamente en sus asientos, pero ninguno hablaba ni bromeaba.

«"Zeus y todos los dioses —grita Héctor—, concededme que también este hijo mío sea, como yo lo soy, excelso entre los troyanos, y tan bueno por su fuerza y que reine con poder en Ilión [Troya]. Y que algún día se diga de él al volver de la guerra: "Helo ahí, es mucho más valiente que su padre. Y que traiga los ensangrentados despojos del enemigo que mate y que su madre se alegre en su corazón".»

Al cabo de un momento, la escena concluyó. Se oyeron pies golpeando el suelo, manos aplaudiendo, gargantas vibrando y un gran estruendo en las gradas. A través de un delgado médium con unos calcetines sorprendentes, la poesía y la emoción de Homero habían llegado, a modo de una mano gigantesca, del distante y extraño pasado para agarrar con fuerza a esos chavales modernos.

Quizás el lector crea que no puede darse una auténtica continuidad entre un rapsoda barbudo de la Grecia clásica de hace dos milenios y medio, y un chico en un colegio moderno. Sin embargo, *existe* una línea directa, ya que leer en voz alta —su poder cautivador y enriquecedor— tiene que ver con la narración.

* * *

Una mañana de setiembre de 1858, en la ciudad de Harrogate, en North Yorkshire, un hombre lloraba mientras Charles Dickens leía a un público numeroso su novela *Dombey e hijo*. El hombre estaba muy afectado por la muerte de Paul Dombey, un niño de seis años, y su pena no le pasó desapercibida al escritor: «Después de llorar desconsoladamente[70] sin ocultarlo, se cubrió el rostro con las manos y lo apoyó conmocionado en el respaldo del asiento que tenía delante», le escribió Dickens a Georgy, su cuñada.

Entre el público Dickens también dijo haber observado en la misma lectura a «una persona[71] de unos treinta y pico de años a la que le hizo tanta gracia el personaje cómico de Toots que, *incapaz* de mantener la compostura, se reía hasta el extremo de que se le saltaban las lágrimas y

---

70. Charles Dickens, *The Letters of Charles Dickens*, Macmillan, Nueva York, 1893, p. 463.

71. Dickens, *Letters*, p. 463.

tenía que secarse los ojos con el pañuelo. Y siempre que suponía que Toots estaba a punto de reaparecer en la narración, se echaba a reír y tenía que enjugarse las lágrimas de nuevo. Y cuando el personaje reaparecía, lanzaba algo semejante a un grito, como si fuera demasiado hilarante para él».

Novelas como *Oliver Twist, Tiempos difíciles* y *David Copperfield* convirtieron a Charles Dickens en el J. K. Rowling del siglo diecinueve. Sus lectores estadounidenses[72] estaban tan preocupados por la suerte del pobre pequeño Nell en *La tienda de antigüedades,* que montones de gente acudían a los muelles de Nueva York para escuchar el último episodio de la novela, al igual que, ciento cincuenta años más tarde, una multitud se apiñaba en la calle delante de las librerías esperando que se pusiera a la venta a medianoche el último libro de la serie de Harry Potter.

En la época de Dickens,[73] leer en voz alta en casa era un entretenimiento familiar muy común. La práctica se había popularizado en Gran Bretaña cien años atrás, gracias a la difusión del alfabetismo y a la mayor cantidad de libros y publicaciones disponibles. Como Abigail Williams escribe en *The Social Life of Books:* «La gente compartía la literatura[74] con muchos distintos fines: leían libros juntos como actividad relajante, para rendir en una labor, como diversión durante la realización de obras artesanales y como un medio para que el día transcurriera más deprisa o para amenizar una noche larga y oscura. La lectura era para ellos una influencia estimulante y peligrosa, un medio para mejorar, una forma de matar el aburrimiento e incluso una actividad saludable para sustituir los beneficios de una caminata al aire libre».

---

72. Este famoso incidente aparece, entre otras publicaciones, en el artículo de Richard Lederer, «Remembering the Great Charles Dickens», *Language Magazine,* https://www.languagemagazine.com/the-great-charles-dickens/

73. Abigail Williams, *The Social Life of Books: Reading Together in the Eighteenth-Century Home,* Yale University Press, New Haven, 2017, p. 77.

74. Williams, p. 10.

La lectura en voz alta dejó de ser una diversión común y corriente[75] y se puso de moda. La creciente importancia que se dio a la elocución atrajo a aspirantes procedentes tanto de la alta como de la baja escala social —desde aprendices de panadero hasta sacerdotes y damas de la nobleza en clausura—, todos estaban deseosos de aprender a leer con elegancia y elocuencia. Una persona que supiera leer bien podía ganar reconocimiento social, mientras que una mala lectura era algo bochornoso. Los manuales de elocución advertían que hablar monótonamente era vergonzoso: «como un chico ignorante[76] que no entiende lo que lee». (En la historia ha quedado registrada la desazón de la gran Jane Austen, ya que una noche de 1813 se sintió muy incómoda cuando su madre leyó apresuradamente y con torpeza un pasaje de *Orgullo y prejuicio*. «Aunque entienda perfectamente los personajes[77] de la novela, no sabe expresar lo que dicen como es debido», le confiesa Jane Austen a su hermana en una carta.)

Para Dickens, leer en voz alta en compañía era lo bastante popular como para advertir que el público sabía a lo que él se refería cuando hacía sus presentaciones con la siguiente petición, como tenía por costumbre: «Les pediré que se imaginen[78] que están aquí con un pequeño grupo de amigos para escuchar un relato». Por lo general, las damas y los caballeros no mostraban sus emociones en los lugares públicos. Al animarles a imaginarse que estaban con «un pequeño grupo de amigos», Dickens invitaba a los oyentes a dejarse llevar por el relato con la misma sinceridad y franqueza que se atreverían a mostrar en privado. Como se sabe por sus cartas y diarios, los asistentes aceptaban el vehículo emocional que Dickens les ofrecía. Era un lector talentoso que dedicaba semanas enteras a practicar la lectura de sus obras antes de narrarlas en la calle. En

---

75. Williams, pp. 14–15, 34, 147.

76. Williams, p. 84.

77. Patricia Howell Michaelson, «Reading Pride and Prejudice», *Eighteenth-Century Fiction 3*, octubre de 1990, pp. 65–76, http://ecf.humanities.mcmaster.ca/3_1michaelson/

78. Manguel, *Una historia de la lectura*, pp. 479-480.

los manuscritos que usaba para las lecturas públicas, escribía notas en los márgenes para acordarse de los distintos tonos de voz que debía poner de un pasaje a otro («Alegre... Severo... Patético...»),[79] así como los gestos que debía hacer («Señalar con el dedo... Estremecerse... Mirar alrededor aterrorizado...»)

Charles Dickens se aseguraba de que los clientes que le pagaban por sus lecturas se fueran siempre a casa satisfechos. Después de todo, era su medio de vida. Como la mayoría de nosotros no lo hacemos por dinero, al leer en casa por amor no tenemos que ofrecer una prosa tan exquisita. Incluso sin estremecernos ni imbuir nuestra voz de patetismo en el momento oportuno, es asombroso lo eficaz que puede ser la narración de un buen relato.

* * *

Mientras Dickens entretenía al público[80] en Inglaterra y en Irlanda, al otro lado del Atlántico los colonos avanzaban hacia el oeste de Estados Unidos llevando los relatos de Dickens con ellos. Para muchas familias emigrantes, leer un rato una revista por las noches les amenizaba la dura y solitaria labor de la siembra de pastos y cosechas. La mayor dificultad era conseguir revistas recientes con relatos de Dickens, Victor Hugo y otros escritores. Tras la inauguración del ferrocarril transcontinental en 1869, el envío de la correspondencia se agilizó, pero la gente aún no podía prever cuándo llegarían sus ansiados paquetes, cartas o publicaciones, o incluso si se perderían por el camino. Como un emigrante señalaba: «Nunca estamos del todo seguros[81] de si podremos entender los siguien-

---

79. Manguel, p. 480.

80. Se sabe que Dickens estuvo realizando giras literarias agotadoras entre los años 1858 y 1867, como por ejemplo una lucrativa estancia en Estados Unidos. El autor escribe sobre sus experiencias en Dickens, *Letters*. Véase también Matt Shinn, «Stage Frights», *Guardian*, 30 de enero de 2004, https://www.theguardian.com/stage/2004/jan/31/theatre.classics

81. Christopher W. Czajka, «How the West Was Fun: Recreation and Leisure Time on the Frontier», Frontier House, PBS, https://www.thirteen.org/wnet/frontierhouse/frontierlife/essay9.html

tes capítulos de los relatos seriados que tanto nos gustan. Recuerdo que me cautivó una de las novelas de Charles Reade en la que a la heroína la mandan a una isla desierta (…) el relato era publicado en *Every Saturday* [una revista], y al principio llegaba semanalmente, pero cuando la trama nos había atrapado enormemente, nos pasamos cinco semanas sin recibir un solo ejemplar de la revista y tuvimos que imaginarnos la continuación de la historia».

Laura Ingalls Wilder capta la sensación de alivio y evasión que las familias de colonos obtenían de esos lujos —así como su frustrante excepcionalidad— en *El largo invierno,* una novela que, como las otras de la colección Little House, se basa en hechos reales. Varios días antes de la Navidad de 1880, en la pequeña población de De Smet, en el estado de Dakota, el padre de Laura vuelve de la oficina de correos cargado con un montón de revistas y diarios enviados por gente que les deseaban lo mejor. Laura y sus hermanas, Mary y Carrie, se morían de ganas de abrir las atractivas publicaciones, pero antes tenían que cumplir con sus obligaciones. En el hogar de los Ingalls las gratificaciones instantáneas no tenían cabida.

«Vamos, niñas,[82] guardad las revistas de *Youth's Companions.* Puesto que hace buen tiempo, haremos la colada», les ordenó su madre. Pero cuando las jóvenes terminaron sus tareas, ya era demasiado oscuro para leer las revistas. A los Ingalls apenas les quedaba queroseno, y como los trenes no podían circular por la nieve, no sabían cuándo podrían conseguir más. Al día siguiente, su madre les propuso dejar para el día de Navidad el placer de leer las revistas.

«Creo que es una buena idea. Nos ayudará a aprender lo que es la abnegación»,[83] respondió Mary al cabo de un momento.

«Yo no quiero», dijo Laura.

---

82. Laura Ingalls Wilder, *El largo invierno,* ilustrado por Garth Williams, Noguer Ediciones, Barcelona, 1996, p. 116.

83. Wilder, p. 118.

«Nadie quiere —respondió Mary—. Pero nos será beneficioso».

A veces Laura no quería portarse bien. Pero, después de otro silencio, dijo:

«Está bien. Si tú y Mary lo queréis así, de acuerdo».

«¿Tú qué opinas, Carrie?», le preguntó mamá.

Carrie respondió con una voz apagada:

«Yo también estoy de acuerdo, mamá».

Cuando llegó el día de Navidad, las jóvenes tenían que acabar antes sus tareas y no les quedó más remedio que dejar para más tarde el ansiado momento:

«Vosotras, niñas, elegid una historia, y yo la leeré en voz alta para que todos podamos disfrutarla»,[84] dijo mamá.

Y así, se situaron todos entre la estufa y la mesa iluminada y escucharon cómo mamá leía el cuento con su clara y dulce voz. El cuento los trasladó a todos muy lejos de la tormenta, del frío y de la oscuridad. Cuando terminó aquel cuento, mamá leyó un segundo, y después un tercero. Aquello fue suficiente para un día, tenían que reservar algunos para otro momento.

En la época en que la madre de la familia Ingalls les estaba racionando los relatos a sus hijas, a unos tres mil doscientos kilómetros de distancia, al sur y al este, los inmigrantes cubanos recuperaban en Florida una práctica maravillosa que la política colonial española les había prohibido que hicieran en casa. En 1865, como Alberto Manguel cuenta[85] en *Una historia de la lectura*, Saturnino Martínez, cigarrero y poeta, tuvo la idea de publicar un periódico para los trabajadores de la industria cigarrera. Manguel relata en su obra: «A lo largo de los años, *La Aurora* publicó textos de los escritores cubanos más importantes del

---

84. Wilder, p. 124.

85. Manguel, *Una historia de la lectura*, pp. 220-221.

momento, así como traducciones de autores europeos de la talla de Schiller y Chateaubriand, reseñas de libros y obras de teatro, y también denuncias contra la tiranía de los propietarios de las fábricas y los sufrimientos de los trabajadores». Pero el diario tenía un problema. La mayoría de los cigarreros cubanos no sabían leer, el índice de alfabetismo entre la clase obrera era cerca de un 15 por ciento. De modo que a Martínez se le ocurrió la idea de contratar a lectores públicos que les leyeran el periódico a los trabajadores. En 1866 el primero de esos lectores, como se los conocía en aquella época, se sentó en una silla en una fábrica de habanos y se puso a leer las noticias de *La Aurora*. Los cigarreros habían recogido entre todos el dinero para pagarle un sueldo de su bolsillo y, a cambio, recibían horas de diversión intelectual.

Pero, por desgracia, aquellas lecturas públicas duraron poco. Seis meses más tarde las autoridades se opusieron a la iniciativa. Si los cigarreros analfabetos «leían» el periódico escuchándolo de boca de un lector, se les podían ocurrir ideas peligrosas. Por lo que reprimieron la práctica y en Cuba, por lo visto, desapareció.

Sin embargo, se volvió a poner de moda cuando una gran cantidad de cubanos se trasladaron a Florida en la década de 1870. El hijo de un lector que leía textos a los cigarreros de Key West a principios del siglo veinte recordaba la rutina diaria de su padre: «Por las mañanas[86] leía las noticias internacionales directamente de los periódicos cubanos que llegaban a diario en barco desde La Habana. Desde mediodía hasta las tres de la tarde, leía novelas. Se contaba con que interpretase los personajes imitando sus voces, como un actor». (*El Conde de Montecristo*[87] de Alexandre Dumas era, por lo visto, el gran favorito de los cigarreros cubanos.) Torcer habanos a mano era una tarea tediosa, pero gracias a esta evasión parecía casi una actividad romántica. En 1873, aparecen en la tira cómica de una revista[88] una

86. Ann L. Henderson, Gary R. Mormino y Carols J. Cano, eds., *Spanish Pathways in Florida/ Los Caminos Españoles en la Florida*, 1492–1992, Pineapple Press, Sarasota, Florida, 1992, p. 284.

87. Manguel, *Una historia de la lectura*, p. 225.

88. Procedente de *Practical Magazine*, Nueva York, reproducida en Manguel, p. 112.

serie de tipos bigotudos, todos con sombreros de ala corta, sentados ante una mesa de madera enrollando puros mientras, a sus espaldas, un hombre con gafas sentado y erguido con las piernas cruzadas les lee en voz alta el texto de un libro de tapa dura. Es una escena en la que reina la calma, el orden y la productividad.

Cinco años más tarde de la publicación de la tira cómica, tuvo lugar una evolución trascendental en la misma idea de la lectura en voz alta. Sirviéndose de un cilindro giratorio manual provisto con una tira de papel de aluminio enrollada alrededor, Thomas Edison reprodujo la primera grabación de la voz humana.[89] El fonógrafo original[90] se restauró varios años atrás, y al aguzar el oído se oye, detrás del trajín, los crujidos y el ruido, a un hombre (podría ser Edison) recitando en voz alta «La anciana madre Hubbard» y «Mary tenía un corderito». La voz del tipo suena divertida y ríe de vez en cuando, como si supiera que está actuando. Edison se llevó en realidad una gran sorpresa al descubrir que su artilugio funcionaba. «Nunca me había quedado tan estupefacto en mi vida —afirmó—. Siempre había temido los inventos que funcionaban a la primera.»

Si Edison hubiera previsto la importancia del momento, habría elegido una clase de poesía más sublime. Pero en cierto modo, parece apropiado que las primeras frases grabadas por el fonógrafo procedan de canciones de cuna. Después de todo, la propia tecnología estaba en pañales. Al crecer, lo cambiaría todo.

* * *

En la década de 1930 una nueva clase de rapsodas entró en los hogares privados de Estados Unidos y Gran Bretaña. Esos lectores no eran hu-

---

89. Para una breve descripción del incidente y de la visión de Edison de él, véase «Edison Reading "Mary Had a Little Lamb"», *Public Domain Review*, http://publicdomainreview.org/collections/edison-reading-mary-had-a-little-lamb-1927/

90. Lisa Brenner, «Hear Thomas Edison's Earliest Known Recording from 1878 for the First Time (Audio)», KPCC radio website, 25 de octubre de 2012, http://www.scpr.org/blogs/news/2012/10/25/10712/hear-thomas-edison-sing-rare-1878-audio-restored-f/

manos[91] en lo que respecta a su infatigable diligencia con los textos largos porque, a decir verdad, se trataba de aparatos que reproducían grabaciones de «libros hablados». Para un grupo de personas en especial, esos lectores llegaron en el momento oportuno.

Después de la Primera Guerra Mundial, una gran número de hombres con graves lesiones regresaron a casa, muchos se habían quedado ciegos debido a las armas químicas. Una persona que pierde la visión en la adultez, además de quedar sumida en la oscuridad, cae de la noche a la mañana en el analfabetismo. En teoría, era posible para los veteranos invidentes aprender a leer en braille con las yemas de los dedos, pero en la práctica no es fácil. El braille, como cualquier segunda lengua, cuesta mucho más de aprender en la adultez. La difícil situación de aquellos hombres abandonados a su propia suerte imprimía una mayor urgencia al proyecto que ya se había puesto en marcha.

«Había realmente la sensación[92] de que esos veteranos que habían vuelto a casa necesitaban que los formaran en algún sentido y los alimentaran espiritual y emocionalmente en todos los aspectos imaginables», afirmó Matthew Rubery, un profesor de la Universidad de Londres y autor de *The Untold Story of the Talking Book*.

Los primeros libros completos grabados[93] contenían lecturas bíblicas (el Evangelio según san Juan, leído en los tonos melosos de un presentador de la BBC) y novelas de ficción (como, por ejemplo, *Tifón* de Joseph Conrad y *El asesinato de Roger Ackroyd* de Agatha Christie). Los libros hablados supusieron un gran consuelo para los veteranos invidentes.[94] Por fin escucharían lo que se les antojara. Ya no tenían que depender de familiares o voluntarios que podían entrometerse con sus propias opinio-

---

91. Matthew Rubery, entrevistado por la autora, Londres, 22 de junio de 2016.

92. Matthew Rubery, *The Untold Story of the Talking Book*, Harvard University Press, Cambridge, Massachusetts, 2016.

93. Matthew Rubery, «Another Historic Talking Book Found», *Audiobook History* (blog), 28 de noviembre de 2016, https://audiobookhistory.wordpress.com/author/mattrubery/

94. Rubery, entrevista.

nes, leer sin ningún estilo o elocuencia o censurar pasajes que consideraran descorteses o inadecuados para el oído que los escuchara.

Pero los audiolibros no empezaron a triunfar comercialmente entre los lectores que viajan a diario para ir al trabajo hasta mediados de la década de 1970.[95] Y durante mucho tiempo estuvieron despidiendo un tufillo de ilegitimidad. Aunque un audiolibro incluyera todas las palabras que el autor había escrito, pensaba la gente, no podía considerarse un libro de *verdad*. No se podía afirmar haberlo *leído*. Escucharlo era como hacer trampas. Los entusiastas de los audiolibros tendían a disculparse,[96] e incluso a avergonzarse un poco, cuando alguien sacaba el tema a relucir.

En la actualidad los audiolibros son un sector de la industria editorial valorado en unos 3.500 millones de dólares,[97] y constituye una fuente enorme de placer y formación para millones de personas. Sin embargo, hace poco que se han aceptado[98] y, sin duda, ha sido gracias a la tecnología. Cuando Matthew Rubery se dispuso a escribir su historia sobre los audiolibros en 2010 y buscaba patrocinadores, le costó lo suyo conseguir

95. Matthew Rubery, «What Is the History of Audiobooks?», extracto del debate sobre la conferencia impartida en el Centro para la Historia del Libro, Universidad de Edimburgo, 21 de agosto de 2015, https://www.ed.ac.uk/literatures-languages-cultures/chb/books-and-new-media/dr-matthew-rubery

96. Rubery me contó que se empezó a interesar en el tema de los audiolibros cuando un amigo de su padre —se veía claramente que no tenía estudios superiores— «se entusiasmó mucho y quiso decirme que había leído un libro. Pero de pronto se disculpó y puntualizó: "En realidad no lo he leído, lo he escuchado…" A mí no me importó, pero reflexioné sobre aquellas disculpas y empecé a advertirlas por todas partes. Y quise llegar a la raíz de esta curiosa vergüenza. ¿Por qué la experiencia de leer un libro tendría que tratarse de manera distinta a la de escucharlo en audio? Sin embargo, se considera hacer trampas todo el tiempo». Rubery, entrevista.

97. Michael Kozlowski, «Global Audiobook Trends and Statistics for 2017», *Goodereader. com*, 18 de diciembre de 2016, https://goodereader.com/blog/digital-publishing/audiobook-trends-and-statistics-for-2017. Véase también Tom Webster, «Monthly Podcast Consumption Surges to More Than One in Five Americans», *Edison Research*, 7 de marzo de 2016, http://www.edisonresearch.com/monthly-podcast-consumption-surges-to-more-than-one-in-five-americans/

98. Kevin Roose, «What's Behind the Great Podcast Renaissance?», *New York Magazine* 30 de octubre de 2014, http://nymag.com/daily/intelligencer/2014/10/whats-behind-the-great-podcast-renaissance.html

que los principales especialistas en la materia lo avalaran. El tema les parecía demasiado frívolo. En cambio, años más tarde, cuando terminaba el manuscrito, no cesaron de llegarle subvenciones. Era la señal[99] de que los audiolibros habían finalizado su conquista cultural.

¿Y por qué no? Es una maravilla que por una módica cantidad de dinero, o de forma gratuita con la tarjeta de la biblioteca, los lectores más talentosos del mundo nos ofrezcan cualquier libro que deseemos, directo a nuestra cabeza. Al igual que los torcedores de habanos, podemos evadirnos con obras literarias o con textos de no ficción aunque nuestras manos estén haciendo una tarea ingrata, o conduciendo, o agarradas a las barandillas de una cinta de correr.

Para los lectores ocupados, los pódcasts y los audiolibros son una bendición. Y para los que no pueden ver o leer bien, son un regalo del cielo. Matthew Rubery me comentó: «Muchos disléxicos se me acercan para decirme lo importante que han sido los audiolibros en su vida al transformar algo que detestaban con toda su alma en una alegría».

Después de las grabaciones llenas de crepitaciones en cilindros de cera de Edison, llegaron los discos de laca, los de vinilo, los casetes, los cedés y las emisiones en directo (*streaming*). Y en 2018 hubo un resurgimiento de los discos de vinilo al ponerse de moda en la cultura hípster[100] las grabaciones de «palabras habladas». La mayoría de automóviles nuevos vienen ahora equipados[101] con una tecnología que facilita poder escuchar una grabación en audio con un teléfono inteligente. Las generaciones futuras de niños nunca tendrán que sacar a tientas un casete de su quebradiza cajita de plástico transparente, y sus padres tampoco sentirán nunca el desaprensivo terror de circular a toda velocidad por la autopista con una mano en el volante y la otra intentando sacar un cedé de su fun-

---

99. Rubery, entrevista.

100. Calvin Reid, «HarperAudio Goes Retro with New Vinyl Audiobook Series», *Publishers Weekly*, 18 de enero, 2018, https://www.publishersweekly.com/pw/by-topic/industry-news/audio-books/article/75843-harperaudio-goes-retro-with-new-vinyl-audiobook-series.html

101. Roose, «What's Behind the Great Podcast Renaissance?»

da para introducirlo en el reproductor, mientras calman a los intranquilos pasajeros asegurándoles: «En unos momentos podréis escuchar el relato…»

Conservo recuerdos entrañables de esos días, a pesar de las desquiciantes cajitas de plástico de los casetes. Durante los viajes largos mis hijos y yo escuchábamos *Winny de Puh* de A. A. Milne contado por Peter Dennis, y *El viento en los sauces* de Kenneth Grahame narrado por Martin Jarvis. Tan fieles eran mis hijos a los audiolibros que, cuando compré los libros, insistían en que se los leyera con las mismas cadencias de Peter Dennis y Martin Jarvis. Incluso en la actualidad, mis hijos describen un momento de patética confusión como estar «solo en la luna», como le ocurre a Piglet cuando va corriendo con el globo de cumpleaños de Eeyore y de repente le estalla en la cara.

Los audiolibros y los pódcasts son tan enriquecedores y apasionantes que parece una grosería sugerir que puedan ser inferiores en cualquier sentido a los libros leídos en voz alta en persona. Tal vez sostengamos que en realidad son superiores, ya que cualquier aficionado puede tener problemas con el lenguaje o las frases; en cambio, expertos narradores como Juliet Stevenson o Jim Dale lo harán siempre de forma exquisita. Un audiolibro excelente es una obra de arte, una creación que no se diferencia en ciertos aspectos de un busto de mármol o de un retrato al óleo. Pero, al igual que estas obras de arte, la relación entre el adorado y el adorador no es recíproca. Un audiolibro, a diferencia de un lector de carne y hueso, no tiene idea de quién lo está escuchando. No sabe qué sentimos en ese momento, ni tampoco le importa. Un relato grabado no cobra vida cuando uno lo escucha, no se da esa imprevisible y fugaz comunión de voz, oídos y texto que surge en la lectura en voz alta. El dispositivo con el que se reproduce un audiolibro no se detiene para hacernos preguntas o comparaciones, ni tampoco para implicarnos en la historia en cualquier sentido. Seguirá sonando hasta que el relato llegue a su fin, hasta que lo paremos o hasta que la batería del aparato se agote.

Por eso, por más que me gusten los audiolibros, creo que, aparte de escucharlos en el coche, ocupan un pequeño lugar secundario en la vida de los lectores, en especial en el caso de los niños. Me sorprendí un poco al descubrir que Matthew Rubery, el historiador expecializado en libros hablados, coincidía conmigo. Me dijo: «Aquellos a los que les gustan los audiolibros intentan[102] defenderlos afirmando que nos recuerdan la antigua tradición de la lectura en voz alta. Y, por supuesto, llevamos escuchando relatos durante mucho más tiempo del que hemos estado leyéndolos en silencio. Pero en realidad no es cierto. Escuchar a Homero narrado por Derek Jacobi con los auriculares es muy distinto de escuchar a un rapsoda de antaño.

»Creo que es por la dimensión personal que comporta la lectura en voz alta —prosiguió Rubery—. Aunque sea algo impersonal (como, por ejemplo, una persona leyendo un relato a un grupo numeroso de oyentes), quien lee ante una audiencia seguirá guiándose por las pistas que le dé el público y sabrá si la historia le interesa, si bosteza o si muestra cualquier otra respuesta. Cuando les leo cuentos a mis hijos, dispongo de un amplio repertorio para conservar su interés. Si veo que se aburren, cambio de enfoque. Pongo otra voz, o enfatizo las cosas de distinta manera. Es la ventaja que tiene leer en voz alta».

Es la ventaja de la lectura en voz alta, y es lo que los mejores recitadores, contadores de historias y lectores llevan haciendo durante milenios. Aunque, en cierto modo, en nuestra cultura moderna nos hemos ido alejando de esta rica tradición sin darnos cuenta. A algunos niños les leen cuentos por la noche, y esto es estupendo. Algunos adultos escuchan novelas con los auriculares, y esto es también fabuloso. Pero a menudo aprovechamos el tiempo de otro modo, miramos algo en una pantalla o consultamos las novedades de las redes sociales en el móvil.

En *La Odisea* hay una escena que relata el encuentro con los comedores de loto[103] que nos hace recordar nuestro dilema actual. Cuando

---

102. Rubery, entrevista.

103. Homero, *The Odyssey*, traducida por Robert Fitzgerald, Canto IX, aparece en http://mbci.mb.ca/site/assets/files/1626/homer_sodyssey.pdf

Ulises y sus hombres se dirigen a Ítaca, su hogar, tras dejar Troya, se ven obligados a recalar en una isla desconocida. Esperando que los ataquen en cualquier momento, Ulises envía a tres emisarios para que establezcan contacto con los pobladores. Pero los tranquilos isleños, en lugar de recibir a los forasteros con violencia, les ofrecen un delicioso manjar, flores de loto dulces como la miel. Homero nos cuenta que, en cuanto los marineros probaron «aquella dulce comida, dejaron de desear volver a la patria».

Se podría decir que las pantallas de los dispositivos electrónicos también nos producen el mismo efecto. Como le ocurre a un niño pequeño que se olvida de los otros juguetes cuando tiene en sus manos un iPad. O a un escolar que prefiere quedarse en casa navegando por Internet, sin disfrutar del día soleado ni del atardecer. O a una adolescente que se pasa horas encerrada en su habitación, ensimismada en el mundo maravilloso de su móvil. O a un adulto tan preocupado con Twitter que se le quema la sopa que está preparando.

En la tierra de los lotófagos, Ulises ve enseguida el peligro y ordena a la tripulación conducir a las naves por la fuerza a sus cautivados camaradas. Dice: «Mas yo los conduje por la fuerza a las naves y, aunque lloraban, los arrastré e hice atar debajo de los bancos. Y conminé al resto a que embarcaran sin pérdida de tiempo en las raudas naves, no fuera que alguno comiese loto y no pensara en la vuelta a la patria».

A Homero le era imposible anticipar el advenimiento de los artilugios electrónicos, pero el atractivo de las flores de loto que describe es similar a la fascinación por las tecnologías modernas. También nos muestra cómo liberarnos de su influjo. Si somos sensatos,[104] nos obligaremos a volver a la fuerza, a nosotros mismos y a los miembros de nuestra familia, por más que se quejen, a los barcos que nos esperan para zarpar hacia lo que Maria Tatar, historiadora y escritora, llama «el

---

104. Maria Tatar, *Beauty and the Beast: Classic Tales About Animal Brides and Grooms from Around the World*, Penguin, Nueva York, 2017, p. 21.

océano de los relatos». Si dejamos de comer flores de loto, aunque sea por un breve tiempo, se nos despejará la cabeza y volveremos a una clase distinta de hogar. La humanidad ha progresado gracias a las historias que ha estado compartiendo desde el inicio. Al recuperar el arte de leer en voz alta, gozamos de nuevo del antiguo placer que nos hace estar más unidos.

3

Leer juntos refuerza los vínculos del amor

«En la iluminada habitación llena de zumbidos había un iPad y un
niño jugando al Doom, y el salvapantallas de... un pájaro volando
raudo sobre la luna.»

«Ann Droyd», *Buenas noches, iPad*

En 2011, cuando las tableta de Apple llevaba un año y medio en el
mercado,[105] un ingenioso escritor publicó bajo seudónimo una «parodia
para la siguiente generación» del adorado cuento para dormir de Margaret Wise Brown. En *Goodnight iPad*,[106] la serenidad de la gran habitación
verde se ha esfumado. Los gatitos jugueteando con el ovillo de lana han
desaparecido. En lugar del ratoncito, hay un robot en forma de roedor
con una antena que emite ondas y zumbidos. El fuego crepitante de la
chimenea de las ilustraciones del antiguo cuento aparece en la parodia
como píxeles en una pantalla. Y en el lugar donde el conejito se prepara-
ba para dormir, que iba haciéndose cada vez más oscuro y silencioso a
cada página que pasábamos, los miembros de una familia de conejos es-

---

105. Roger Fingas, «A Brief History of the iPad, Apple's Once and Future Tablet», *Apple In-
sider,* 3 de abril de 2018, https://appleinsider.com/articles/18/04/03/a-brief-history-of-the-ipad
-apples-once-and-future-tablet

106. David Milgrim, *Goodnight iPad,* Blue Rider, Nueva York, 2011.

tán desperdigados, cada uno absorto en sus cosas, en una «iluminada habitación llena de zumbidos» y de tecnología. Los aparatos electrónicos de las ilustraciones, con sus cables y conexiones, ahora se ven anticuados, pero *Goodnight, iPad* estaba señalando nuestro estilo de vida actual.

Hay muy pocos hogares[107] en los que no se vea la huella de la tecnología. Para Virginia Heffernan, la optimista comentarista cultural, Internet es «la última y la más poderosa extensión[108] y expresión de las obras de arte del ser humano». En cualquier caso, tal vez una red inmensa y amorfa haya engullido a las sociedades modernas en un abrir y cerrar de ojos evolutivo. Pero si hubiera alguna forma de escapar de ella, la mayoría de personas no nos preocuparíamos ni siquiera en intentarlo. Internet hace posible todo tipo de cosas maravillosas. Podemos buscar lo que se nos antoje, ver lo que nos plazca, comunicarnos con todo el mundo. Y, sin embargo…

Es posible considerar el reino digital como «una obra masiva y colaborativa[109] de arte realista», tal como lo ve Virginia Heffernan, y sentirnos a la vez inquietos por el ritmo y la intensidad con que avanza. Las pantallas han invadido la infancia[110] al trepidante ritmo de una avalancha y hacen que los niños pasen el tiempo navegando por Internet en lugar de estar en cualquier otro sitio. Según Jean Twenge,[111] profesora de psicología en la Universidad Estatal de San Diego, la cantidad de horas que los niños pasan *online* se ha duplicado de 2006 a 2016. En 2008, cerca de la mitad de los chicos que iban al instituto eran usuarios de las redes

---

107. Adam Alter, *Irresistible: The Rise of Addictive Technology and the Business of Keeping Us Hooked*, Penguin, Nueva York, 2017, pp. 13-19.

108. Virginia Heffernan, *Magic and Loss*, Simon & Schuster, Nueva York, 2016, p. 21.

109. Heffernan, p. 8.

110. Jean Twenge, «Have Smartphones Destroyed a Generation?», *Atlantic*, setiembre de 2017, https://www.theatlantic.com/magazine/archive/2017/09/has-the-smartphone-destroyed-a-generation/534198/

111. Jean Twenge, «What Might Explain the Unhappiness Epidemic?», *The Conversation*, 22 de enero de 2018, http://theconversation.com/what-might-explain-the-unhappiness-epidemic-90212

sociales. Ahora el índice ha alcanzado el 80 por ciento. Y nada de esto parece estar mejorando la causa de la felicidad humana. Desde 2012, con la extendida adopción de teléfonos móviles y tabletas, Twenge y sus colegas han registrado una caída en picado del bienestar emocional de los jóvenes.

«Descubrimos que los adolescentes[112] que pasan más tiempo viendo a sus amigos en persona, haciendo ejercicio, practicando deportes, asistiendo a oficios religiosos, leyendo o incluso haciendo deberes en casa son más felices —expone Twenge—. Pero los que pasan más tiempo en Internet, juegan con videojuegos, son usuarios de las redes sociales, se mensajean, se comunican con videochats o miran la tele son menos felices. Es decir, cada actividad que no implica una pantalla está vinculada a una mayor felicidad, y cada actividad relacionada con una pantalla está ligada a una menor felicidad.»

Los adultos, mientras tanto,[113] parecemos estar enganchados en masa a nuestros teléfonos inteligentes y tabletas. Según un estudio reciente, el propietario típico de un teléfono inteligente lo usa tres horas al día. El 40 por ciento de personas llegan a usarlo hasta siete horas al día. Como Adam Alter, comentarista de tendencias tecnológicas, apunta, esto significa que como media, y al parecer sin ningún reparo, estamos dedicando *una cuarta parte de nuestra vida de vigilia* a los móviles. Para Alter, no parece que nos estemos enriqueciendo con ello, sino empobreciendo. «Cada mes perdemos casi cien horas consultando el correo electrónico, mensajeándonos, jugando a videojuegos, navegando por Internet, leyendo artículos virtuales, consultando nuestro saldo bancario en la Red y haciendo otras cosas parecidas —escribe—. Equivale a la asombrosa cantidad de *once años* de nuestra vida.»

Esos once años vienen de los minutos que les dedicamos a nuestros dispositivos portátiles. Pero además el ordenador, el televisor y la consola nos roban más horas adicionales, y nuestra atención. Es un fenómeno

---

112. Twenge.
113. Alter, *Irresistible*, p. 15.

importante, porque el tiempo que pasamos ante una pantalla sin estar relacionado con el trabajo son horas en las que no estamos haciendo otras cosas. Y representan una buena parte de la vida en la que no estamos accesibles para las personas presentes físicamente en ella.

Sin duda, la comunicación digital nos permite estar conectados con los seres queridos que se encuentran en un lugar lejano. Pero, por desgracia, la misma tecnología tiene el efecto práctico de distanciarnos incluso de las personas con las que convivimos en casa.

* * *

Hace poco, los padres que llegaban a una guardería infantil de Texas se quedaban asombrados al descubrir la siguiente nota pegada con cinta adhesiva al cristal de la puerta de entrada:

¡Vienes a recoger a tu hijo![114] *¡¡*OLVÍDATE DEL MÓVIL!! *¡Tu hijo se alegra de verte! ¿No te alegras tú también de verle? Hemos visto a niños intentar mostrarles a sus padres las tareas que habían hecho en la guardería, pero ellos estaban consultando el móvil. Oímos a un niño decir: «Mamá, mamá, mamá…», pero su madre estaba más pendiente del móvil que de su propio hijo. Es terrible. ¡¡Olvídate del móvil!!*

La respuesta popular a la nota fue rápida e iracunda, y desencadenó en las familias una diversidad de reacciones. Por un lado, se produjo la justa indignación de los padres que estaban en contra de los hechizados por la tecnología. Por el otro, había la justa indignación de los defensores de los padres que estaban en contra de los entrometidos acusadores que no se daban cuenta de que uno no puede interrumpir la llamada por vi-

---

114. Lucia I. Suarez Sang, «"Get Off Your Phone!!" Daycare's Message to Parents Goes Viral», Fox News, 1 de febrero de 2017, http://www.foxnews.com/us/2017/02/01/get-off-your-phone-day-cares-message-to-parents-goes-viral.html

deoconferencia de un director ejecutivo solo porque en ese momento esté yendo a buscar a su hijo pequeño a la guardería. El hecho de que la reacción pública a esa nota fuera tan agresiva y defensiva muestra hasta qué punto, como cultura, nos incomoda cuestionar el estilo de vida que ahora llevamos. No se está poniendo en duda la utilidad de un teléfono inteligente para un progenitor ocupado —el aparato es un pequeño milagro—, pero si echamos la vista atrás y observamos los efectos de mayor alcance, es lógico que nos planteemos si estamos teniendo en cuenta el precio oculto que conlleva.

Es evidente que la presencia masiva de tecnología digital suele crear problemas en las relaciones familiares. Cuando la tecnología interrumpe el rato que un padre o una madre pasan con sus hijos —como, por ejemplo, al recibir una llamada o un mensaje de texto y dejar de prestarles atención—, a sus hijos esto no les hace ni pizca de gracia. Puede que no lo digan abiertamente, pero en 2017 un estudio realizado por la Universidad Estatal de Pensilvania reveló que los niños pueden mostrar conductas problemáticas después de una cantidad mediana, o incluso baja, de interrupciones causadas por la tecnología o la «tecnoferencia».[115] Este fenómeno consiste en las interrupciones que se dan, como los investigadores escribieron, «durante las conversaciones cara a cara, en rutinas como las de las comidas o los juegos o en la percepción de una intrusión captada por una persona cuando otra interactúa con tecnología digital mientras están pasando un tiempo juntas». En el estudio, los investigadores les hicieron un seguimiento a 170 familias y descubrieron que la tecnoferencia estaba relacionada con niños con conductas problemáticas, como las de los gimoteos, la hipersensibilidad y los berrinches.

A los niños —los receptores de la atención—, la tecnoferencia les puede hacer sentir como si no existieran. La psicóloga Catherine Steiner-Adair ha visto llegar, en su consulta privada y en los colegios

---

115. B. T. McDaniel y J. S. Radesky, «Technoference: Parent Distraction with Technology and Associations with Child Behavior Problems», *Child Development 89*, 2017, https://doi.org/10.1111/cdev.12822

donde trabaja, un goteo constante de niños que manifiestan sentirse desplazados, y también confundidos, por no poder atraer la atención de sus distraídos padres. En su libro *The Big Disconnect*, cita a un niño de siete años que se lamenta de que «Muchas veces, cuando mis padres están en casa delante del ordenador, me siento como si no estuviera allí, porque fingen que no estoy allí (…) ni siquiera me hablan; simplemente, me ignoran. Y, ¡uy! me siento triste».[116]

Una madre podría haber estado describiendo la familia de *Goodnight, iPad*, mientras le describía la suya a Steiner Adair: «Ahora en nuestra casa reina un silencio sepulcral[117] por la noche, todo el mundo está con su dispositivo, mirando la pequeña pantalla. E incluso después de acostar a nuestros hijos, mi marido y yo ya no pasamos un rato juntos. Nos sentamos a la mesa del comedor, el uno frente al otro, con los ojos posados en la pantalla de nuestros portátiles».

Este escenario ocurre cada noche en millones de hogares. Curiosamente, los investigadores ya habían detectado un nivel asombroso de alienación doméstica incluso *antes* de la masiva adopción de tabletas y teléfonos inteligentes. Entre 2002 y 2005, un equipo de la Universidad de California documentó las interacciones de treinta familias de clase media[118] de Los Ángeles, procedentes de una diversidad de etnias y ambientes culturales. El equipo de investigadores grabó en vídeo a cada familia a lo largo de dos tardes y dos noches entre semana, y durante un fin de semana. Vistas desde fuera, esas atareadas familias, que parecían las de una serie televisiva, lo tenían todo: buenos trabajos para ambos progenitores, numerosos bienes materiales y el clima cálido del sur de California. En una telecomedia, cualquiera de esas parejas con dos o tres

---

116. Steiner-Adair, *Big Disconnect*, p. 13.

117. Steiner-Adair, p. 27.

118. Belinda Campos *et al.*, «Opportunity for Interaction? A Naturalistic Observation Study of Dual-Earner Families after Work and School», *Journal of Family Psychology 23*, n.º 6, 2009, https://doi.org/10.1037/a0015824. Citado en Susan Pinker, *The Village Effect: How Face-to-Face Contact Can Make Us Healthier, Happier, and Smarter*, Spiegel & Grau, Nueva York, 2014, pp. 167–169.

hijos habría parecido la familia ideal mientras se intercambiaban ocurrencias en la acogedora sala de estar hogareña.

Pero los investigadores descubrieron un curioso vacío. Los miembros de esas familias modernas normales casi no pasaban tiempo juntos. Normalmente solo pasaban un 14 por ciento de su tiempo juntos en casa. En casi una tercera parte de ellas, *los padres y los hijos nunca compartían el mismo espacio en casa a la misma hora*. Como señalaron los autores del estudio después de largas horas de observación, en esas familias no había «un solo ejemplo» de absoluta unidad o de estrecha cercanía.

Para Susan Pinker, autora de *The Village Effect*, se trata de realidades preocupantes. «A pesar de las numerosas evidencias[119] que revelan que las comidas familiares y las actividades sociales son lo mejor que hay para potenciar el desarrollo psicológico y la salud de los niños, muchos miembros de las familias se sienten aislados en su propio hogar, solos con sus dispositivos personales —me dijo—. En el mundo siempre ha habido un índice de familias disfuncionales alienadas —afirmó—. Pero las obsesiones tecnológicas están incrementando los niveles de anomia.»

* * *

Hay un remedio para este vacío de los hogares, una forma tierna y poderosa de recuperar el contacto personal, evitar las interrupciones y fortalecer las relaciones. Tal vez parezca poca cosa, pero no lo es: podemos leer en voz alta libros juntos. Al reservar un hueco cada día, podemos dejar los mundos pixelados y descansar al menos un rato para desconectar y mantener una auténtica conexión humana.

Cuando el escritor Michael Sims era pequeño, tenía la sensación de que él, su madre y el cuento que le leía eran una sola cosa. «Sentía su voz[120] por mi espalda y mi costado. Su cuerpo era parte del cuento, y mi

---

119. Susan Pinker, intercambio de correos electrónicos mantenidos con la autora, 2 de junio de 2017.

120. Citado en Tatar, *Enchanted Hunters*, p. 231.

madre contribuía a que yo también formara parte de él. Cuando ella hacía una pausa para tomar aire, mi cuerpo se alzaba un poco con el suyo», recordó.

Recuerdo que tuve la misma sensación mientras le leía *La isla del tesoro* a mi familia años atrás. Molly estaba arrimada a mi costado, Violet y Phoebe, mis hijas pequeñas, sentadas cómodamente en mi regazo, y Paris con el cuerpo pegado al respaldo del sofá, reclinado como un jaguar. Mi marido, que acababa de llegar del trabajo, estaba tumbado en el suelo. Fue un momento maravilloso.

En aquella época ninguno de nosotros lo sabía, pero estábamos compartiendo lo que la psicóloga Hilarie Cash denomina «un ramillete entero de sustancias neuroquímicas».[121] Los seres humanos producimos este ramillete cuando estamos cerca físicamente de seres queridos, y su efecto nos ayuda a regular el aspecto emocional y fisiológico. Después de todo, somos animales sociales, y no solo criaturas de las redes sociales. Estar en compañía de personas afectuosas nos hace sentir bien.

Susan Pinker prefiere ilustrarlo con una metáfora más potente en lugar de con la imagen del ramillete. Me dijo: «Cuando un niño escucha en el regazo de su padre o su madre el cuento que le lee, se libera en su cuerpo un tsunami de sustancias neuroquímicas beneficiosas.[122] Para empezar, el estrés y la ansiedad se reducen. En cuanto el adulto rodea a su hijo con sus brazos, en el torrente sanguíneo del pequeño se liberan muchas hormonas y este se relaja, y además se crea entre ambos una sensación de confianza mutua».

Esta es la explicación química para la descripción de Kate DiCamillo de existir juntos en una parcela de calidez y luz. El propio libro proporciona una especie de calidez, a modo de una pequeña hoguera, porque intensifica las sensaciones naturales de un objetivo compartido. Si se trata de un libro ilustrado sobre el amor y los sentimientos afectuosos y está lleno de un lenguaje cariñoso y positivo —como, por ejemplo, el que

---

121. Citado en Alter, *Irresistible*, pp. 228–229.
122. Pinker, intercambio de correos electrónicos.

aparece en *Utterly Lovely One* de Mary Murphy, en *Adivina cuánto te quiero* de Sam McBratney, o en *I Love You to the Moon and Back* de Amelia Hepworth—, el niño recibe el placer adicional de escuchar palabras tiernas pronunciadas con la voz de sus padres. «Conecta emocionalmente con el argumento del cuento en ese mismo instante»,[123] según las palabras de Katrina Morse, defensora de leerles cuentos a los niños.

El acto de leer un libro juntos les produce una sensación de seguridad a los participantes y crea orden y conexión, como si fueran los retazos de una colcha unidos con los hilos de los relatos. No se trata simplemente de otra metáfora, como un equipo de neurocientíficos de Princeton ha descubierto.[124] Incluso mientras el lector y el oyente están disfrutando de su ramillete de sustancias neuroquímicas o son arrastrados por el tsunami de las mismas, su actividad cerebral se sincroniza, por lo que se crea un orden y una conexión, en el sentido literal de la palabra, en un proceso conocido como acoplamiento neuronal.

«El narrador de historias y el oyente se conectan[125] a un nivel profundo —escribe Geoff Colvin sobre el fenómeno en su libro *Humans Are Underrated*—. No solo experimentamos el relato, sino que además vivimos la misma experiencia con la persona que nos lo narra.»

Por eso no es de extrañar que las recompensas emocionales de leer un libro en voz alta sean tan desproporcionadas con relación al esfuerzo que requiere. Cuando nos ponemos cómodos y nos disponemos a leerle un cuento a uno o dos niños, tenemos la oportunidad de participar en una «especie de complot[126] —como lo describe Mem Fox, escritor e ilus-

---

123. Katrina Morse, directora en funciones, Family Reading Partnership, Ithaca, NY, entrevista realizada por la autora, 25 de abril de 2016.

124. Greg J. Stephens, Lauren J. Silbert y Uri Hasson, «Speaker-Listener Neural Coupling Underlies Successful Communication», *PNAS 107*, n.º 32, 10 de agosto de 2010: 14425–14430, http://www.pnas.org/content/107/32/14425. Citado en Geoff Colvin, *Humans Are Underrated: What High Achievers Know that Brilliant Machines Never Will*, Portfolio/Penguin, Nueva York, 2016, p. 152.

125. Colvin, p. 152.

126. Mem Fox, *Reading Magic: Why Reading Aloud to Our Children Will Change Their Lives Forever*, Harcourt, Orlando, Florida, 2001, p. 10.

trador australiano—, en el que nos unimos estrechamente en una sociedad secreta que tiene que ver con los libros compartidos».

Por increíble que parezca, leer libros en voz alta nos permite establecer una conexión emocional con el oyente aunque sea demasiado pequeño, frágil y joven como para saber lo que está ocurriendo.

* * *

«Cuando llegué allí[127] me dijeron que les hablara, y como enseguida se
nos acabaron los temas infantiles que se nos ocurrían para bebés, empezamos a leerles libros», me contó Claire Nolan al irla a ver en la
unidad neonatal de cuidados intensivos (UNCI) del Hospital de la
Universidad de Georgetown, en Washington DC. En la silenciosa habitación había mucho trajín. Los médicos, las enfermeras y los visitantes se movían por el lugar sumido en la penumbra, hablando en voz
baja. Las pantallas emitían pitidos y chirridos como los de la tecnología
de *Goodnight, iPad*.

Claire estaba sentada en un pequeño espacio entre dos aparatos médicos, rodeando con sus brazos a Dale, su diminuto hijo. Tyrone, el
hermano gemelo, descansaba en la húmeda calidez de una incubadora
cercana, con uno de sus pies liliputienses iluminado por la luz de color
rojo rubí que despedía el monitor sujeto a él. Tenía el cuerpo un poco
arrugado y casi translúcido por el delicado estado en el que se encontraba. Pesaba apenas medio kilo.

Su madre me dijo: «Empezamos con libros para bebés, pero solo
duraban unos dos minutos. De modo que acabábamos diciéndoles:
"Aquí hay una rana verde", e intentábamos describirles las imágenes.
Es más divertido leerles relatos. Intenté leerles libros de adultos, pero
los argumentos no eran apropiados para ellos, aunque no puedan en-
tenderlos —comentó con una sonrisa, señalando con la cabeza a sus

---

127. Claire Nolan, entrevistada por la autora, en la UNCI del Hospital de la Universidad de
Georgetown, el 6 de abril de 2017.

bebés—. No quería hablarles de esas cosas». De modo que Claire y Jason, su marido, empezaron a leerles *Harry Potter y la piedra filosofal.* Dale había tenido más suerte que su hermano gemelo, pesaba más. Sus padres podían sostenerlo en brazos, pegado a sus cuerpos, mientras le leían la novela. Pero Tyrone, que al nacer tenía solo la tercera parte del tamaño de Dale, seguía rodeado de tubos y no era fácil abrazarlo. Sin embargo, podía ser reconfortado y acariciado por las voces de sus padres.

«Sabemos que la voz de los padres es importante[128] para el desarrollo neurológico —me contó el doctor Mohammed Kabir Abubakar en la unidad neonatal de cuidados intensivos (UNCI), a poca distancia de los gemelos de Claire—. Se cree, aunque aún no lo sabemos con certeza, que los bebés pueden oír la voz de su madre cuando están en su seno. Pero no sabemos exactamente lo amortiguada que les llega. Nadie ha sido capaz de poner un sensor allí para medir los decibelios —me comentó soltando unas risitas—, o hasta qué punto la oyen o cómo interpretan ese sonido. ¿Perciben solo una vibración? ¿Perciben el sonido?»

Se sabe que los recién nacidos reconocen sobre todo las voces de sus padres, en especial la de su madre, gracias en parte a la investigación realizada en la Universidad de Montreal. Al escribir sobre un experimento que tuvo lugar en esta facultad en 2011,[129] Susan Pinker señala que «los circuitos neuronales del lenguaje en el cerebro de un recién nacido[130] se activan con el sonido de la voz de su madre... Comparado con lo que ocurría cuando oían la voz grabada de una desconocida, oír la voz de su madre por un instante causaba una gran respuesta neuronal en los diminutos sujetos».

---

128. Doctor Mohammed Kabir Abubakar, entrevistado por la autora, 25 de abril de 2016.

129. Maude Beauchemin *et al.*, «Mother and Stranger: An Electrophysiological Study of Voice Processing in Newborns», *Cerebral Cortex 21,* n.º 8, 2011, https://doi.org/10.1093/cercor/bhq242. Citado en Pinker, *Village Effect,* p. 127.

130. Pinker, p. 127.

* * *

Cuanto antes de lo previsto llegue un niño al mundo,[131] más dificultades tendrá. Durante las últimas semanas, antes de alcanzar las cuarenta semanas de gestación, se da un importante desarrollo cerebral. Un bebé que nazca incluso a las treinta y seis semanas[132] tiene muchas posibilidades de sufrir retrasos en el desarrollo y en los estudios antes de los siete años, según una investigación realizada en 2011 en la Universidad de la Reina de Belfast. Cuanto más hagan los padres y los médicos para favorecer la activación del cerebro, mejor.

Como objeto de tecnología médica, un ejemplar de *Stuart Little* de E. B. White o de *Un grillo en Nueva York* de George Selden parecerían estar fuera de lugar entre la sofisticada maquinaria de la unidad neonatal de cuidados intensivos. Un libro es un artefacto primitivo hecho de papel, tinta y cola; es el material de los proyectos artísticos de los jardines de infancia. Pero al combinarse con la voz humana,[133] este objeto pintoresco de la época de Gutenberg es una poderosa herramienta para estimular el cerebro infantil y activar las conexiones emocionales que un bebé necesita desarrollar con las personas más cercanas.

* * *

En la primavera de 2017,[134] los investigadores de Georgetown terminaron un pequeño estudio sobre los efectos de leerles textos en voz alta a

---

131. Doctora K. N. Siva Subramanian, Georgetown University Hospital, entrevista realizada por la autora, 28 de abril de 2016.

132. Jennifer E. McGowan *et al.*, «Early Childhood Development of Late-Preterm Infants: A Systematic Review», *Pediatrics 127,* n.º 6, 2011, https://doi.org/10.1542/peds/2010.2257

133. «Incluso los bebés prematuros son sensibles al contexto social y vocalizarán mucho más mientras se encuentran en la unidad neonatal de cuidados intensivos cuando su madre o su padre estén presentes». Roberta Michnick Golinkoff *et al.*, «(Baby) Talk to Me: The Social Context of Infant-Directed Speech and Its Effects on Early Language Acquisition», *Current Directions in Psychological Science 24,* n.º 5, 2015, https://doi.org/10.1177/0963721415595345

134. Detalles y hallazgos de la investigación llevada a cabo por el Hospital de la Universidad de Georgetown en Siva, entrevista; doctores Suna Seo y Abubakar, entrevistas.

veinte bebés de veintiséis a treinta y cuatro semanas de vida. Los monitorizaban durante noventa minutos con aparatos que captaban y registraban mediciones de su estado fisiológico, es decir, el ritmo cardíaco, la presión arterial, la respiración y los niveles de oxígeno. No fue fácil llegar a un método común de lectura oral. A algunos de los bebés los habían enviado en avión a Georgetown de hospitales lejanos más pequeños, y sus familias no podían ir a verlos a menudo, en el caso de poder hacerlo, para leerles los cuentos en persona. También cabía la posibilidad de que, al abrir la portilla de la incubadora para leerles un cuento, la temperatura del interior oscilara. Nadie quería que su delicado ocupante pasara frío.

Al final, el equipo decidió usar lecturas grabadas. Los padres se grabaron a sí mismos leyendo en voz alta, durante un espacio de treinta a cuarenta y cinco minutos, cualquier texto que les gustara. Una de las madres, estudiante de Medicina, le leyó a su hijo fragmentos de un manual de neurología. Otros padres les leyeron a sus bebés cuentos infantiles o libros de oraciones, y algunos incluso pasajes del *Wall Street Journal*.

«En el interior de la incubadora se genera mucha humedad,[135] y queríamos un sistema que no interfiriera con ningún elemento del equipo —dijo la doctora Suna Seo, una neonatóloga que trabajó en la investigación—. Se nos ocurrió descargar las lecturas en un pequeño iPod, como un iPod Nano, para que la grabación se oyera por medio de Bluetooh con un altavoz fijado a la incubadora —añadió riendo—. Tenemos un sonómetro que mide los decibelios para que se ajusten a los parámetros del protocolo, y son las enfermeras las que ponen la grabación cuando los padres no están.

»Les encanta escuchar la voz de sus padres. Hemos visto algunas cosas sorprendentes», prosiguió la doctora Seo. Una niña nacida a las veinticinco semanas de gestación había sufrido complicaciones e incluso una hemorragia cerebral. Al cabo de dos semanas, cuando estaba estable y dormitaba, una enfermera pulsó un botón y la incubadora de la pequeña se llenó del sonido de la voz de su madre. Al instante, la

---

135. Seo, entrevista.

niña empezó a moverse en su interior. La voz de su madre no era como un ruido de fondo. Ni tampoco le provocaba indiferencia. La entonación le llegaba a su cerebro de bebé y se supone que se lo activaba con la espectacular respuesta neuronal que los investigadores de Montreal presenciaron.

Los médicos y las enfermeras de Georgetown[136] advirtieron algo más: la voz que estimulaba al cerebro tenía el paradójico efecto de calmar el cuerpo. En los bebés del estudio se registraron menos fluctuaciones fisiológicas mientras oían las lecturas grabadas y justo después de haberlas oído. «Hemos visto que mientras duran las lecturas se dan menos episodios relacionados con los cambios en la saturación de oxígeno; este parámetro es mucho más estable, la respiración también es mucho más estable, al igual que el ritmo cardíaco —me comentó el doctor Abubakar—. Y sus efectos duran como mínimo una hora después de las lecturas.» Se sabe que duran una hora porque es el tiempo que los monitores siguen activos. Si la tabulación se hubiera extendido, posiblemente los bebés hubieran disfrutado incluso más tiempo de los efectos calmantes.

Para apreciar la importancia de estos hallazgos preliminares hay que tener en cuenta la fragilidad de los bebés. En nuestro caso, tener una saturación de oxígeno estable, una respiración regular o un ritmo cardíaco previsible es algo normal. Pero para los bebés que avanzan lentamente y con dificultad hacia la fecha en la que deberían haber llegado al mundo —no debemos olvidar que si no hubieran nacido prematuramente sus sistemas habrían llegado a un punto seguro de desarrollo—, se trata de logros ganados a pulso. Hay que tener en cuenta lo que significa para un bebé prematuro que su ritmo cardíaco y su respiración se estabilicen al oír a sus padres leyendo un texto. Las voces de sus progenitores son, en cierto modo, curativas.[137]

---

136. Abubakar, entrevista.

137. Pinker, *Village Effect*, pp. 126-127.

«La lectura en voz alta fomenta una mayor interacción[138] entre padres e hijos. Sabemos a ciencia cierta que es así —me señaló el doctor Abubakar—. Hace que los padres se impliquen mucho más activamente en el desarrollo de sus hijos. Creemos que, si establecen esta relación mucho más temprano, habrá muchas más posibilidades de que esta continúe cuando se lleven al bebé a casa. Y si le siguen leyendo, la interacción que mantienen con su hijo aumentará, y esto no solo fomentará su desarrollo, sino también sus facultades intelectuales.»

La historia de Sam Green, uno de los pacientes de la unidad neonatal de cuidados intensivos del Hospital de la Universidad de Georgetown,[139] parece corroborarlo. Doce años atrás, Sam llegó al mundo a las veintiocho semanas de gestación pesando un kilo y veinte gramos. Una fotografía suya de aquella época muestra una criatura escuálida y casi espectral hecha un ovillo y cubierta de tubos. Lori, su madre, les había estado leyendo cuentos cada noche a sus dos hijas mayores y decidió hacer lo mismo con él. Un día tras otro, una hora tras otra, permaneció sentada en la unidad neonatal de cuidados intensivos con el cuerpo de su bebé pegado a su piel desnuda, siguiendo una práctica terapéutica conocida como método canguro, mientras le leía cuentos en voz alta. No había forma de saber si Sam la escuchaba o percibía algo, pero las lecturas por lo menos animaban a Lori a seguir luchando. «Me ayudaban a establecer un vínculo afectivo con mi bebé, me hacían sentir útil y, dadas nuestras desafortunadas circunstancias, también me permitían albergar la ilusión de que todo iba bien», me contó.

Las complicaciones físicas de Sam tomaron la forma de una displasia broncopulmonar, un trastorno pulmonar que no se separó de él incluso después de su «graduación» de la unidad neonatal de cuidados intensivos, y que le obligó a estar conectado a una cánula nasal que le suministró oxígeno hasta los ocho meses de edad. Cuando empezó a hablar, tenía

---

138. Abubakar, entrevista.

139. Lori Green, conversación mantenida con la autora, 3 de diciembre de 2015, detalles confirmados en intercambio de correos electrónicos, 15–21 de febrero de 2017.

una ligera dificultad para expresarse. Pero de momento era algo normal, teniendo en cuenta el camino pedregoso de un bebé prematuro. Sin embargo, el cerebro de Sam no sufrió daño alguno. No tuvo nunca ningún retraso cognitivo.

¿Podía deberse a la lectura de cuentos? En esas largas semanas de peligrosa fragilidad, mientras permanecía en brazos de su madre, ¿había estado la voz materna despertando su cerebro de formas que ayudaron a compensar su precipitada llegada al mundo? Es imposible asegurarlo en el caso de este niño. No hay modo alguno de saber cómo se habría desarrollado su intelecto si su madre no le hubiera estado leyendo cuentos en voz alta. A estas alturas ninguna prueba puede ya revelar si marcó una diferencia en aquella época, ni tampoco hay una forma de separar los beneficiosos efectos de las lecturas del curativo analgésico[140] de haber sostenido a su hijo en contacto piel con piel. No se puede demostrar que tuviera efectos negativos, pero la investigación realizada en Georgetown sugiere que probablemente tuvo efectos positivos.

* * *

Cuando un recién nacido escucha a un adulto leyéndole un cuento, es posible que la experiencia sea beneficiosa en el sentido terapéutico, pero en el aspecto literario apenas le aporta beneficio alguno. Las horas que los Nolan pasaron leyéndoles a sus hijos la novela de J. K. Rowling en la unidad neonatal de cuidados intensivos se almacenarán en esa cámara acorazada inaccesible donde se encuentran las primeras vivencias de todos. No hay forma de recuperar esos archivos.[141]

---

140. Esta frase es una adaptación de «analgésico para bebés», la forma en que Susan Pinker describía los efectos del contacto piel con piel o el método canguro, y se lo agradezco. Pinker, *Village Effect*, p. 130.

141. Este fenómeno se conoce como «amnesia infantil». Para una breve explicación véase: Janice Wood, «What's Your Earliest Memory?» *Psychcentral.com*, https://psychcentral.com/news/2014/01/26/whats-your-earliest-memory/64982.html

Pero a medida que los bebés se convierten en niños pequeños, en niños y más adelante, de manera increíble, en adolescentes, los libros ilustrados y las novelas que comparten con sus padres y sus hermanos producen una clase especial de adhesivo. Construyen la familia y ayudan a crear esa sociedad secreta de la que habla Mem Fox, con su reserva común de palabras, escenas y personajes.

Los padres, como miembros de esa sociedad, también nos beneficiamos. El tiempo que pasamos leyéndoles libros a nuestros hijos puede parecernos como un viaje de vuelta a destinos que visitamos hace ya mucho y que nunca creímos volver a ver. Podemos descubrirnos volando por el cielo con Simbad el Marino, agarrados a la garra de un ave roc gigantesca. O descansando a la sombra de los alcornoques con Ferdinando el toro (y captar el mensaje pacifista de Munro Leaf que no advertimos de pequeños). O quizás avanzar de puntillas, con la novia de Barba Azul, por el espantoso pasillo de puertas cerradas (pensando: ¡Vaya, este argumento parece el de una película de terror!)

En *Wild Things: The Joy of Reading Children's Literature as an Adult*, Bruce Handy escribe: «Uno de los placeres inesperados[142] de la paternidad fue para mí volver a encontrarme con los libros de mi niñez que me habían apasionado y, para mi alivio, descubrí que me seguían fascinando.

»Aparte del placer inmediato[143] de compartir con mis hijos grandes relatos y las artísticas ilustraciones de los libros —prosigue—, las lecturas nocturnas me permitieron volver a conectar con obras que me encantaban de niño y descubrir la gran diversidad de libros infantiles que se han ido publicando a lo largo de las décadas desde que me dediqué a leer libros más "maduros"».

Como señala el poema de William Wordsworth: «Lo que nos ha apasionado a nosotros también les apasionará a otros, y les enseñaremos a hacerlo». Resume de forma maravillosa lo que ocurre cuando los padres

---

142. Bruce Handy, *Wild Things: The Joy of Reading Children's Literature as an Adult*, Simon & Schuster, Nueva York, 2017, pp. XVI–XVII.

143. Handy, p. 265.

les leen libros a sus hijos. La hora mágica puede ser la mejor oportunidad para un padre de sacar su edición de bolsillo de *Rip Van Winkle* y compartir su pasión por Washington Irving. En el caso de otros padres, puede ser el momento ideal para dar a conocer a sus hijos el «verdadero» William Steig, cuyas novelas como *Dominico* y *La isla de Abel*, y la inigualable *Silvestre y la piedra mágica*, son mucho más sabias y divertidas de lo que se intuye en las películas de «Shrek», inspiradas en uno de sus libros ilustrados. Una madre a la que le fascinen los libros de no ficción o de ciencia ficción, cuando lee a sus hijos versos absurdos o cuentos de hadas, la hagiografía cristiana o el *Bhagavad Gita*, está creando hilos invisibles que los conectarán entre ellos, y también con los textos leídos, de una forma única para esa familia en especial.

Cuando los padres y los hijos forman parte de la sociedad secreta de los libros y las frases cómicas que comparten, es una manera maravillosa de aumentar la sensación de intimidad en la familia. Lo sé de primera mano. No hace mucho, mientras iba de excursión con mis tres hijas más pequeñas, me puse a darme golpecitos en la pierna ociosamente, y entonces Flora dijo en voz baja: «Pippi llevaba el compás con el brazo artificial». Era una frase que todas conocíamos de *Pippi se embarca* de Astrid Lindgren, y al oírla nos echamos a reír.

Hace poco, cuando Paris llegó a casa tras haber asistido a clases en la universidad, hambriento como de costumbre, le tuve que dar la noticia de que la cena aún no estaba lista. Al oír mi respuesta, lanzó un dramático suspiro y dijo: «Las cosas han cambiado, ya no son lo que eran». Fuera de contexto habría parecido una grosería, pero ambos sabíamos que estaba citando una frase del libro ilustrado *A Baby Sister for Frances* de Russell Hoban. Así que yo le respondí con la siguiente frase del monólogo: «Gachas de avena sin pasas...»

Cada familia tiene alguna anécdota sobre las lecturas. Una mujer me contó que[144] le encantaban los extravagantes acentos que adoptaba su padre cuando le leía cuentos. Le leía *El león feliz* de Louise Fatio —cual-

---

144. Tayla Burney, citado en Gurdon, «Great Gift».

quiera puede ver que ocurre en una bonita población francesa— con la lánguida forma de hablar de John Wayne. Otro padre, cuando les leía *Rebelión a bordo*, se embutía en la parte inferior de las literas de sus hijos, y hacía que ellos también le imitaran, para que tuvieran la sensación de estar «bajo la cubierta» de un barco. Beatriz, una joven y querida amiga de mi familia, esperaba con ilusión que su madre le leyera *Charlie y la fábrica de chocolate* porque, siempre que aparecía la palabra *chocolate* en el texto, su madre le metía una tableta de Hershey en la boca. «También tenía una caja[145] de delicias turcas para cuando la Bruja Blanca se las ofrece a Edmund en *El león, la bruja y el armario* —me contó Beatrice—. Me encantaban, pero mi hermano y mi hermana decían que sabían a jabón.»

En nuestra familia cada varios años nos da por volver a leer ciertas obras clásicas en particular. Durante las últimas dos décadas, cada dos o tres años hemos vuelto a leer *Las crónicas de Narnia* (a excepción de *La última batalla*, que nuestros hijos nos han prohibido por ser un relato demasiado triste), y todos los libros de la colección Little House de Laura Ingalls Wilder. Hace varios años rompí a llorar de emoción en varias ocasiones mientras les leía a mis hijos «El príncipe feliz» y «El gigante egoísta» de Oscar Wilde. Y también nos hemos deslizado por el agua en un sampán con la pequeña Tien Pao tras las líneas japonesas en *La casa de los sesenta padres* de Meindert DeJong, y hemos disfrutado con la descripción de «una enorme caja de chocolatinas adornada con cintas violeta» que aparece en *Los lobos de Willoughby Chase* de Joan Aiken. *La isla del tesoro* de Robert Louis Stevenson es la novela que nos llevaríamos a una isla desierta en el sentido literal de la palabra, el relato que todos querríamos tener si naufragáramos (al igual que *Secuestrado,* con sus desconcertantes intrigas jacobitas, como segunda opción). También nos dio por leer cíclicamente *El jardín secreto* y *La princesita* de Frances Hodgson Burnett, *Los cuentos de así fue* y «Rikki-Tikki-Tavi» de Rudyard Kipling y *El dragón de papá* de Ruth Stiles Gannett. Cada varios años nos hemos

---

145. Beatrice Frum, conversación mantenida con la autora, 2015.

sumergido en la mitología griega con *D'Aulaires' Book of Greek Myths*. Y en los últimos años, en Homero, gracias a las excelentes adaptaciones infantiles de Gillian Cross de *La Ilíada* y *La Odisea*, ambas ilustradas por Neil Packer.

Como es natural, lo que a una familia le entusiasma puede que a otra le aburra soberanamente. Hace poco Flora y yo decidimos que deberíamos leer *El Señor de los Anillos* de J. R. R. Tolkien para ver si nos gustaba. Al haber leído *El Hobbit* un par de veces a lo largo de los años, solo habíamos arañado por encima la capa superficial de la Tierra Media y creíamos que era una pena no haberla ahondado más. En mi familia, Tolkien es un escritor que levanta pasiones por la línea materna. Yo lo sabía. Así que, motivada por un sentimiento entremezclado de deber y curiosidad, me hice con un ejemplar del primer libro de la trilogía de *El Señor de los Anillos* y nos dispusimos a leerlo.

Siento decir que nos costó lo nuestro agarrarle el ritmo a la novela. Me costó una barbaridad leerlo con ganas. Hay un pasaje en la primera parte en el que Tolkien describe los regalos[146] que el viejo hobbit Bilbo Bolsón reparte a sus amigos más íntimos y a sus parientes después de ponerse el anillo mágico y desaparecer causando gran sorpresa. Esos seis párrafos nos parecieron seis páginas. Me percaté de que Flora se movía nerviosamente. Seguimos leyendo *El Señor de los Anillos*, y cuando la iniciativa iba perdiendo fuerza, apareció de pronto un nombre en la trama que me dejó perpleja. El hobbit Frodo y sus compañeros están intentando llegar a un destino importante. Para mi sorpresa, el destino tenía un nombre valioso y conocido: Rivendell.

Era el nombre que mis abuelos sudafricanos le habían puesto a la casita rural en Irlanda a la que se habían mudado cuando yo era pequeña. En la pared de mi estudio cuelga una fotografía aérea en blanco y negro de su Rivendell, la única casita que aparece encaramada a una árida colina con vistas al océano Atlántico: el nombre significa en la novela de Tolkien «la última casa acogedora al este del mar».

---

146. J. R. R. Tolkien, *El Señor de los Anillos*, Minotauro, Barcelona, 2016, pp. 22-31.

De algún modo mi madre, que se había mudado al extranjero a finales de la adolescencia, se había perdido la pasión por la Tierra Media que había despertado la novela en su hogar. Como nunca había leído a Tolkien, no se le ocurrió leerme ninguna novela suya. Me sentí rara y triste por haber hecho la conexión demasiado tarde como para hablar de ella con mis abuelos. También me sentí culpable. ¿Cómo podía no gustarme este libro que tanto les había fascinado y que, al parecer, había cautivado al mundo entero? Y, sin embargo, henos aquí a las dos leyendo *El Señor de los Anillos* con más desgana cada noche. Ya llevábamos doscientas páginas y la novela aún no nos había atrapado. Pero nos avergonzaba dejar el libro a medias. ¡Qué superficiales seríamos si no acabáramos de leer una novela que les encantaba a generaciones! Pero aun así, no conseguimos terminarla.

Cuento esta historia para indicar que leer en voz alta ayuda a establecer relaciones o a perderte esta oportunidad. Flora y yo siempre nos hemos reído en privado por el exceso de Montañas Brumosas del relato. Pero no me puedo sacar de encima la sensación de haberme perdido un posible punto de conexión con mis abuelos. Pasé largas y felices temporadas con ellos en Rivendell sin tener idea de que el nombre significaba algo especial. Y ahora que lo sé, es demasiado tarde. El hechizo que el libro ejercía sobre mi familia se acabó rompiendo. Seguro que Flora no lo leerá a la suya.

(Lo siento, abuelos.)

* * *

Una cosa es haber perdido un punto de conexión con los abuelos que ya han fallecido. Y otra más triste todavía es cuando la distancia va apareciendo sigilosamente en las relaciones. Leer un libro juntos tiene la maravillosa capacidad de fortalecer los vínculos emocionales, pero cuando los miembros de una familia se separan —por un divorcio, una enfermedad, los despliegues militares, el encarcelamiento o un viaje de negocios—, puede que les resulte imposible sentarse juntos para compartir una novela. Por suerte, hay formas de solucionarlo. La lectura en voz alta *por medio* de la tecnología puede que no sea lo ideal, dado el riesgo de la tecnoferencia, pero es de utilidad cuando no es posible la mejor opción.

En la primavera de 2017, el general Robert Neller, trigésimo séptimo comandante del Cuerpo de Marines,[147] expuso ante una audiencia en Washington DC los sacrificios domésticos de las familias de militares. «Nos perdemos los partidos, los recitales y las graduaciones de nuestros hijos —dijo de los hombres y las mujeres uniformados—. Y, aparte de que nos echan de menos en los acontecimientos importantes, también nos perdemos a diario las cenas familiares, los deberes, a nuestros hijos pequeños saltando a nuestra cama al despertarse por la mañana los fines de semana y todos los cuentos que les hubiéramos leído por la noche. Son nuestros hijos los que se enfrentan a la ansiedad y al estrés originado por los despliegues militares de sus padres. Me refiero a que estamos centrados en la misión, inmersos en ella, y esto es a lo que dedicamos nuestro tiempo, pero tus hijos lo ignoran. Solo saben que no estamos en casa.»

Millones de niños estadounidenses tienen padres que sirven en las fuerzas armadas, y los despliegues militares típicos duran de cuatro a dieciocho meses. Entre 2001 y 2010, cerca de dos millones de miembros de las fuerzas armadas sirvieron en Irak o en Afganistán. Más de la mitad estaban casados en aquella época, y cerca del 44 por ciento tenían como mínimo un hijo. Para los altos mandos, era importante saber cómo las familias afrontaban los despliegues militares. En 2016, un equipo de investigadores publicó un informe, junto con la Rand Corporation, detallando los resultados de un estudio de tres años de duración, el primero en hacerles un seguimiento[148] a los niños y los adolescentes de familias de militares antes, durante y después de los despliegues de sus padres. Los investigadores compararon a esos niños con otros cuyos padres eran civiles.

147. Observaciones realizadas en el Cuarto Tributo Anual a las Familias de Militares bajo los auspicios de United Through Reading, Washington DC, 24 de mayo de 2017.

148. Sarah O. Meadows *et al.*, «The Deployment Life Study: Longitudinal Analysis of Military Families Across the Deployment Cycle», Rand Corporation, 2016, https://doi.org/10.7249/RR1388

Es un hecho de la vida militar que los hijos se enfrentan a «factores estresantes únicos», como los autores del informe elaborado por la Rand Corporation señalaron, en forma de «separaciones largas y periódicas de su padres» que pueden producir «resultados negativos emocionales, conductuales y escolares en los niños». Una investigación del pasado ha vinculado los despliegues militares de los padres con la ansiedad, la depresión y la agresividad de los hijos, y también con problemas de atención, un bajo rendimiento escolar y conflictos con la familia. Los hijos de militares deberían disponer de ayudas para resolver este problema, pero no es así.

«Jack, mi hijo pequeño[149] de siete años, sufrió un terrible trastorno de separación por ansiedad», me contó Alice Kirke. A Kevin, su marido, capitán del Cuerpo de Marines, lo enviaron a Afganistán cuando Jack tenía dieciocho meses, pero se había pasado los seis meses anteriores en un lugar lejano como destino. Es decir, Jack tenía un año cuando su padre desapareció de su vida cotidiana, y pasó otro antes de volver a verle en persona. Aunque Jack veía fotos y vídeos de Kevin. Gracias a una organización benéfica militar dedicada a mantener conectados a los padres con sus hijos por medio de lecturas en voz alta, Kevin se grabó en diversas ocasiones leyendo un puñado de cuentos ilustrados para su hijo pequeño, al igual que había hecho para su hija años atrás. Alice se aseguró de que Jack viera los vídeos mientras su padre estaba ausente.

«Pero se puso muy nervioso cuando Kevin regresó a casa —me comentó—. A mi marido le dieron dos semanas de permiso para descansar y relajarse, Jack tenía dos años y me preocupaba cómo reaccionaría al tener a su padre en casa más de un fin de semana.»

Lo que ocurrió después de cenar en la primera noche les emocionó a todos. Alice había bañado a Jack en la bañera del cuarto de baño del dormitorio principal y le había cambiado el pañal. En cuanto estuvo

---

149. Alice Kirke, entrevista telefónica realizada por la autora, 11 de noviembre de 2016; entrevista realizada por la autora, 24 de mayo de 2017; intercambio de correos electrónicos, finales de mayo / principios de junio de 2017. Véase también Kevin Kirke, entrevista realizada por la autora, 24 de mayo de 2017.

listo, me contó, «se puso en pie, salió corriendo del cuarto de baño, cruzó el dormitorio pasando por delante de Kevin, que estaba en el suelo haciendo estiramientos, recorrió el pasillo y se fue directo a su habitación». Jack sacó *Jorge el Curioso* de la repisa —era el último libro que su padre le había «leído» electrónicamente—, «volvió corriendo adonde estaba Kevin, le rodeó, se sentó de espaldas en su regazo y le dio el libro».

Leerle cuentos desde lejos había *funcionado*. La conexión entre padre e hijo seguía intacta. Kevin Kirke estuvo alejado de su mujer y de sus hijos buena parte de una década (incluidos tres años de los cinco de edad de su hijo). Sin embargo, la familia no había sufrido ninguno de los problemas de reintegración clasificados en el informe de la Rand Company como confusión, alienación, conflictos o depresión. Los padres estaban convencidos de que la lectura de cuentos les había protegido.

«Aunque Kevin se los leyera mediante un dispositivo electrónico, Jack quiso estar en compañía de su padre para que le leyera *Jorge el Curioso* —me dijo Alice—. Yo siempre le he leído cuentos en voz alta a Jack, así que él sabía que así es cómo se leen cuando estamos en la habitación. La lectura de cuentos se volvió una actividad segura, una actividad reconfortante para hacer juntos.»

Los libros le ayudaron de distinta manera a la hija de once años de la pareja durante el mismo despliegue militar. Madison, una lectora precoz, quería leer *Los juegos del hambre* de Suzanne Collins. «Kevin pudo leer la novela con su hija, y además se grabó leyéndole un par de capítulos del libro y también haciéndole preguntas sobre lo que le leía, y mantuvo una conversación con ella sobre el tema. Aunque Madison pudiera leer el libro por su cuenta, su padre se lo leyó de todos modos y pudo tratar las ideas de la novela, es decir, lo que implican las decisiones militares y políticas de una forma que su hija lo entendiera. El libro le ofreció esta experiencia más profunda.»

«Unidos por la Lectura» (United Through Reading), la organización benéfica militar que le permitió[150] a Kevin Kirke estar en contacto con su

---

150. Kenneth Miller, «A Soldier's Last Bedtime Story», *Reader's Digest*, marzo de 2017, p. 83.

familia, fue fundada en 1989 por Betty Mohlenbrock. Su hija pequeña no había reconocido a su padre, un médico de la Marina especializado en medicina aeronáutica, cuando él regresó de Vietnam. Betty Mohlenbrock esperaba ahorrar a las otras familias de militares el mismo dolor al recurrir a la lectura de cuentos como una especie de bálsamo. «Unidos por la Lectura», cuya sede se encuentra en San Diego, ha organizado espacios de grabación en casi todos los buques de la Marina, en la mayoría de bibliotecas del Cuerpo de Marines y en una amplia red de guarniciones del Ejército. Hombres y mujeres uniformados pueden grabar sus vídeos en setenta y cinco centros dirigidos por la United Service Organization (USO), una entidad militar colaboradora sin ánimo de lucro, y también por medio de las caravanas itinerantes de la USO en Irak y Afganistán.

Taylor Monaco, directora de comunicación de «Unidos por la Lectura», me explicó que hay un pequeño equipo de transición en la frontera entre Irak y Siria. «Cada vez que reciben nuevos libros,[151] montan una tienda y una videocámara para las grabaciones. Los *marines* abren los paquetes de libros que les han enviado, se sientan en la pequeña tienda, se graban leyendo un libro, y luego envían los deuvedés a su casa mediante la cadena de suministro —me contó ella—. Incluso en medio de la nada en esa frontera, el equipo es capaz de apoyar ese esfuerzo. Los marines tienen la oportunidad de ser padres durante cinco minutos».

El programa ha producido, por lo visto, efectos asombrosos. En 2017, «Unidos por la Lectura» encuestó[152] a tres mil participantes del programa. El 98 por ciento de padres dijeron que la ansiedad de sus hijos provocada por el despliegue militar había disminuido. El 99 por ciento afirmaron que sus hijos se sentían ahora más conectados con el progenitor que estaba lejos. El 97 por ciento dijeron que sus propios niveles de estrés se ha-

---

151. Taylor Monaco, entrevista telefónica realizada por la autora, 11 de noviembre de 2016.

152. United Through Reading Beneficiary Surveys, 2017: From the Homefront: https://www.surveymonkey.com/r/5RV85B5; From the Participants: https://www.surveymonkey.com/r/RPXL2Y9?sm=4uavMbpf4YADv5uu9%2bdcGA%3d%3d

bían reducido gracias a las lecturas orales. Y el 99 por ciento de los encuestados respondieron que sus hijos ahora mostraban más interés en la
lectura y en los libros.

«Es la cultura de las historias compartidas[153] —me manifestó Monaco—. La pasión por la lectura se transmite. Pasar un rato leyendo libros
juntos crea un lugar especial y mágico. Y es una actividad irreemplazable.»

* * *

El mismo mecanismo que ayuda a los hijos y a los padres de familias de
militares también ayuda a los padres separados de su familia por estar en
prisión a mantener el vínculo emocional con sus hijos. Cerca de 2,7 millones de niños estadounidenses[154] tienen al padre o a la madre en la
cárcel. Organizaciones benéficas en[155] Delaware, Minnesota, Illinois,
California, Kentucky, Vermont, Oklahoma, Texas, Nueva York, Nuevo
Hampshire y cualquier otra parte (incluido en el Reino Unido) están
haciendo posible que miles de reclusos se puedan grabar leyéndoles libros a sus hijos. En muchos casos, los voluntarios les envían a los hijos
de los reclusos no solo la grabación de la lectura del padre o de la madre,
sino, además, ejemplares de libros.

La bisabuela del movimiento,[156] por así decirlo, es Aunt Mary's
Storybook, una organización cristiana fundada en 1993 en una institu-

---

153. Monaco, entrevista.

154. David Murphey y P. Mae Cooper, «Parents Behind Bars: What Happens to Their Children?», *ChildTrends.org*, octubre de 2015. Citado en Nash Jenkins, «1 in 14 U.S. Children Has
Had a Parent in Prison, Says New Study», *Time*, 27 de octubre de 2015.

155. Como el Women's Storybook Project de Texas (storybookproject.org), los Servicios Sociales Luteranos de Illinois (lssi.org), la Diócesis Episcopal de Rochester (NY), el Storybook
Project (prisonministry-edr.org) y el Storybook Dads UK (storybookdads.org.uk). Vease también Kristin Sample, «Helping Prisoners' Voices Be Heard by Their Children», *New York Times*,
6 de julio de 2015, https://parenting.blogs.nytimes.com/2015/07/06/capturing-the-voices-of-
mothers-in-prison

156. Aunt Mary's Storybook/ Companions Journeying Together (cjtinc.org), Western Springs,
Illinois.

ción correccional femenina en el Condado de Cook, en Illinois. El grupo funciona en dieciséis cárceles y prisiones de Illinois y ha inspirado la creación de programas similares en Kentucky y Texas.

«Los niños conocen esa voz desde que están en el seno materno,[157] y es la que los mantiene unidos de la mejor manera posible hasta que pueden volver a estar con su madre», afirma Stuie Brown, una abuela que lleva dos décadas colaborando en la divulgación del programa en Kentucky.

«El ingreso de esas jóvenes madres en prisión es algo malo —me contó—. Pero ahora que salen en vídeo, se preocupan de lavarse el pelo y de estar lo más guapas posible. Están deseando que sus hijos las vean.»

En un protocolo típico de los programas de lectura de la prisión, Brown y sus compañeras voluntarias están autorizadas para entrar en la Institución Correccional Femenina de Kentucky, en las afueras de Louisville, varias veces al año. Las voluntarias tienen que seguir una formación y sus antecedentes personales son investigados a fondo. Cada vez las registran y cachean antes de dejarlas entrar. Las normas para tratar con las reclusas también son muy estrictas. A las voluntarias no les permiten tener más que un breve intercambio con las reclusas al principio y al final de la sesión de grabación.

Durante cada visita de un día de duración, las voluntarias graban las lecturas de cerca de veinticinco madres. A las reclusas les permiten presentar el libro con una breve introducción. «"Soy mamá y he elegido este libro para ti. Te quiero y te echo de menos. Te veré pronto" —comentó Brown a modo de ejemplo—. Les permiten leer los libros ilustrados enteros, pero cuando se trata de una novela, las mamás normalmente leen solo el primer capítulo y animan a sus hijos a seguir leyéndola por su cuenta».

«No es fácil de explicar, pero creo que algo importantísimo está ocurriendo —manifestó Brown—. No es una situación fácil, no conozco a esas mujeres ni a sus hijos, solo soy una voluntaria más. Pero el programa

---

157. Stuie Brown, entrevista telefónica realizada por la autora, 29 de enero de 2016.

ha hecho aumentar mi fe. Siento que mi pequeño papel es mantener conectadas a las madres con sus hijos.

»Me dedico a llevarles libros, a sentarme en una silla y a escucharlas. Y cuando vuelvo a casa, rompo a llorar», me contó en voz baja.

* * *

Una relación sólida con un progenitor, un hijo o un cónyuge (o, en realidad, con cualquier otra persona) no se establece en un día. Por más tentador que sea[158] creer lo contrario, la psicología enseña que un vínculo emocional no es un punto final, sino un estado del ser que podemos descuidar o alimentar.

Sentarnos juntos, leer juntos, centrarnos en el mismo relato, todos estos actos íntimos nos unen más los unos a los otros. Si una relación es problemática, o cuando una enfermedad, una incapacidad o la adolescencia hacen que hablar sea difícil —si mantener una conversación supone demasiada presión—, un libro compartido puede animar a todo el mundo y resolver la situación. A modo de puente, le permite a la familia superar la situación.

* * *

Danica y Eric Rommely no encontraron el camino a ese puente hasta que Gabe, su hijo, era un adolescente. A los diecisiete meses de vida, a Gabe le diagnosticaron un autismo severo. En el curso de los años no hablaba ni parecía entender lo que la gente decía a su alrededor.

---

158. Es de sentido común que los vínculos emocionales pueden ser más fuertes o más débiles, todos lo hemos vivido en nuestra vida. La naturaleza cambiante del afecto y el hecho de poder dar pasos para fortalecerlo aparecen en estudios como el de Kenneth Ginsburg *et al.*, «The Importance of Play in Promoting Healthy Child Devlopment and Maintaining Strong Parent-Child Bonds», *Pediatrics 119*, n.º 1, enero de 2007, http://pediatrics.aappublications.org/content/119/1/182.short; y Juulia [sic] Suvilehto *et al.*, «Topography of Social Touching Depends on Emotional Bonds Between Humans», *Proceedings of the National Academy of Sciences of the United States of America*, 10 de noviembre de 2015, https://doi.org/10.1073/pnas.1519231112

«Cuando era un bebé le leímos cuentos para bebés con ilustraciones del tipo de libros denominados "acartonados prelectores".[159] Pero no paraba de moverse, y entonces nos dijimos en un determinado momento: "¡Es inútil! no nos está escuchando"», me contó Danica.

Lo que a Gabe más le gustaba era mirar los programas infantiles en la tele. Miraba las series de *Barrio Sésamo*, *Barney* y *Blues Clues* una y otra vez, en ocasiones en varios dispositivos al mismo tiempo. Cuando sus padres o sus cuidadores lo llevaban a la biblioteca, incluso después de la adolescencia, se iba directo a la sección de los libros para bebés.

«Creí que era en esa etapa donde se había quedado. Que ese era su nivel», me dijo su madre.

Pero descubrimos que no era así.

*   *   *

Hola... Meghan..., ¿*cómo estás...*[160] *en esta soleada tarde?*

La voz era de Najla, una joven terapeuta. Las palabras, escritas con un solo dedo en un teclado inalámbrico, eran de Gabe.

Estaba bromeando, no hacía una tarde soleada. Era a finales de enero y el agua del gélido chaparrón que caía en el exterior del hogar de los Rommely corría por el suelo a raudales, gorgoteando en las alcantarillas y salpicando las hojas.

Todo había cambiado para la familia[161] dieciocho meses atrás, cuando una terapeuta le presentó a Gabe el sistema Rapid Prompting Method, la técnica que Najla usaba en las sesiones que hacía con él. Por primera vez en la vida, Gabe podía expresarse con frases completas. Hasta ese mo-

---

159. Danica Rommely, entrevista telefónica realizada por la autora, 25 de mayo de 2016; entrevista realizada por la autora, 17 de enero de 2017; correos electrónicos posteriores, 19–25 de enero de 2017.

160. Gabe Rommely, Danica Rommely y Najla, entrevistadas por la autora, 17 de enero de 2017.

161. Colby Itkowitz, «Saying So Much Without a Sound», *Washington Post*, 23 de mayo de 2016.

mento, durante catorce años había sido incapaz de mostrar que *hubiera* estado escuchando y que *tuviera* sentimientos, y aunque no pudiera hablar, tenía una voz ingeniosa.

Como es de imaginar, los padres de Gabe se sintieron invadidos por el remordimiento y llenos de gratitud a la vez. Ahora tenían la posibilidad de conocer a su hijo de una forma nueva y maravillosa, y él, por fin, podría expresarse pese a estar atrapado en el cuerpo de «un niño pequeño borracho».[162]

Danica y Eric empezaron a leerle libros a Gabe de nuevo. Se sentaban con él en el sofá, y aunque su hijo meciera el cuerpo o se moviera nerviosamente, sabían que no significaba que no les estuviera prestando atención («Aunque no parezca estar escuchando, lo hago», dijo). Un par de veces a la semana, sus terapeutas le leían artículos de revistas y de periódicos. Sus padres también le leían novelas para jóvenes adultos. Cuando los fui a ver en la cocina de su casa suburbana, ya le habían leído el primer libro de la serie de Harry Potter. Intentaron leerle *Los juegos del hambre* («pero esa clase de novela no funcionó», observó Danica). Habían devorado *El dador* de Lois Lowry y estaban a punto de embarcarse en *El diario completamente verídico de un indio a tiempo parcial* de Sherman Alexie.

Najla vocalizaba las palabras al ritmo que Gabe las iba tecleando: *Estoy enganchado… a… las pantallas… pero no hay nada… que me guste más… que tener… a alguien… que me lea un libro… todo el día.*

No es fácil expresar adecuadamente el ritmo conmovedor de nuestra conversación. Saltaba a la vista que Gabe tenía una mente rápida, pero solo podía expresarse a la velocidad de ir tecleando con un solo dedo.

Ojalá pudiera leer… solo…, pero… mi cuerpo no colabora.

Le pregunté cómo se sentía cuando su madre le leía alguna novela.

Me transporta a otro… lugar… en el que soy… totalmente… normal.

Gabe siguió tecleando.

---

162. Itkowitz.

Me encanta... estar cerca de ella..., vivir el mundo... a través de las películas y los libros..., citar a un amigo.

Najla me contó que uno de los amigos de Gabe, que también es autista, había empleado una frase parecida.

Lo más asombroso es que la misma tecnología de la que tantas personas son esclavas —las pantallas y los teclados que predominan en nuestras horas de vigilia— haya liberado a una personalidad atrapada y silenciada. Lo que la autora de memorias Judith Newman denomina «la amabilidad de los dispositivos»[163] le ha dado a Gabe la voz de un intelecto expandido y enriquecido por la lectura en voz alta.

«¿Quieres decirles algo a los padres o a las familias cuyos hijos no parecen prestarles atención? —le pregunté—. ¿Deberían seguir leyéndoles libros de todos modos?»

Un... millón de veces... sí. Siempre estamos escuchando, escribió Gabe con el teclado.

* * *

Leer juntos puede ser algo muy importante. Crea conexión allí donde hay alienación y distanciamiento. Actúa a modo de pasarela para cruzar las aguas turbulentas de la etapa de los dos primeros años de vida, al igual que más tarde, en las tormentas de la primera adolescencia. Estoy convencida de que leerles libros en voz alta a mis hijos ha hecho que estuvieran más unidos a mí y al resto de la familia que si no se los hubiera leído. La lectura en voz alta fue especialmente útil cuando Paris, mi hijo, estudiaba la secundaria, aquella triste época en la que un joven charlatán solo decía monosílabos. No teníamos demasiadas cosas en común en aquellos años. Ya no le interesaba escuchar con su hermana los libros que les leía, aunque deseaba seguirlo haciendo conmigo mientras estuviéramos los dos solos. Durante cerca de un año, cuando Molly se iba a hacer los de-

---

163. Judith Newman, *To Siri with Love: A Mother, Her Autistic Son, and the Kindness of Machines,* Harper, Nueva York, 2017.

beres y tras haber arropado en la cama a mis hijas pequeñas, Paris y yo nos reuníamos en mi estudio, en casa, en medio de los cerros y desfiladeros formados de libros apilados por todas partes.

Sentados el uno al lado del otro en un viejo sofá, bajo el foco de luz de la lámpara, viendo el cielo nocturno estrellado desde la ventana, leímos la desgarradora novela *The Light in the Forest* de Conrad Richter, que trata sobre la vida de un niño blanco criado por los lenape al que obligan, debido al tratado de paz de 1765, a volver a la sociedad del poblado de los colonos que detesta. También leímos *The Underneath* de Kathi Appelt, una novela con una trama sinuosa y agitada que acaba llevando a un momento de una violencia impactante, e incluso a otro de una compasión chocante.

Ocurrían muchas cosas en las novelas, pero ahora veo que a nosotros también nos debieron de ocurrir muchas otras. Nos impregnamos de las beneficiosas sustancias neuroquímicas que esta actividad crea. Nuestros cerebros estaban alineados neuronalmente. Estábamos aumentando nuestra reserva compartida de referencias, personajes y giros inesperados en las tramas. Y todavía Paris y yo recordamos aquellas noches como si fueran algo sólido. Construimos algo real entre nosotros que se apoyó en los cimientos de años de lecturas iniciadas cuando él y sus hermanas eran pequeños.

4

La turboalimentación del desarrollo infantil con libros ilustrados

«Un bebé, un, dos, tres, de pie en su cuna. ¿Qué ve?»

Cucú, de Janet y Allan Ahlberg

En la primera página del libro clásico de los Alhberg, un bebé con un pijama azul está de pie, agarrado con una mano a la barandilla blanca de madera de su cuna, mordiéndola con la boca. Tiene la otra mano extendida hacia su padre, visible solamente a través de la pequeña abertura circular en la página contigua, que se ha quedado dormido en un abrir y cerrar de ojos.

«¡Cucú!»

Al pasar la página, la parte recortada queda a la izquierda, rodeando al bebé y revelando lo que este ve: «A su padre dormido / en una gran cama de metal / y a su madre durmiendo a su lado / con el pelo cubierto con una redecilla».

Publicado por primera vez en el Reino Unido en 1981 como *Peepo!,* este cálido cuento rimado describe los momentos que un bebé corriente vive en un día excitante: se despierta antes que el resto de la familia, desayuna en la trona, lo sacan a dar un paseo, pasa un rato sentado con un juguete sobre una manta en el parque y luego lo llevan con el cochecito de vuelta a casa para darle un baño estupendo y abrazarlo antes de meterlo en la cama. A los adultos el libro les hace recordar con nostalgia su primera infancia, ya sea real o imaginada. La familia del libro es británica, y es evidente que la instalación de fontanería de su casa adosada, desvencijada y estrecha, deja mucho que desear. El retrato de Winston Churchill en la pared de la sala de estar y el uniforme que lleva el padre en la última ilustración nos sugieren que el cuento se desarrolla en tiempos de guerra. Es evidente que, después de darle el beso de las buenas noches, su padre se va de casa para reunirse con su unidad militar.

Sencillo en apariencia, este cuento favorito de Ahlberg es un triunfo de la complejidad. Sus ilustraciones delicadas y detalladas están repletas de indicaciones tácitas que generan preguntas e interrogantes. Las diversas capas de perspectivas generacionales están dotadas de profundidad y textura. Las frases del cuento le transmiten al bebé que las escucha palabras medidas y rimadas a la perfección con una gran espontaneidad. Y además hay el cautivador metaconcepto de «cucú», un juego que juguetea con la comprensión que el bebé está desarrollando de la permanencia de los objetos. Durante una etapa breve y feliz,[164] los bebés creen realmente que hemos desaparecido cuando nos tapamos la cara con las manos, y cuando nos la descubrimos y volvemos a aparecer, se ríen a carcajadas, sorprendidos. El placer del juego perdura mucho después de que deje ya de sorprenderles, por lo que *Cucú* contiene además un elemento de nostalgia para los niños pequeños.

Tal como el libro nos recuerda, es muy fácil fascinar a un bebé. El pequeño de *Cucú* advierte todo tipo de cosas que unos observadores hastiados de más edad no tienen en cuenta: las palomas en el alerón del tejado, un perro pasando por delante de la casa, «la brisa moviendo las borlas del chal de la abuela». Aunque sean tiempos de guerra, este bebé tiene prácticamente todo lo que necesita para progresar en la vida. En su

---

164. Para una breve explicación de esta preciosa frase, véase «Your 5-Month-Old Baby: Learning About Object Permanence», *What to Expect*, actualizado el 27 de febrero de 2015, https://www.whattoexpect.com/first-year/month-by-month/your-child-month-5.aspx

familia está rodeado de personas afectuosas que juegan y hablan con él. La casa tal vez esté abarrotada de objetos, pero la rutina cotidiana doméstica, la olvidada cualidad de una vida normal, marcan con unos límites reconfortantes la inmensidad y los caprichos del mundo. Y, sin embargo, en el libro falta algo.

¿Os lo imagináis? Lo habéis acertado. En la familia de *Cucú* no vemos nunca a nadie leerle un cuento al bebé, ni la abuela, ni la madre, ni el padre. Ni tampoco sus dos atentas y competitivas hermanas. La escena de un bebé mirando en el regazo de su madre las ilustraciones de un cuento mientras ella se lo lee es, en este sentido, mucho más enriquecedora que las otras escenas ficticias del libro.

* * *

Leer en voz alta es provechoso para las personas de cualquier edad, pero sus efectos se notan sobre todo en la temprana infancia y en la niñez. Se debe a buenas razones, y una de ellas es el ritmo galopante al que se desarrolla el cerebro de un niño en sus primeros tres años de vida. En esta etapa, la lectura en voz alta de cuentos[165] les ofrece exactamente lo que necesitan: una atención adulta más afectuosa, una mayor riqueza de lenguaje y más oportunidades de vivir momentos de mutua participación y empatía. Los libros ilustrados enriquecen el rato que los padres pasan con sus hijos. Es como añadirle un expreso a un café con leche: nos proporciona un sabor más intenso.

Y, además, los relatos juegan el papel que la novelista Shirley Jackson llama «el milagro nocturno».[166] El momento de ir a la cama es claramente más dulce, feliz y agradable cuando se guardan los aparatos electrónicos, se sacan los libros y todo el mundo se pone cómodo para escucharlos. Un

165. Adriana Weisleder y Anne Fernald, «Talking to Children Matters: Early Language Experience Strengthens Processing and Builds Vocabulary», *Psychological Science 24*, noviembre de 2013, https://doi.org/10.1177/0956797613488145

166. Shirley Jackson, *Life Among the Savages* Penguin, Nueva York, 1997, p. 129.

día ajetreado lleno de actividad —ha recibido cucharadas de papilla de cereales (y se las ha comido), le han lavado la cara (y lo han bañado), le han cambiado los pañales (y le han puesto ropa limpia)— culmina con unos momentos tranquilos de encuentro mutuo.

Aunque, como es normal, un bebé no es demasiado consciente de esos momentos. Como los que están en la unidad neonatal de cuidados intensivos, no se acordará de haber escuchado el cuento del conejito Pat o de una oruga famélica. No recordará ni por asomo haber estado en el regazo de alguien escuchando el cuento de *Cucú* o cualquier otro. Pero mucho antes de que un bebé[167] sea lo bastante mayor como para interactuar, antes de esbozar la primera sonrisa recíproca y de poder controlar la cabeza, sentarse o dominar las habilidades motrices para «encontrar el ratoncito» en una ilustración, se impregnará de los sonidos, responderá al afecto y, con sus ojos flamantes, aprenderá a distinguir un objeto de otro y a ver pautas en el mundo. Todavía le quedan años por delante para conocer el Bosque de los Cien Acres y el Colegio Hogwarts de Magia y Hechicería. Pero, prácticamente desde el momento en que un bebé llega a este mundo, está prestando atención a todo. ¿Y por qué no? Le queda todo por aprender.

* * *

Si habéis estudiado alguna vez un idioma extranjero —en especial, uno *muy* distinto del vuestro, con un alfabeto y unas estructuras gramaticales que no tienen nada que ver con vuestra lengua materna—, habréis vivido la emocionante experiencia de oír palabras claras saliendo de lo que antes fue una neblina de sílabas indistinguibles. A mí me ocurrió con el japonés, un sistema de comunicación tan sencillo que cualquier niño pequeño de Japón lo habla. En cambio yo, que lo estudié durante dos años, desde que tenía veintinueve, solo he sido capaz de entender comentarios anodinos y básicos.

---

167. Pinker, *Village Effect*, p. 127.

El japonés hablado me sonaba al principio como una sola oración larguísima. No distinguía dónde empezaba una palabra y dónde terminaba otra, y menos aún los sustantivos de los verbos. Pero a base de hablarlo y escucharlo, empecé a reconocer y entender pequeños fragmentos. ¡Vaya!, me decía, esto significa «río», o «pez» y, ¡espera! Este sonido no es una palabra, sino una pausa formalizada, como «um» o «ah».

Cuanto más conocidos se volvieron cada uno de esos fragmentos, más distinguía otros distintos. Con el tiempo, empecé a dominar un poco la gramática, aunque no conseguí enriquecer mi vocabulario con regularidad. De haber seguido aumentando mi colección de sustantivos, verbos, adjetivos, adverbios y exclamaciones, y si una vez aprendidos hubiera sabido entender bien los coloquialismos, los modismos y las metáforas, habría sido *subarashii* ('maravilloso') e *insho-teki* ('excelente, fabuloso y magnífico'). Pero no me los aprendí, o sea que no fue así. Aunque la experiencia me ayudó a hacerme una idea de lo que significa para un niño aprender una lengua en la temprana infancia, a excepción de los que nacen con problemas auditivos o crecen sumidos en un cruel aislamiento.

Al principio oyen la cacofonía amortiguada del mundo exterior, los latidos del corazón de la madre y su voz resonando. (Al menos, es lo que se supone[168] que oyen, afirmó el doctor Abubakar.) Después se da un proceso extraordinario y continuo, a medida que los sonidos amorfos del entorno de la lengua materna se van separando en sílabas y más tarde, en un determinado momento, en palabras claras reconocibles.

«El lenguaje entra en escena[169] a un ritmo increíblemente rápido y necesitamos poder agrupar sus elementos en un santiamén, de lo contrario es imposible entenderlo», comentó Morten Christiansen, director del Laboratorio de Neurociencia Cognitiva de la Universidad de Cornell. Aprender una primera lengua es un complicado ejercicio de desarrollo que implica aislar los sonidos e identificar su significado, reteniendo esas

---

168. Abubakar, entrevista.

169. Morten Christiansen, Cornell University, entrevista por Skype con la autora, 27 de abril de 2016.

primeras conclusiones mientras se aíslan los nuevos sonidos y se les ad-
judica más significado, añadiendo a la vez significado a las palabras exis-
tentes almacenadas. Este proceso, conocido por los neurólogos como
«mapeo»,[170] funciona a dos velocidades. En primer lugar, se da el «mapeo
rápido», cuando un niño se forma una vaga hipótesis del significado de
una palabra. Durante el «mapeo extendido», conocido también como
mapeo lento, el niño incorpora la palabra a su memoria de una forma
más gradual mientras afina su comprensión de su significado.

Estos cálculos y ajustes ocurren a una velocidad supersónica siempre
que un niño pequeño está despierto y oye palabras pronunciadas en voz
alta. «Se sabe que el volumen de exposición al lenguaje que experimentan
es muy importante», me informó Christiansen. Cuantas más palabras
oiga un niño, más posibilidades tendrá de dominarlas y antes lo hará.

Esto tiene que entenderse de una manera en particular. Las conversaciones parecen afectarles apenas o nada a los bebés y a los niños pequeños. Si dos adultos[171] se dedican a charlar entre ellos, el bebé en la cuna
probablemente se desentienda de la conversación. Lo que más les ayuda
a los bebés es que las personas les hablen y lean de una forma receptiva.[172]
Como observó un especialista: «Si oír una lengua fuera todo cuanto im-
portara, se podría dejar a los niños solos ante un televisor o una radio
para que aprendieran su lengua materna».[173]

Pero no es así. Los bebés no aprenden a hablar con las máquinas, al
menos no lo hacen todavía. Los milenios de experiencia humana y los

---

170. Daniel Swingley, «Fast Mapping and Slow Mapping in Children's Word Learning», *Language Learning and Development 6*, 2010, pp. 179–183, https://doi.org/10.1080/15475441.2010.4
84412

171. «Una gran cantidad de libros indican que las conversaciones dirigidas a los niños, en lugar
de consistir en dos adultos hablando o en una conversación de fondo, es la información esencial
de la que depende el temprano aprendizaje de una lengua (por ej., Weisleder & Fernald, 2014)».
Jessica Montag, Michael N. Jones y Linda B. Smith, «The Words Children Hear: Picture Books
and the Statistics for Language Learning», *Psychological Science 26*, n.º 9, 2015, https://doi.
org/10.1177/0956797615594361

172. Golinkoff *et al.*, «(Baby) Talk to Me», p. 6.

173. Golinkoff, p. 4.

innumerables estudios demuestran que los bebés aprenden a hablar de *nosotros*. Tenemos que prestarles atención para hablarles, jugar con ellos y leerles libros en voz alta.

* * *

Los recién nacidos y los pájaros cantores recién salidos del cascarón no poseen el mismo aspecto. Aunque tienen algo en común aparte de acabar de llegar al mundo. Todos necesitan aprender. Sin un maestro de su propia especie, un niño no aprenderá una lengua y un pájaro cantor no adquirirá los trinos característicos de su especie.[174] (En la mayoría de las especies de pájaros cantores, el maestro y el alumno también son padre e hijo. El objetivo de los gorjeos es atraer a una pareja. Por eso, cuando un diamante mandarín o un gorrión de coronilla blanca adultos enseñan a otro más joven a cantar, le están enseñando literalmente: «Así es como conocí a tu madre».)

Los polluelos criados en aislamiento no pueden aprender más tarde las lecciones perdidas. «Si un pájaro no oye los gorjeos de su tutor,[175] cantará, pero sus trinos no se parecerán ni por asomo a los de un pájaro adulto. Estarán mal estructurados y carecerán de una rica estructura acústica», señaló un investigador de la Universidad Estatal de Pensilvania.

Con los bebés humanos ocurre algo parecido. Para aprender la «canción» de su especie, necesitan experimentar los turnos de «hablar» y de «escuchar» que se dan en una lengua. «Gran parte del aprendizaje de una lengua[176] es social por naturaleza. Una de las primeras cosas que apren-

---

174. Alison J. Doupe y Patricia Kuhl, «Birdsong and Human Speech: Common Themes and Mechanisms», *Annual Review of Neuroscience 22*, 1999, https://doi.org/10.1146/annurev. neuro.22.1.567. Citado en Lisa Guernsey, *Into the Minds of Babes*, Basic Books, Nueva York, 2007, p. 143.

175. Citado en Lisa Duchene, «Probing Question: How Do Songbirds Learn to Sing?», *Penn State News*, 15 de octubre de 2007, http://news.psu.edu/story/141326/2007/10/15/research/ probing-question-how-do-songbirds-learn-sing

176. Christiansen, entrevista mantenida por Skype.

demos de niños es en realidad la parte social del lenguaje —apuntó Christiansen—. Aprendemos muy temprano en la vida lo de "ahora es tu turno" y "ahora es mi turno" al hablar. Los padres responden a las exclamaciones de sus bebés con exclamaciones según patrones que nos recuerdan cómo nos comunicamos al hablar.»

Los bebés también aprenden de los rostros expresivos de los humanos que ven,[177] con sus mil y una inflexiones tácitas. Lo importante para que un niño aprenda a hablar son las contingencias y la receptividad. Los niños que crecen en un ambiente en el que apenas están presentes estos elementos aprenderán, como es natural, a comunicarse, pero no lo harán tan bien como el resto. Una mente joven está sedienta de aprendizaje. Como un árbol que crece en Brooklyn, sacará todos los nutrientes que le sea posible, aprovechando incluso los de una tierra calcárea a la que le toca poco el sol.

Dicho esto, en los últimos años hemos comprendido mejor lo que necesitan los bebés y los niños pequeños para progresar con el trágico ejemplo de aquellos que fueron privados de ello. La caída del régimen comunista en Rumanía en 1989 sacó a la luz las terribles condiciones en las que el Gobierno criaba a los niños en los orfanatos desde la primera infancia.[178] Decenas de miles de niños vivían en lúgubres instituciones públicas, privados de afecto, estímulos y contacto personal. Los bebés pasaban el día entero en la cuna boca arriba mirando el techo. Y los niños pequeños permanecían sentados solos en catres de hierro sin juguetes ni libros, atados a veces a las barandillas para que no bajaran de la cama. Les daban de comer en silencio. Cuando los sacaban al exterior, las cuidado-

---

177. Joni N. Saby, Andrew N. Meltzoff y Peter J. Marshall, «Infants Somatotopic Neural Responses to Seeing Human Actions: I've Got You Under My Skin», *PloS One 8,* n.º 10, 2013. También Joni N. Saby, Andrew N. Meltzoff y Peter J. Marshall, «Neural Correlates of Being Imitated: An EEG Study in Preverbal Infants», *Social Neuroscience 7,* n.º 6, 2012. Citados ambos en Pinker, *Village Effect,* pp. 126–127.

178. Para conocer un debate exhaustivo sobre el problema desgarrador de esos niños, véase Charles A. Nelson, Nathan A. Fox y Charles H. Zeanah, *Romania's Abandoned Children: Deprivation, Brain Development, and the Struggle for Recovery,* Harvard University Press, Cambridge, Massachusetts, 2014.

ras hablaban entre ellas ignorando a los niños, que vagaban en los patios sin rumbo ni propósito.

Tras la caída del régimen, los exámenes médicos revelaron que los niños de los orfanatos rumanos estaban muy afectados por el ambiente en el que habían crecido. Solían tener un CI bajo y sufrir una multitud de problemas psicológicos, neurológicos y biológicos.[179] Los huérfanos rumanos eran como pájaros cantores criados en soledad. Podían articular sonidos, pero no sabían cantar.

«Cuando el niño vocaliza[180] y el cuidador le responde, el pequeño participa en la experiencia lingüística. En el ambiente de una institución pública, los adultos ajetreados responsables del cuidado de los numerosos niños alojados en la misma sala no tenían tiempo para responder a los intentos de comunicarse de cada pequeño. Por eso los niños acababan dejando de intentar hacerlo», escriben Charles A. Nelson, Nathan A. Fox y Charles H. Zeanah en *Romania's Abandoned Children*, un poderoso relato de un estudio fundamental de doce años de duración acerca de esos niños y sobre los esfuerzos para rehabilitarlos.

Los orfanatos de Bucarest ilustran de manera perturbadora el daño que les podemos hacer a los niños si los adultos los ignoramos. Nos recuerda que los bebés no llegan al mundo preparados para expresarse y desarrollarse por sí mismos. Necesitan estar rodeados de personas que les estimulen su pequeño cerebro y que les enseñen a expresarse.

* * *

¿Puede la tecnología ayudarles a desarrollarse adecuadamente?

Sí, pero también no.

Sí, los padres pueden comprar aplicaciones y juguetes que prometen estimular el cerebro infantil. Los programas y los dispositivos electrónicos parlantes concebidos para los niños se proponen enseñar a los bebés

---

179. Nelson, Fox y Zeanah, p. 181.
180. Nelson, Fox y Zeanah, pp. 140-141.

y a los niños pequeños los colores, nociones de matemáticas y los principios de la ecología sostenible. Según la revista *Parents,* una publicación que debería saber de lo que habla, «Las divertidas aplicaciones infantiles del iPhone[181] entretienen a tu hijo pequeño al mismo tiempo que le ayudan a seguir aprendiendo». Parents.com promete que «la educación de tu hijo no tiene por qué detenerse después del colegio; los juegos creados para el iPhone, el iPad y el sistema Android[182] seguirán manteniendo la mente de tu hijo activa cuando ya no esté en el aula».

Estas afirmaciones son seductoras, pero hay una cosa que los proveedores de juguetes electrónicos y de tecnología dirigida a los niños no quieren decir. En realidad, sus productos son inferiores. No resisten la comparación con *nosotros los humanos.*[183] No hay ningún genio de Silicon Valley que haya aún inventado un dispositivo que sea la mitad de eficaz a la hora de enseñar y de alimentar a una pequeña mente como la presencia de un ser humano imperfecto y falible. Una madre de carne y hueso que le hable a su hija y le lea libros ilustrados le gana con creces a la muñeca parlante Little Mommy Talk with Me Repeating Doll™.

Numerosos experimentos lo corroboran. En 2010, un equipo de la Universidad de Virginia[184] investigó el efecto de un deuvedé superventas que prometía enseñarles vocabulario a bebés. Para el estudio el equipo contó con noventa y seis familias con bebés con edades comprendidas entre doce y dieciocho meses, y los dividió en tres grupos. En la primera cohorte, los padres vieron el deuvedé con sus hijos. En la segunda, los bebés lo vieron solos. Los participantes del tercer grupo no vieron el vídeo, pero los investigadores les indicaron a los padres que les fueran en-

181. Cheryl Lock, «Best iPhone Apps for Babies and Toddlers», *Parents,* https://www.parents.com/fun/entertainment/gadgets/the-best-iphone-apps-for-babies-and-toddlers/

182. Christen Brandt, Cheryl Lock y Chrisanne Grise, «The Best Educational Apps for Kids», *Parents,* https://www.parents.com/fun/entertainment/gadgets/best-educational-apps-for-kids/

183. Steiner-Adair, *Big Disconnect,* pp. 69, 77.

184. *JAMA* and Archives Journals, «Infants Do Not Appear to Learn Words from Educational DVDs». *Science Daily,* 6 de marzo de 2010.

señando las palabras establecidas del vocabulario en las conversaciones que mantenían con sus hijos en la vida cotidiana.

Al cabo de un mes, los investigadores les hicieron una prueba a los noventa y seis bebés del estudio y descubrieron que el vídeo no tenía ningún valor pedagógico.[185] Tanto daba si un niño miraba el deuvedé solo o con su padre o su madre. Las palabras, simplemente, no viajaban de la pantalla pixelada a la mente del niño. Lo más curioso es que los bebés que no habían visto el deuvedé, pero que habían oído las palabras pronunciadas por sus padres, fueron capaces de reconocerlas.

Otro estudio realizado el mismo año por la Universidad de Northwestern, en el que también participaron noventa y seis bebés, analizó la eficacia de los vídeos educativos y extrajo las mismas conclusiones: no había evidencias de que los bebés aprendieran de las pantallas.[186] Un estudio elaborado en 2007 concluyó que los bebés y los niños pequeños aprendían de seis a ocho palabras *menos* del vocabulario nuevo[187] por cada hora que pasaban viendo deuvedés, comparados con los que no los veían.

Según Catherine Tamis-LeMonda, profesora de Psicología Aplicada en la Universidad de Nueva York, «una de las razones por las que los niños no aprenden de lo que ofrecen los medios audiovisuales ni de la tecnología es porque les falta algo»,[188] la adaptación fluida y espontánea a lo que un niño parece o no comprender. En su calidad de directora del Centro para la Investigación de la Cultura, el Desarrollo y la Educación de la Universidad de Nueva York, Tamis-LeMonda pasa mucho tiempo

---

185. Judy DeLoache *et al.*, «Do Babies Learn from Baby Media?», *Psychological Science 21,* 20 de noviembre, https://doi.org/10.1177/0956797610384145

186. Rebekah Reichert, Michael B. Robb, Jodi G. Fender y Ellen Wartella, «Word Learning from Baby Videos», mayo de 2010, descargado de ArchPediatrics.com, 28 de marzo de 2011, http://cmhd.northwestern.edu/wp-content/uploads/2011/06/Richert.Robb_.Fender. Wartella.2010.-WordLearning.pdf

187. Universidad de Washington, «Baby DVDs, Videos May Hinder, Not Help, Infants' Language Development», *Science Daily,* 8 de agosto de 2007, consultado el 13 de abril de 2018, https://www.sciencedaily.com/releases/2007/08/070808082039.htm

188. Catherine Tamis-LeMonda, entrevista realizada por la autora, 26 de julio de 2016.

observando a bebés y niños pequeños y, al igual que muchos especialistas en su campo, le preocupa que, por culpa de la pasión que despierta la tecnología en nuestra cultura, los niños no gocen de un buen equilibrio en este sentido.

* * *

Se sabe que cuando las pantallas entran en juego en la vida adulta se reduce la cantidad de momentos de «hablar» y «escuchar» que se dan en una conversación. En cualquier conversación en general, siempre es una mala señal cuando alguien saca el móvil para mostrarle a su interlocutor un vídeo divertido o para leerle un tuit escandaloso. En el espacio de silencio que se da entre el pensamiento de —*¡Oh, le mostraré esto del móvil!*— y la pausa electrónica de —*Un segundo que se está cargando*—, la dinámica de la conversación se interrumpe por un momento.

Se sabe que la tecnoferencia es un problema real para muchos niños.[189] No les gusta nada que sus padres dejen de prestarles atención por una interrupción electrónica, y algunos se portan mal por esta razón. Para que se dé una interrupción, dos personas tienen que estar haciendo algo juntas. Pero ¿qué ocurre cuando esos momentos suceden con menor frecuencia o ya no se dan? ¿Está la tecnología acabando con las interacciones entre padres e hijos antes de que haya podido tener lugar siquiera?

Para hacerse una idea del punto de vista de un niño,[190] en 2015 un grupo de investigadores de la Universidad de Arizona, en Flagstaff, evaluó las formas en que las familias se comportaban con distintas clases de juguetes. Querían ver cuáles eran los que fomentaban las charlas más animadas entre padres y niños pequeños. Los investigadores grabaron en

---

189. McDaniel y Radesky, «Technoference».

190. Anna V. Sosa, «Association of the Type of Toy Used During Play with the Quantity and Quality of Parent-Infant Communication», *JAMA Pediatrics 170*, febrero de 2016, https://doi.org/10.1001/jamapediatrics.2015.3753

los hogares de los participantes a veintiséis parejas de padres con sus hijos de diez a dieciséis meses de edad. Cada familia recibió tres clases de juguetes: juguetes electrónicos para bebés (un teclado, un móvil y una granja parlante), juguetes tradicionales (puzles de bloques de madera, un clasificador de formas y bloques de goma con imágenes) y cinco libros del tipo «acartonados para prelectores» con imágenes de animales de granja, formas y colores.

Si nuestro propósito era «consultar el correo electrónico un minuto», pero descubrimos de golpe que hemos estado absortos en ello una hora, podremos imaginarnos lo que los investigadores de Arizona descubrieron. En el caso de los juguetes electrónicos, el volumen de las intervenciones de viva voz de los padres y de las vocalizaciones infantiles cayeron en picado. Los dispositivos hacían ruidos y todo el mundo guardaba silencio. Los intercambios de viva voz aumentaron un poco cuando los niños jugaban con los juguetes tradicionales. Pero el mejor objeto de todos para fomentar los intercambios de los turnos de «hablar» y «escuchar» de las conversaciones fueron los libros ilustrados. Leerle un libro del tipo «acartonado para prelectores» a un bebé es muchísimo más eficaz que los juguetes tradicionales y las aplicaciones electrónicas infantiles a la hora de crear un ambiente rico en palabras y en lenguaje.

«Estos resultados ofrecen una base para desaconsejar la compra de juguetes electrónicos anunciados como educativos —manifestaron los investigadores—, y aumenta las numerosas evidencias que corroboran los beneficios potenciales de leerles libros a los niños a una tierna edad.»

Una de las razones por la que los libros para bebés son tan útiles en este sentido es tan evidente que a veces se cree que no vale la pena mencionarla: los libros contienen palabras. (¡Claro, salta a la vista!) Pero hay algo más, porque los libros para bebés apenas tienen texto. Suelen mostrar no más de una palabra por página, y algunos incluso solo tienen ilustraciones. La magia con las palabras ocurre al *interactuar* con el libro. Volviendo al ejemplo de *Cucú*, el niño en el regazo no solo oye las palabras del texto impreso, leídas por un adulto, sino además la conversación que surge al ver las imágenes. Cuando aparece en *Cucú* la ilustración del bebé en la trona, un padre o una madre pueden hacer espontáneamente varias observaciones sobre la escena: «¿Qué está haciendo el bebé? ¿Está desayunando? Mira, tiene una cuchara en la boca». Esta clase de charlas les ayuda enormemente a los bebés, ya que empiezan así a captar los ritmos de la lengua vernácula, que son, como Dante señaló, el primer lenguaje de todos.

Para entender por qué las conversaciones de viva voz son tan constructivas —y la razón por la que las pantallas fallan en este sentido—, hay que considerar lo que ocurre cuando a los bebés no se les enseña una lengua natal, que es la que corresponde al contexto que los rodea, sino un idioma extranjero. En 2003, un equipo de investigadores del Instituto para el Aprendizaje y la Ciencia Cerebral de la Universidad de Washington descubrió que los bebés de familias angloparlantes aprendían palabras en chino mandarín si se las enseñaban personas que interactuaban con ellos. En cambio, esos bebés se mostraban indiferentes[191] a los maestros carentes de receptividad que aparecían en la pantalla y no aprendían de ellos. Doce años más tarde,[192] los investigadores descubrieron algo más. Hallaron por primera vez un vínculo demostrado entre la adquisición por parte de un bebé de los sonidos de una lengua extranjera y la *dirección de la mirada del niño.*

Los bebés suelen empezar a hacer contacto visual[193] a los dos meses de edad. (Es un momento emocionante para los padres: ¡nos *ve!*) A los seis meses, cerca de la mitad de bebés aprenden a seguir la mirada, es decir, hacen contacto visual y luego siguen la mirada de la otra persona para captar qué es lo que está mirando. Es una de las primeras conductas

191. Patricia K. Kuhl, Feng-Ming Tsao y Huei-Mei Liu, *Proceedings of the National Academy of Sciences of the United States of America 100,* 22 de julio de 2003, https://doi.org/10.1073/pnas.1532872100

192. Barbara T. Conboy, Rechele Brooks, Andrew N. Meltzoff y Patricia Kuhl, «Social Interaction in Infants' Learning of Second Language Phonetics: An Exploration of Brain-Behavior Relations», *Developmental Neuropsychology 40,* 2015, https://doi.org/10.1080/87565641.2015.1014487

193. Molly McElroy, «Babies' Brains Show That Social Skills Linked to Second Language Learning», *UW News,* 27 de julio de 2015, http://www.washington.edu/news/2015/07/27/babies-brains-show-that-social-skills-linked-to-second-language-learning/

sociales de los bebés, y a los doce meses casi todos lo hacen. (Los que son autistas lo consiguen a su propio ritmo.)

En el estudio, diecisiete bebés de familias angloparlantes, todos de nueve meses y medio de edad, recibieron una docena de lecciones de español a lo largo de un mes. Durante cada sesión de veinticinco minutos, los tutores les presentaban juguetes, les leían textos y charlaban con los pequeños de una forma alegre e interactiva, siempre en castellano. Los bebés llevaban alrededor de la cabeza una cinta con sensores para las electroencefalografías (EEG). Este dispositivo les permitía a los investigadores registrar la actividad cerebral de los bebes, mientras que desde el exterior, durante la primera y la última sesión, contaban la frecuencia con la que dirigían la mirada entre el interlocutor y el objeto que el adulto les mostraba.

«Lo bien que los bebés dirigen su mirada se coordina con el desarrollo del lenguaje y predice lo amplio que será su vocabulario cuando sean mayores», declaró más tarde Rechele Brooks, una de las coautoras del estudio, a un entrevistador.

El cerebro tiene un patrón de reconocimiento al advertir: «¡Oh!, ¿has dicho algo nuevo?» Los bebés del estudio fueron capaces de reconocer mejor los sonidos en castellano. Y los bebés que habían estado dirigiendo la mirada con más frecuencia durante los juegos fueron los que mejor reconocieron los distintos sonidos en español al analizar la reacción de su cerebro. Es decir, habían aprendido los nuevos sonidos de la lengua extranjera, y pudimos reconocerlo al interpretar sus ondas cerebrales durante el estudio.

Al mirar fragmentos de vídeos,[194] me asombró la ternura del experimento. Una cosa es hablar de los estudios, los descubrimientos y las frías implicaciones estadísticas de una intervención o de otra. Y otra muy dis-

---

194. El enlace aparece en McElroy.

tinta es ver a una niña pequeña sentada en el suelo de esa forma tan característica de los críos, como un estable pudín, con la cabeza inclinada llena de curiosidad hacia una doctora sonriente, sentada también en el suelo, que le muestra un patito de goma amarillo y luego una rebanada de pan de mentira. La niña sorprendida coge la rebanada de pan y la gira en sus suaves palmitas. La investigadora, una joven con una cola de caballo, le habla en español inclinada hacia delante. Le da golpecitos con el dedo a la rebanada de pan, como si señalara que es de mentira. Cuando la pequeña agita el juguete por encima de su cabeza, la joven hace contacto visual con los ojos llenos de curiosidad de la niña.

«Pan», le confirma la joven investigadora. «Pan de jugar.» El melodioso sonido de la frase en español no tiene nada que ver con la pronunciación más cortante del inglés: *toy bread* o *pretend bread*. Al haber oído estas palabras en un ambiente tan agradable e interactivo, es lógico que la niña recuerde los sonidos durante las pruebas de vocabulario.

Algo más está ocurriendo en la escena. Al explorar un objeto juntas, comunicándose con la voz y con el contacto visual, la joven y la niña se embarcan en una etapa conocida como «atención conjunta». Es un fenómeno que tiene un poder atemperante extraordinario en los niños.

* * *

En 1934, un joven psicólogo murió de tuberculosis en Moscú. Era Lev Vygotsky y se fue de este mundo creyendo que en su labor había vislumbrado, como Moisés,[195] la tierra prometida en la que nunca entraría. Durante muchas décadas su pensamiento tuvo muy poca influencia en Occidente, pero desde la década de 1980, años después de que su investigación fuera traducida,[196] sus descubrimientos fueron dejando huella

---

195. Vygotsky se comparó a Moisés en un cuaderno privado poco antes de morir. La cita aparece en varios lugares, aunque aquí es donde está más accesible: https://en.wikipedia.org/wiki/Lev_Vygotsky

196. Lev Vygotsky, *Thought and Language*, MIT Press, Cambridge, Massachusetts, 1964.

por doquier en lo que se refiere a la comprensión del desarrollo infantil. Vygotsky creía que los juegos son en los niños un mecanismo esencial para autodescubrirse.[197] También creía, lo cual corrobora lo que estoy señalando, que el lenguaje es una herramienta vital en el aprendizaje infantil para regular las emociones y las conductas de uno, y también para establecer relaciones con los demás. Cuanto más hábil sea un niño con las palabras, antes podrá manejarse a sí mismo.

No vemos a los bebés y a los niños pequeños como criaturas capaces de autorregularse emocionalmente. El estereotipo popular sugiere lo contrario: solo tenemos que imaginarnos la tira cómica de un bebé gritando para llamar la atención, con rayos de furia saliendo de su cuerpo regordete, como un crío de Looney Tunes. O la de un niño pequeño con un berrinche descomunal, un huracán de rabia y frustración. Aunque los niños reales pocas veces se parezcan a los monstruos caricaturizados de las tiras cómicas, hay una cierta verdad en ello. A medida que los bebés y los niños pequeños crecen, necesitan aprender a dominar sus emociones y sus impulsos para llevarse bien con los demás, centrarse y prestar atención. Estas habilidades y otras capacidades ejecutivas, como la flexibilidad mental y la capacidad para retener información, así como la tenacidad —el aguante o la determinación—, no solo les serán útiles un poco más tarde, cuando vayan al colegio, sino que son habilidades importantes para saber moverse por el largo viaje de la vida.

Una de las mejores formas de ayudar a los niños pequeños a maximizar estas capacidades es empezar a leerles libros ilustrados a una corta edad y con frecuencia. Como un equipo de especialistas ha señalado: «Los padres benefician a sus hijos cuando[198] crean el patrón positivo de relacionarse con ellos mientras les leen libros», y además «aprenden a regular su atención de manera natural cuando se centran en una tarea

---

197. Vygotsky, *Thought and Language*, citado en David K. Dickinson *et al.*, «How Reading Books Fosters Language Development Around the World», *Child Development Research*, 2012, p. 3, https://doi.org/10.1155/2012/602807

198. Dickinson *et al.*, p. 3.

que les parece interesante en un contexto enriquecedor, cálido y receptivo». Los libros de cuentos en este contexto, más que medicinales, son como suplementos vitamínicos fortalecedores. (En cambio, se ha demostrado que los trepidantes programas televisivos[199] *perjudican* de forma significativa la capacidad ejecutiva de los niños pequeños a partir de los nueve minutos de estar viéndolos.)

Podemos hacernos una idea de los efectos de los libros ilustrados en la regulación emocional infantil gracias a las investigaciones realizadas una década atrás en veintidós centros Head Start[200] del centro de Pensilvania. Los maestros incorporaron un método de leer en voz alta que consistía en enseñarles el alfabeto a los niños y en hacerles un sinúmero de preguntas. En las narraciones de los libros, los niños se encontraban con personajes que se enfrentaban a situaciones desesperantes con una conducta excelente. Por ejemplo, Twiggle, una tortuga de color verde vivo, les mostraba a los niños que cuando estaba enojada se metía en el caparazón, respiraba hondo varias veces, describía lo que la había disgustado y luego expresaba los sentimientos que la situación le había producido. Se descubrió que los niños de familias con escasos recursos económicos que se apuntaban a los centros donde se usaba este protocolo hacían grandes progresos en el desarrollo de la capacidad ejecutiva.

«La lección les enseña a detenerse para reflexionar sobre sus emociones para evitar actuar impulsivamente. Manifestar qué les preocupa y cómo se sienten es la base para autocontrolarse y resolver problemas en situaciones sociales estresantes», me contó la doctora Karen Bierman, una de las creadoras, junto con otros colegas suyos, del protocolo en la Universidad Estatal de Pensilvania.

---

199. Angeline S. Lillard y Jennifer Peterson, «The Immediate Impact of Different Types of Television on Young Children's Executive Function», *Pediatrics 128*, mayo de 2011, https://pediatrics.aappublications.org/content/pediatrics/early/2011/09/08/peds.2010-1919.full.pdf

200. Karen L. Bierman *et al.*, «Promoting Academic and Social-Emotional School Readiness: The Head Start REDI Program», *Child Development 79*, noviembre/diciembre de 2008, https://doi.org/10.1111/j.1467-8624.2008.01227.x. El estudio también está muy bien resumido en «New Program Teaches Preschoolers Reading Skills, Getting Along with Others», *NIH News*, noviembre de 2008, https://www.nichd.nih.gov/news/releases/nov19-08-New-Program

En 2011, David Dickinson, de la Universidad Vanderbilt, y tres colegas suyos escribieron un artículo titulado «Cómo la lectura de libros fomenta[201] el desarrollo lingüístico en todo el mundo». Tras reunir un cúmulo de evidencias, los autores observaron, como Vygotsky había imaginado, que el lenguaje «les ayuda a los niños a regular con más facilidad sus pensamientos, sentimientos y acciones, o las capacidades esenciales para desarrollarse socialmente y tener éxito en los estudios.

»La adquisición de un lenguaje expresivo guarda relación con una menor agresividad»,[202] declaran los autores del artículo, y citan un estudio que reveló, sobre la base de lo observado, que «los déficits relacionados con un lenguaje expresivo y receptivo en el jardín de infancia pronosticaban problemas conductuales más tarde». Además, los niños que mantienen una atención conjunta a los dieciocho meses de edad durante periodos más largos[203] suelen tener un vocabulario más provechoso y rico a los dos años.

«Solo hay que tener presente todas las maneras[204] en que los libros de cuentos se las ingenian para ayudar a los niños a mantener viva la atención —prosigue el artículo—. Los libros infantiles suelen estar ilustrados con colores vivos y fuertes contrastes, y normalmente muestran ilustraciones de objetos y animales que les gustan a los niños pequeños. Las páginas del libro constituyen claros centros de atención, y a diferencia de los juguetes movibles, como las pelotas y los camiones, un libro se sostiene en una postura de relativa inmovilidad. Además, un adulto atento puede advertir fácilmente en qué se está fijando el niño y hacer un comentario al respecto. A su vez, el niño puede atraer la atención del adulto y lograr que se fije en las imágenes interesantes valiéndose de una amplia diversidad de señales, como gestos, sonidos y palabras. Así, tanto el niño como el adulto mantienen viva la atención.»

---

201. Las tres colegas son Julie A. Griffith, Roberta Michnick Golinkoff y Kathy Hirsch-Pasek.

202. Dickinson *et al.*, «How Reading Books Fosters Language Development», p. 3.

203. Dickinson *et al.*, p. 3.

204. Dickinson *et al.*, p. 6.

Phoebe, mi hija, dijo su primera palabra tal como Dickinson lo describe en su artículo. En cierta ocasión, cuando ella, su hermano, sus hermanas, y yo estábamos apiñados mientras les leía *Cucú*, Phoebe, observando las ilustraciones, atrajo mi atención con «gestos, sonidos y palabras». Para ser exacta, se sacó los dedos de la boca y los puso sobre una imagen y dijo: «Guau».

Se hizo un silencio lleno de asombro por un segundo. Y, de pronto, todos lo comprendimos.

«¡Sí! ¡Muy *bien*, Pheebs! ¡Esto es un *perro*!»

«¡Phoebe ha dicho su primera palabra!»

«¡Guau!»

La seguimos usando hasta el día de hoy.

* * *

El fenómeno de la atención conjunta y de los bebés aprendiendo a mirar lo que el adulto está mirando también tiene sus desventajas. Si estamos pegados a un dispositivo electrónico, allí será donde el niño posará la mirada. Y lo que vea al mirarnos la cara cuando estamos navegando en la Red puede que no sea lo que los adultos queremos que vea. En su consulta como psicóloga, Catherine Steiner-Adair conoció a una madre joven que, a pesar de sus mejores intenciones, no podía evitar sacar la tableta cuando su hijo de seis meses parecía estar entretenido y satisfecho. «Está tendido jugando solo la mar de bien»,[205] alegaba la joven.

Cuando estoy consultando los correos electrónicos en mi iPad, ¡mi hijo deja de pronto de jugar y se me queda mirando! Pasa casi siempre —el noventa por ciento de las veces—, y no sé en qué momento ha dejado de jugar y se me ha quedado mirando. Esta situación me rompe el corazón, porque no sé cuánto tiempo lleva

205. Steiner-Adair, *Big Disconnect*, p. 70.

mi hijo mirándome fijamente. Me refiero a que me digo: «¿En qué estará pensando?» Me siento muy culpable por no haberle prestado atención, y mi hijo lo sabe. Cuando vacío el lavavajillas mientras hablo con él, no pasa nada, lo vacío de manera automática. Pero cuando consulto el correo electrónico me he de concentrar en la pantalla. Me resulta imposible hacer ambas cosas a la vez. Sé que mi hijo sabe que me olvido de él, lo veo en sus ojos. ¿Cómo se siente cuando no le hago caso mientras los dos estamos en la misma habitación?

Se sabe, comenta Steiner Adair, «que los bebés se angustian[206] cuando miran a sus padres en busca de un contacto reconfortante y descubren que el padre o la madre están distraídos o pendientes de otras cosas. Los estudios demuestran que les perturba en especial la expresión "inexpresiva" o sin emoción de la madre, un incidente que se podía haber asociado con un cuidador depresivo, pero que ahora se parece de manera inquietante a la cara inexpresiva que ponemos al escribir mensajes de texto, al mirar al vacío mientras hablamos por el móvil o al contemplar la pantalla mientras navegamos por Internet».

Como padres que vivimos en la era digital llena de distracciones, estamos en una incómoda coyuntura. Como el zorro de *El hueso prodigioso*, el libro ilustrado de William Steig, tenemos una cierta razón al ponernos un poco a la defensiva: «¿Por qué tendría que avergonzarme? Soy como soy. El mundo es así».

Esto tiene sentido para la doctora Perri Klass, que enseña periodismo en la Universidad de Nueva York, trabaja de pediatra en el Hospital Bellevue y, como directora médica nacional en la organización benéfica Reach Out and Read, ayudó a redactar el informe de la Academia Americana de Pediatría que animaba a los pediatras a aconsejar a los padres que les leyeran en voz alta a sus hijos. Comprende el problema tecnológico que afrontan los padres y espera que podamos encontrar un equili-

---

206. Steiner-Adair, p. 71.

brio: «Todas las tecnologías de gran éxito acaban[207] introduciéndose como experimentos sin controlar», me manifestó,

y nos cambian la vida, y al mirar hacia atrás vemos que siempre nos han causado un cierto pánico.

Estos cambios tecnológicos, en los que todo el mundo se pasea con el móvil, pueden empujar a la gente hacia toda clase de direcciones, pero no creo que sean malos. El peligro para los niños desde que nacen hasta los tres años de edad es que todo el aprendizaje infantil de esta etapa ocurre en un contexto social. Se da por medio de las relaciones, y cuanto más pequeño es el niño más es así.

Lo más preocupante de la tecnología, a mi modo de ver, es que está facilitando cada vez más que vayan desapareciendo esos momentos de interacción. Y no podemos olvidar que son absolutamente esenciales para las distintas clases del desarrollo infantil: para el lenguaje, el aspecto socioemocional, el desarrollo de la empatía y el aprendizaje de la interpretación de las emociones y los rostros de la gente, y además para el desarrollo de la teoría de la mente,[208] todos estos distintos campos forman un conjunto.

La teoría de la mente es la comprensión de que los demás tienen pensamientos, sentimientos y motivos, al igual que nosotros, pero que sus pensamientos, sentimientos y motivos puede que sean distintos a los nuestros. Los niños no nacen sabiéndolo, es algo que van aprendiendo. La mayoría irá progresando de manera natural de la dulce ignorancia de creerse el centro del universo (aunque, para ser sincera, todos sabemos que los adultos aún no hemos superado esta actitud) a la comprensión

---

207. Doctora Perri Klass, entrevista realizada por la autora, 3 de octubre de 2016.

208. Para una explicación comprensible, véase Brittany N. Thompson, «Theory of Mind: Understanding Others in a Social World», *Psychology Today*, 3 de julio de 2017, https://www.psychologytoday.com/us/blog/socioemotional-success/201707/theory-mind-understanding-others-in-social-world

gradual, a los dos años, de que los demás también tienen deseos y necesidades. Esta percepción aumenta y se vuelve más sofisticada con el paso del tiempo, y a los cinco años los niños tienden a entender que sus actos pueden causarles emociones a los demás. La teoría de la mente, la empatía, saber captar las señales faciales y tonales, todas estas cualidades les ayudan a los niños a ser competentes socialmente.

Las personalidades y los conflictos con los que los niños se encuentran en los libros de cuentos les hacen ser más conscientes de las emociones con una rapidez prodigiosa. En 2015, un programa realizado en el norte de Inglaterra[209] envió a lectores profesionales a guarderías que se ocupaban de niños de dos años en áreas empobrecidas de la ciudad de Liverpool y de sus alrededores. Al cabo de solo quince semanas, los maestros y los lectores profesionales del proyecto que leían los cuentos afirmaron que las capacidades lingüísticas de los niños habían aumentado y que se habían vuelto más receptivos a los libros y a los relatos. También descubrieron que los padres de esos niños mostraban un mayor entusiasmo y confianza en cuanto a la lectura compartida de cuentos.

Por lo visto, el contacto con los personajes de los libros ilustrados hacía a los niños pequeños ser más empáticos. Como un observador dijo: «Mientras les leía *Solomon Crocodile*[210] [de Catherine Rayner] en un determinado momento, los animales del río le gritan al cocodrilo Salomón "¡Vete!" porque les está molestando. Cuando llegué a la página en la que aparece el hipopótamo con la boca abierta de par en par, rugiéndole "¡VETE!" a Salomón, Finn, un niño de dos años, hizo un gesto con la mano para espantar al hipopótamo, gritándole "¡Vete, vete!" El pequeño se había puesto de parte del cocodrilo Salomón y, movido por una sensación de compañerismo, lo quiso defender del cruel rugido del hipopótamo».

---

209. Lizzie Atkinson, «Sharing Stories, Shaping Futures: Language Development and the Shared Reading Model», *Eye 17*, n.º 8, diciembre de 2015, p. 41.

210. Atkinson, p. 41.

Tal como Dilys Evans escribe en *Show and Tell*, un libro que trata sobre las ilustraciones para jóvenes lectores, los libros ilustrados «son el primer lugar donde los niños descubren la poesía y el arte, el honor y la lealtad, el bien y el mal, la tristeza y la esperanza». Y es cierto: un niño sentado en el regazo de un adulto en casa, o en la amistosa seguridad de la hora de lectura de cuentos en corro en el colegio, o en la biblioteca, tiene la oportunidad de presenciar las emociones de los demás y de experimentarlas sin sufrir las consecuencias. Puede probar ideas geniales, encontrar consuelo para sus preocupaciones secretas y arriesgarse a vislumbrar aquello que le da miedo.

Yo viví una espectacular demostración de ello con Flora, mi hija, que en aquella época tenía cuatro años. Estaba absolutamente aterrada por *The Shadow*, el libro de ilustraciones sin texto de Donna Diamond, pero al mismo tiempo le parecía de lo más hipnótico. Siempre que me traía el libro, lo sujetaba con los deditos alejado de su cuerpo, como si fuera una araña plana gigante.

«¿Por qué quieres que te lo lea si ni siquiera vas a mirar las ilustraciones?», le pregunté mientras nos disponíamos a sentarnos juntas en el sofá. La respuesta de Flora fue cerrar los ojos con fuerza y pegar su cara a mi hombro. Su cuerpo estaba rígido de miedo.

«Y encima no tiene texto. No tienes más remedio que mirar el libro para ver de qué va», añadí. Flora me contestó algo que no pude oír, y me hizo con la mano un gesto desesperado para que se lo leyera de una vez, ¡por Dios!, para sacárselo de encima.

Abrí el libro y le hablé de las ilustraciones hiperrealistas y oníricas en las que aparece una niña volviendo a casa a últimas horas de la tarde. Mientras sube las escaleras para ir a su habitación, vemos que la sombra que proyecta tiene vida propia. La sombra se esconde y la mira de soslayo a sus espaldas, hasta que la niña la advierte, impactada. Deja caer el lápiz y el papel y se refugia detrás de una silla. La sombra encorvada va creciendo por momentos, cerniéndose sobre la niña con sus horribles dedos torcidos y sus llameantes ojos anaranjados, como los de una calabaza iluminada de Halloween. Cuando la sombra está a punto de atraparla, vemos que la niña recupera la calma. Con los brazos cruzados, le sostiene la mirada. La sombra se encoge y achica al instante. La niña le apunta con un dedo indignado y, aunque no haya ningún texto, salta a la vista que le grita algo como: «¡Deja de asustarme ahora mismo!» Cuando la niña enciende la luz, la sombra desaparece. «¡Tachán!», parece ella exclamar, alzando los brazos triunfante. Liberada de sus terrores, les muestra a sus muñecas los dibujos que ha hecho con el lápiz. Solo es casi al final, cuando la niña se duerme rápidamente abrazada a la muñeca, cuando vemos... debajo de la cama...

«¡No lo digas! ¡Da demasiado miedo!», gritó Flora con la cara pegada aún a mi hombro.

Hizo una pausa y, tras recuperar la compostura, me dijo: «¿Podrías volvérmelo a leer?»

* * *

En 2011, el escritor Adam Mansbach dio voz a los padres frustrados del mundo entero para que se expresaran sin remilgos con *¡Duérmete ya, joder!*, un libro ilustrado por Richard Cortes dirigido a los padres, que no a los críos. Escrito al estilo de un acogedor cuento para dormir, el libro le dio a una generación de madres y padres el alegre permiso para admitir que la rutina de todas las noches les resultaba exasperante.

El viento susurra en los juncos, tesoro.[211] / *Hasta los ratoncillos han dejado de roer. / Llevamos aquí ya treinta y ocho minutos. / Pero ¿qué te has creído? / Que te duermas, joder.*

El libro tuvo una acogida impresionante. A la gente le pareció desternillante y subversivo. Lo que parecía ser un ataque en el último reducto de la inocencia cultural, el tierno ritual para dormir, era también una

---

211. Adam Mansbach, *¡Duérmete ya, joder!*, ilustrado por Richard Cortes, Random House Mondadori, Barcelona, 2011, p. 7.

crítica encubierta al ineficaz modo moderno de criar a los hijos. El narrador hace lo que «se supone» que debe hacer, leerle un cuento a su hijo, pero el pequeño no se duerme. Nota que su padre no se lo está leyendo con ganas.

Es innegable que algunos niños están alborotados y cuesta engatusarlos. Pero persistir con los «momentos de *Buenas noches, luna*», noche tras noche, tiene beneficios acumulativos que incluso hacen que a los padres les quede un poco de tiempo libre, como la pareja agotada y frustrada en *¡Duérmete ya, joder!* Reservar un buen rato antes de ir a la cama para leer y charlar ayuda a dar forma y a ordenar los días caóticos. Si los niños han estado pegados a una pantalla, esta rutina es especialmente importante para crear una pausa tranquila[212] entre el estado de vigilia y el sueño. Sus ojos y su cerebro necesitan tiempo para desconectar. «La repetición y la estructura[213] ayudan a los niños a sentirse seguros —aconseja la psiquiatra Marie Hartwell-Walker—. La hora de dormir anuncia que el día ha llegado a su fin.» Al crear una rutina afectuosa y previsible, añade, «estamos haciendo que nuestros hijos confíen en su mundo».

La rutina es un regalo para los padres, en especial para los primerizos que se enfrentan a una asombrosa curva de aprendizaje. Seguir un paso establecido tras otro todas las noches, según un modelo práctico —darle de comer, bañarlo, cambiarle el pañal, leerle en voz alta—, permite a los padres primerizos adaptarse al impactante cambio que ha ocurrido en su vida. La gran ventaja de un recién nacido es que no tiene idea del revuelo que está causando. Mientras duerme y come y vuelve a dormir y a comer, les da a los miembros de su familia el tiempo para adaptarse a sus nuevos papeles como personal de asistencia de él (para un retrato divertidísimo de esta nueva situación en la que los padres se

---

212. Matt Wood, «Electronic Devices, Kids and Sleep: How Screen Time Keeps Them Awake», *Science Life*, Universidad de Chicago, 17 de febrero de 2016, https://sciencelife. uchospitals.edu/2016/02/17/electronic-devices-kids-and-sleep-how-screen-time-keeps-them-awake/

213. Marie Hartwell-Walker, «The Value of a Child's Bedtime Ritual», Psychnet.com, 17 de julio de 2016, https://psychcentral.com/lib/the-value-of-a-childs-bedtime-routine/

ven inmersos de pronto, véase *His Royal Highness, King Baby* de Sally Lloyd-Jones).

Los padres que adoptan a un niño por primera vez puede que no gocen de un periodo de gracia. Si el pequeño ya tiene varios años, no les queda más remedio que adaptarse lo antes posible. Como les ocurrió a Walter Olson y Steve Pippin cuando llevaron a su casa de Nueva York al niño que habían adoptado en un orfanato de Rusia. Tim tenía tres años y solo hablaba ruso. Era vital que se adaptara a su nuevo hogar, aprendiera inglés y creara esos vínculos emocionales tan importantes lo más rápido posible. Para alcanzar estas tres metas, Olson y Pippin hicieron que los libros y los relatos ocuparan un lugar importante en el elaborado ritual de todas las noches.

«Las primeras dos semanas,[214] la hora de acostarse fue terrible. Tim no quería irse a la cama y se resistía con uñas y dientes», me contó Pippin cuando visité a la familia en su nuevo hogar en una pequeña población de Maryland. El sol se filtraba por la cretona de las ventanas de la parte delantera. La casa daba a una estrecha carretera que había sido en el pasado la vía de acceso al Oeste.

«El orfanato era como los barracones de un cuartel, y las camas en las que los niños dormían estaban casi pegadas las unas a las otras. Había una empleada que solo quería leer su propio libro, no estaba interesada en interactuar con los pequeños», me dijo Olson.

Cuando Tim llegó a Estados Unidos, sus padres adoptivos lo bombardearon con palabras. Al principio Olson y Pippin le leían cuentos infantiles rusos, habían aprendido bastante ruso como para saber pronunciarlo bien. Al poco tiempo, cambiaron al inglés. «A los dos meses Tim ya hablaba medio en inglés y medio en ruso. Y a los seis, ya sabía muchas más palabras en inglés que en ruso», observó Olson.

«Hubo algunas palabras que le costó dejar —señaló Pippin—. Tardó meses en dejar de decir *malaka*, que significa "leche". Al igual que *kasha*, que significa "cereales", y *baka*, "perro". Pero en esas ocasiones se daba un

---

214. Walter Olson y Steve Pippin, entrevista realizada por la autora, 13 de junio de 2016.

patrón: la palabra en ruso desaparecía de su vocabulario un par de días —no sé si era por pura casualidad o si estaba ocurriendo algún tipo de cambio—, y luego ya la decía en inglés y se olvidaba en cierto modo de la palabra en ruso.»

Le dedicaban una hora entera a leerle cada noche. A Tim le encantaba oír los anticuados relatos de animales de Thornton Burgess, el columnista de un periódico de principios del siglo veinte que escribió *Old Mother West Wind* y otros libros sobre personajes con nombres pintorescos, como Reddy Fox, Jerry Muskrat y Jimmy Skunk. Con el paso del tiempo, a Tim le fueron gustando otra clase de libros, pero siguió con las lecturas de todas las noches hasta los trece años, me contó Pippin, «porque le *encantaban*. Era un rato tranquilo en el que nos comunicábamos. Todos los rituales de la hora de acostarse en realidad no son más que una forma de decir: "Todo está bien, todo sigue igual que la noche pasada", y la lectura es como poner la guinda al pastel».

De pequeño, a Tim lo habían llevado a vivir con una nueva familia a un país extranjero donde hablaban un idioma que no conocía. Empezó a aprender inglés a los tres años, más tarde que los niños estadounidenses de su clase. Pero, al poco tiempo, superó a sus compañeros en las pruebas de vocabulario. ¿Fue una casualidad? No lo creo. Oír los relatos que le leían sus padres cada noche durante una hora le había ofrecido la invalorable exposición a las construcciones lingüísticas y a la pronunciación de las palabras en inglés. Lo que a él, que venía de Rusia, le funcionó puede funcionarle a cualquier otro niño de cualquier parte del mundo. La experiencia de Tim valida el sacrificio parental de crear un ritual regular todas las noches. También demuestra el poder de un entorno imbuido de lenguaje. Por lo visto, cuando a los niños pequeños se les rodea de un gran número de palabras afectuosas, puede ocurrir cualquier clase de cosa positiva.

5

Las generosas recompensas
de un rico vocabulario

«Babar está paseando felizmente con su mamá cuando un malvado
cazador, al acecho en un matorral, les dispara. El cazador ha matado a
la mamá de Babar. El mono se esconde, los pájaros huyen. Babar llora.»

Jean de Brunhoff, *Historia de Babar el elefantito*

La escena más traumática de un clásico infantil ilustrado surgió de la dulce tranquilidad de la hora de acostarse. En 1930, en una casa de las afueras de París, Cécile de Brunhoff, una joven madre,[215] se inventó un cuento mientras acostaba a sus dos hijos pequeños. A ellos les fascinó el relato inventado por su madre sobre un elefantito que se queda huérfano por culpa de «un malvado cazador» y le rogaron a su padre, que era artista, que ampliara el cuento y lo ilustrara. Jean de Brunhoff así lo hizo. Equipado con lápiz y papel, experimentó con formas y composiciones y dibujó las escenas. Luego, con tinta, acuarela y letras cursivas, transformó el cuento de su mujer en *Historia de Babar el ele-*

---

215. Simon Worrall, «Laurent de Brunhoff Reveals Shocking Beginning of Beloved Babar Series», *National Geographic,* 23 de diciembre de 2014, https://news.nationalgeographic.com/news/2014/12/141224-babar-elephant-culture-animal-conservation-ngbooktalk/

fantito, un libro ilustrado que se convirtió en un fenómeno cultural mundial.

Publicado un año más tarde en inglés, a *Historia de Babar el elefantito* (como se conoce en castellano) le siguieron seis libros más del mismo protagonista escritos por Jean de Brunhoff[216] y otros cuarenta y cinco más creados por su hijo Laurent, uno de los pequeños oyentes en la noche en que Cécile se inventó el cuento.

En los últimos años han surgido una cierta cantidad de ligeras polémicas[217] relacionadas con los libros de la serie de Babar. Algunos críticos objetan que el primero tiene una estética colonial, con sus implicaciones acerca de que un elefante salvaje prefiere ser civilizado, llevar traje y sombrero y andar erguido sobre sus patas traseras como un caballero francés. En *Los viajes de Babar,* una de las secuelas, la descripción de De Brunhof de la tribu de caníbales hambrientos llama la atención desde el punto de vista contemporáneo por ser retrógrada hasta extremos espantosos. Además, tenemos la famosa muerte a balazos de la madre de Babar, una escena tan perturbadora que algunos niños se tapan la cara con las manos hasta que sus padres pasan la página. A decir verdad, el primer libro de Babar es un tanto extraño, pero es innegable que alcanzó una gran popu-

---

216. Los títulos y las fechas de la mayoría de libros de Babar se encuentran fácilmente aquí: https://en.wikipedia.org/wiki/Babar_the_Elephant. Esta lista no incluye los nueve libros de Babar publicados desde 2003, como el último libro de la serie, la sosísima *Guía de Babar en París.* (En una reseña publicada el 27 de diciembre de 2017 en el *Wall Street Journal,* escribí: «En cuanto a las ilustraciones más decepcionantes, solo hay que ver la *Guía de Babar en París* [Abrams], el último libro ilustrado de despedida de Laurent de Brunhoff, un volumen con ilustraciones tan poco interesantes, vacías y apagadas que parecen esquemas en lugar de dibujos. El señor de Brunhoff, que ahora es nonagenario, ha seguido valerosamente con los libros de su padre al continuar escribiendo las aventuras de Babar iniciadas en 1931, pero parece haber olvidado lo que hacía que sus libros fueran tan atractivos. Los relatos de Babar el elefantito cojeaban siempre un poco, pero se salvaban gracias a las ilustraciones repletas de detalles minuciosos y llenas de medios dinámicos de transporte. Antes en los libros de Babar salían coches, barcos, aviones, camellos, ascensores, elefantes y globos aerostáticos. Pero en esta última publicación, sosa y deprimente de forma involuntaria, Babar y Celeste cenan en un bar restaurante como cualquier otro del montón, con platos sin comida, y beben de vasos vacíos.»)

217. Adam Gopnik, «Freeing the Elephants: Babar Between the Exotic and the Domestic Imagination of France», en Christine Nelson, *Drawing Babar: Early Drafts and Watercolors,* Morgan Library & Museum, Nueva York, 2008, pp. 2–3.

laridad. Traducido a diecisiete idiomas, se han vendido millones de ejemplares de las aventuras del elefantito.

Sea lo que sea lo que pensemos del relato, no se puede negar la sugerente genialidad de las ilustraciones de De Brunhoff. Las imágenes de *Historia de Babar el elefantito* están repletas de detallismo, acción, objetos y animales. Cada página rebosa de posibilidades para mantener una conversación, hacer preguntas y aclarar interrogantes, y además suscita por ambas partes la clase de charlas llenas de diálogos que tan enriquecedoras son para el banco de conocimientos de un niño.

Como se ve, por ejemplo, en la primera página: «En la selva ha nacido un pequeño elefante». En ella aparece la madre de Babar acunándolo en una hamaca con la punta prensil de su trompa para que se duerma. Madre e hijo están rodeados de hierba verde y amarilla salpicada de flores rojas. Árboles tropicales se alzan vigilantes, y dos pájaros y una mariposa escarlata revolotean por el lugar. Una línea ondulada sobre el horizonte marca una cordillera de montañas lejana. No es una ilustración complicada y, sin embargo, contiene una cantidad asombrosa de elementos: una madre, un bebé, una hamaca, una trompa, un colmillo, una mariposa, flores, palmeras, pájaros, montañas y colores verdes, rojos, grises y amarillos.

Para el bebé o el niño pequeño en el regazo de su padre o de su madre, cualquiera de estos objetos puede ser nuevo y cautivador («¡Ah!, así que eso es un "colmillo", y ¡oh!, eso son "palmeras"»). El libro de Babar está lleno de descripciones de cosas comunes y corrientes, como coches, perros, árboles y pájaros. Y, sin embargo, también está repleto de ilustraciones de inolvidables rarezas. Al mirar las imágenes, los niños se familiarizan, por así decirlo, con una sala de ópera, una araña de cristal, el jefe de sección de unos grandes almacenes (lleva quevedos), zapatos con polainas, un pelícano, un rinoceronte e incluso nuestro viejo amigo el morillo, mirando a hurtadillas tras la elegante figura de Babar mientras este cuenta después de cenar, en la sobremesa, la historia de su vida «en el bosque», antes de irse a vivir a la ciudad con una anciana acaudalada y bondadosa.

En la mitad del cuento, aparece en dos páginas Babar conduciendo por la campiña con su reluciente descapotable rojo. La imagen es excelente para las posibilidades dialógicas: a lo lejos un remolcador arrastra echando bocanadas de humo una barcaza, un pescador acaba de pescar un pez con una caña, un tren avanza haciendo chuchuchú sobre las arcadas de un puente lejano. Se ven vacas, campos llenos de surcos, árboles en flor, libélulas, pájaros, insectos y aves de corral. También aparece un globo aerostático, la aguja de una iglesia, un restaurante a orillas de un río y un avión (con una hélice) en lo alto del cielo. Y, además, una niña con una larga trenza colgándole de la espalda, una cabra con un collar verde con un cencerro alrededor del cuello y un mojón de piedra que parece una pequeña lápida blanca al lado de la carretera. Todo esto en solo dos páginas.

Por todas partes aparecen más escenas atractivas: la anciana sirviéndole a Babar sopa de una sopera en la mesa redonda del comedor. Los dos amigos que por las mañanas hacen gimnasia (¡una palabra nueva para el vocabulario!), y que Merle S. Haas, el traductor de la versión en inglés, la tradujo de manera encantadora como «ejercicios matinales». Babar y sus primos, Arturo y Celeste, comen unos bonitos pasteles de color rosado en la pastelería, y aquel mismo día el rey de los elefantes prueba una seta venenosa, se pone verde a causa del veneno y se muere, un incidente que le permite a Babar subir al trono. Después de casarse Babar con Celeste, tiene lugar la coronación de la pareja como nuevos reyes y se celebra el baile nupcial. En la última escena aparecen los recién casados bajo un sereno cielo estrellado.

Todo lo que acabo de describir aparece en las ilustraciones. Si le añadimos el texto, el niño que escucha el cuento oirá toda clase de palabras interesantes e inusuales: aficionado, contento, elegante, culto, apropiado, progreso, marabú, regañar, promesas, calamidad, funeral, tembloroso, propuesta, espléndido, dromedario, *au revoir*, luna de miel y «un estupendo globo amarillo».

Solo lleva menos de siete minutos leer las cuarenta y seis páginas de *Historia de Babar el elefantito* en voz alta, si uno no se alarga demasiado con las preguntas. En ese tiempo, un niño vivirá de manera indirecta experiencias emocionales. Verá ternura y catástrofes, miedo y bienestar, orgullo y rabia, muerte, una boda, penas y alegrías. Una profusión de imágenes, palabras y conceptos, y si nos reservamos una hora para leer aún nos quedarán cincuenta y tres minutos. Solo tenemos que pensar en el rico vocabulario que un niño adquirirá si esto ocurre a diario, desde que es muy pequeño. Su mente se volverá un tesoro de cosas centelleantes y relucientes tachonadas de gemas.

* * *

«Las palabras son tan salvajes como cumbres rocosas.[218] Tan lisas como balsas de aceite y tan soleadas como un día en una pradera. Las palabras son cosas bellas», dijo el escritor Brian Jacques. Las palabras *son* cosas bellas. Poseen un significado, revelan un significado, y nos permiten expresar un significado. Las palabras son también llaves para descubrir el mundo. Cada vez que le leemos un libro a un niño, estamos mostrándole una nueva caja de llaves interesantes y útiles para coleccionar: un torrente de colores y formas en el que puede descubrir llaves antiguas, llaves de seguridad cobrizas, llaves tubulares, llaves de serreta, llaves de candados. La variedad de llaves que encuentra, por sí mismas, le permite entrever la inmensidad de posibilidades que hay en el mundo.

En la época medieval, la señora del castillo, la castellana (*chatelaine*), se podía reconocer por su manojo de llaves. Con las llaves y otras herramientas útiles colgando de un broche con cadenas (conocido también como *chatelaine*) prendido a la cintura, podía entrar en cualquier aposento, en cualquier despensa, en cualquier armario cerrado con llave. Poseer las llaves la convertía en la dueña de su propiedad. Lo mismo ocurre con los niños y con las palabras que aprenden: cuantas más conocen, más

---

218. Leonard S. Marcus, *The Wand in the Word: Conversations with Writers of Fantasy*, Candlewick Press, Cambridge, Massachusetts, 2006, p. 74.

cámaras acorazadas pueden abrir. Y no solo esto: cuantas más conocen, con más facilidad reconocerán otras nuevas por el contexto, la sintaxis y la repetición.

Nuestras palabras están impregnadas de música y antigüedad. El lenguaje corriente que usamos con nuestros hijos nos ha llegado del lejano pasado, se ha transmitido a lo largo de generaciones a través de las palabras habladas e impresas. Las palabras son la materia prima de las «artes verbales», esa frase anticuada de primaria que tan solo sugiere el dinamismo emocional y el potencial para la belleza que podemos liberar por medio de infinitas combinaciones de palabras. El lenguaje *es* una forma de arte, aunque no siempre se exprese de formas excitante. También es democrático y universal, todo el mundo puede hacer pinitos con él, y para expresarnos con palabras no es necesario comprar tubos de pintura ni lienzos caros.

«Si nuestra actitud hacia el lenguaje[219] nos viene de unos padres que disfrutaban compartiéndolo con nosotros, que nos leían cuentos acunándonos en su regazo, nos hacían preguntas y nos respondían a aquello que nosotros les preguntábamos, habremos crecido sintiendo que el lenguaje es divertido. No tengo palabras para expresar lo importante que es: es lo más importante del mundo», señaló Philip Pullman.

El lenguaje les permite a los niños ocupar el mundo, su castillo, como propietarios. Les permite entender y describir las cosas con riqueza y precisión. Significa que si una niña ve, por ejemplo, un perro o una ardilla moviéndose a gran velocidad, puede describir lo que está ocurriendo ante sus ojos: ¿está el animal corriendo velozmente o esprintando, yendo a toda carrera o fintando, andando sin prisa o correteando? Cuando ocurre algo horrible, puede describirlo con gran precisión: fue escalofriante, inquietante, macabro, espantoso, abrumador o quizá, sim-

---

219. Jon Henley, «Philip Pullman: Loosening the Chains of the Imagination», *Guardian*, 23 de agosto de 2013. Citado en Mary Roche, *Developing Children's Critical Thinking Through Picturebooks: A Guide for Primary and Early Years Students and Teachers*, Routledge, Londres, 2015, p. 56.

plemente, desagradable. Los matices son importantes porque nos permiten estar más cerca de la verdad.

Aunque los sustantivos, los verbos, los adverbios, los adjetivos y los otros elementos de la oración no tuvieran una aplicación práctica, seguiría siendo muy bueno para los niños conocer una buena cantidad y variedad de ellos. Pero como *tienen* un valor funcional, es mucho más importante todavía difundir sus beneficios.

* * *

Cuando la lengua se nos da bien, tenemos una mayor capacidad para triunfar[220] en el mundo, y esto empieza a una edad temprana. Los niños pequeños que tienen almacenadas en la cabeza una buena cantidad de palabras[221] tienden a aventajar a sus compañeros al ir al colegio. Empiezan con una ventaja que, en la mayoría de los casos, les permite sacar mejores notas que el resto porque, según un despiadado cálculo natural, un vocabulario rico facilita la adquisición de nuevas palabras. Tal como la neurobióloga Maryanne Wolf explica[222] en su libro *Proust and the Squid,* «para los niños con un rico vocabulario, las palabras conocidas se vuelven automáticas, y las nuevas las aprenden enseguida tanto por su gran exposición a las palabras como por ingeniárselas para averiguar los significados y las funciones de las nuevas palabras a partir de nuevos contextos».

Los escolares con un vocabulario rico aprenden más palabras nuevas a cada año que pasa, aventajando a los otros compañeros con un vocabulario más pobre, que se van quedando rezagados en compara-

---

220. «Reading proficiency by the third grade is the most important predictor of high school graduation and career success». Council on Early Childhood, «Literacy Promotion», p. 405.

221. «Earlier age of initiation of reading aloud with a child has been shown to be associated with better preschool language skills and increased interest in Reading». Council on Early Childhood, p. 405.

222. Maryanne Wolf, *Proust and the Squid: The Story and Science of the Reading Brain,* Harper Perennial, Nueva York, 2008, p. 129.

ción. Los expertos denominan este fenómeno de una ventaja acumulada «efecto Mateo»[223] por el versículo del Evangelio de san Mateo: «Porque a quien tiene se le dará y tendrá más, pero al que no tiene se le quitará aun lo que tiene». En el lenguaje coloquial decimos: «Los ricos se vuelven más ricos y los pobres más pobres», aunque en este caso me estoy refiriendo a la riqueza de vocabulario de la que todos podemos gozar libremente.

Los investigadores de la Universidad de Kansas que descubrieron la brecha de treinta millones de palabras dos décadas atrás (el informe original se titulaba «Diferencias importantes en la experiencia cotidiana de los niños pequeños estadounidenses») decidieron volver a visitar a las familias que habían participado en el estudio para elaborar otro informe en 2003.[224] Lo que descubrieron les alarmó, como se aprecia en el título del informe: «La catástrofe temprana: la brecha de treinta millones de palabras a los tres años de edad». Al describir sus hallazgos, Betty Hart y Todd Risley se preocuparon en señalar que las cuarenta y dos familias que estudiaron, tanto si tendían a tener un vocabulario rico como un vocabulario pobre, «estaban pendientes de sus hijos y jugaban con ellos. Todas disciplinaban a sus pequeños y les enseñaban buenos modales, y también a vestirse y a ir al lavabo solos. Les daban los mismos juguetes y hablaban con sus hijos de las mismas cosas. Pese a las diferencias de personalidad y de nivel de conocimientos, todos los niños aprendieron a hablar y a relacionarse adecuadamente con los miembros de su familia

---

223. Este término se ha estado citando ampliamente desde que el profesor Keith Stanovich de la Universidad de Oakland lo utilizó en su artículo «Matthew Effects in Reading: Some Consequences of Individual Differences in the Acquisition of Literature», *Reading Research Quarterly*, otoño de 1986, https://pdfs.semanticscholar.org/8b88/41a79b3bd90dadd5ee04df8cf7cb63249eba. pdf. Entre otras investigaciones académicas se incluyen las de W. B. Elley, «Vocabulary Acquisition from Listening to Stories», *Reading Research Quarterly* 24, n.º 1, 2002, pp. 174-187; y J. F. Penno *et al.*, «Vocabulary Acquisition from Teacher Explanation and Repeated Listening to Stories: Do They Overcome the Matthew Effect?», *Journal of Educational Psychology* 94, n.º 1, 2002, pp. 23-33. Ambas investigaciones se citan en Dickinson *et al.*, «How Reading Books Fosters Language Development», p. 4.

224. Betty Hart y Todd R. Risley, «The Early Catastrophe: The 30 Million Word Gap by Age 3», 2003, https://www.aft.org/sites/default/files/periodicals/TheEarlyCatastrophe.pdf

con todas las habilidades básicas necesarias para empezar a ir al jardín de infancia».

Sin embargo, se dieron ciertas diferencias importantes en la cantidad y la clase de palabras a las que los niños de esas familias estaban expuestos. En las familias con un vocabulario rico, los padres hablaban más con sus hijos y les animaban a conversar mediante afirmaciones[225] («Este es un juguete interesante»). En cambio, en las familias con un vocabulario pobre, los padres conversaban menos con sus hijos y eran más proclives a prohibirles cosas («No toques esto»). Los niños que oían más palabras aprendían más. Y los que oían menos aprendían menos.

Los niños y las niñas que habían participado en el estudio original como bebés de siete meses de edad mostraron a los tres años de edad facultades muy distintas los unos de los otros. Los niños de las familias con un vocabulario rico conocían unas 1.100 palabras. Y los que se habían criado en familias con un vocabulario pobre tuvieron acceso a unas 500. Estas diferencias están relacionadas con otras incluso mayores aparecidas varios años más tarde. Al volver a estudiar a las familias del primer estudio, Hart y Risley se quedaron «estupefactos», escribieron, al descubrir que la competencia lingüística a los tres años pronosticaba con precisión el grado de conocimientos lingüísticos *seis* y *siete* años más tarde, cuando los niños tenían nueve y diez años.

* * *

¿Cómo podemos lograrlo entonces? ¿Cómo podemos rodear a nuestros hijos de palabras de tal forma que se encuentren con una gran variedad de ellas? ¿Cómo podemos ayudarles a recordar las que oyen? ¿Y cómo podemos animarles lo mejor posible a experimentar con las palabras oídas para que, además de tener un rico vocabulario, puedan también usarlo?

---

225. Hart y Risley, *Meaningful Differences*, citado en Dickinson *et al.*, «How Reading Books Fosters Language Development», p. 5.

Podemos empezar a hacerlo leyéndoles libros en voz alta. *Por supuesto*, puedes estar pensando. Sin embargo, las diversas maneras en que esta actividad les ayuda a adquirir un vocabulario sofisticado no son siempre tan evidentes. Vale la pena analizarlas en detalle.

Para empezar, los libros contienen palabras y, por lo tanto, cuando los leemos en voz alta se las estamos transmitiendo a quien nos escucha. Hasta aquí no hay ningún problema. Pero cuando es un bebé o un niño pequeño quien nos escucha y el libro contiene más imágenes que palabras, ¿le ayuda realmente que se lo leamos? ¿Cuántas palabras distintas puede un niño pequeño oír?

La respuesta puede sorprendernos. Sabemos, gracias al ejemplo de *Historia de Babar el elefantito,* que incluso un solo cuento ilustrado puede contener una multitud de palabras sorprendentes e interesantes. Es cierto que el cuento de Babar se escribió en la década de 1930, una época en la que los libros ilustrados solían ser más discursivos que los actuales. Suponiendo que los padres y los niños dispongan de una colección de libros —antiguos y nuevos—, ¿de qué clase de combustible lingüístico estamos hablando?

Es lo que los investigadores de la Universidad de Indiana en Bloomington[226] querían descubrir en un estudio finalizado en 2015. Empezaron seleccionando un centenar de libros ilustrados conocidos. Como los adorados relatos de antaño de la serie de Babar, *La historia de Ferdinando* de Munro Leaf y *Mike Mulligan y su máquina maravillosa* de Virginia Lee Burton. Y también libros populares recién publicados, como *El libro de los colores de las ceras* de Drew Daywalt y *Yo quiero mi gorro* de Jon Klassen. El equipo de investigadores evaluó la diversidad léxica de cada libro; es decir, la cantidad total de palabras singulares que contenía. Y luego hicieron lo mismo con las grabaciones de padres hablando con sus hijos. Los niños de los diálogos grabados comprendían desde recién nacidos hasta niños de cinco años de edad para que formaran parte del grupo demográfico de los libros ilustrados. De este modo podían establecerse parámetros claros de

---

226. Montag, Jones y Smith, «Words Children Hear», pp. 1489-1496.

comparación entre las palabras que estos niños oirían en el habla diaria con las que oirían de los libros que sus padres les leían.

¿El resultado? El equipo de Bloomington concluyó que «la lectura compartida de libros crea un entorno didáctico en el que los bebés y los niños pequeños son expuestos a palabras que *nunca habrían salido en las conversaciones cotidianas*» (la cursiva es mía). «Los libros, a diferencia de las conversaciones cotidianas, no tratan solo de cuestiones actuales, ya que cada libro muestra un tema o contenido distinto, presenta nuevos campos para descubrir y palabras nuevas»,[227] escribieron los autores. Si los padres les leían a sus hijos un libro al día, el equipo de Bloomington calculó que «un niño oiría más de 219.000 palabras procedentes de los textos al año. Y si les leían dos libros al día, oirían más de 438.000 palabras al año».

Para el niño promedio, una dieta de dos libros ilustrados al día le proporcionará un seis por ciento de lo que se conoce como «caudal lingüístico». Tal vez no parezca una cantidad demasiado importante. Pero imaginémonos que en lugar de leerles dos libros, les leemos seis o siete cada día. Imaginémonos entonces lo que esto podría representar en la vida de un niño, que, como los pequeños huérfanos rumanos privados de palabras del estudio de Hart-Risley, de este modo podría acumular un déficit de millones de palabras respecto a sus compañeros de clase a los tres años.

Cada dosis de palabras es útil, por pequeña que sea. El ambiente de las familias con un vocabulario pobre es, por el hecho mismo, un lugar donde no se conversa demasiado con los niños. Suele tratarse de familias de un estatus socioeconómico bajo[228] (aunque no siempre es así). Según un estudio de la Universidad de Standford realizado en 2013[229] sobre familias latinas con bajos ingresos, la mayoría de preescolares estudiados oían de 6.000 a 7.000 palabras en las conversaciones mantenidas con los

---

227. Montag, Jones y Smith, p. 1494.

228. Council on Early Childhood, «Literacy Promotion», p. 405.

229. Weisleder y Fernald, «Talking to Children Matters».

miembros de su familia a lo largo de diez horas. No son demasiadas. Sin embargo, se apreciaron diferencias asombrosas entre las veintinueve familias del estudio. Un niño pequeño afortunado había oído más de 12.000 palabras. En cambio, un bebé con menos suerte había oído tan solo 670. Piénsese en el enorme impacto que tendría en la adquisición de vocabulario de ese bebé que le leyeran en voz alta a diario uno o dos libros ilustrados.

En la adquisición de vocabulario, igualmente importante que la cantidad de palabras es también la variedad y las ideas, los objetos y los conceptos que representan. Tal como Catherine Tamis-LeMonda, profesora de Psicología Aplicada en la Universidad de Nueva York, señaló, «Cuando estudiamos el contenido[230] del lenguaje que los niños oyen en distintos entornos, la lectura compartida de libros es, realmente, la única instancia donde les podemos hablar de cosas que no tienen que ver con nuestras rutinas diarias».

Los libros ilustrados, según ella, nos proporcionan «la oportunidad de hablar de muchas palabras distintas: la luna, el sol, los planetas. Cuando les leemos relatos, a los niños se les da esta oportunidad; en cambio, no es habitual conversar de estos temas en la vida cotidiana. En el día a día podemos hablar de libros, de pelotas, de bloques de madera y de otras cosas parecidas, pero los libros nos permiten conocer otros mundos y la infinidad de posibilidades de las palabras que contienen».

* * *

¡La infinidad de posibilidades de las palabras es una idea estupenda! Si tan solo los niños pequeños quisieran esa infinidad de posibilidades… Pero, por desgracia, como tantos agotados adultos pueden atestiguar, lo que suelen querer no es un cuento nuevo, con palabras nuevas, sino oír el mismo relato una y otra vez. Lo cual puede hacer que cuando se los leemos estemos distraídos, pensando en otras cosas

---

230. Tamis-LeMonda, entrevista.

«Me pide que le lea *Pip y Posy* una y otra vez[231] —me contó Magda Jenson quejándose de su hija de dos años—. Al final le digo: «"Ya basta, te lo he leído seis veces hoy! ¡Es hora de leerte otro cuento!"»

La frustración de Magda es perdonable. Es tedioso leer el mismo libro noche tras noche. Incluso parece poco sano para un niño obsesionarse con un relato cuando le quedan tantos otros por explorar. Además, nuestra irritación evidencia que somos adultos. A nosotros nos encanta la novedad, en cambio a los niños les gusta la seguridad de lo conocido. A nosotros nos gustan los matices opacos, en cambio ellos prefieren los finales claros. En cualquier caso, se supone que a las personas de más de cinco años no les interesa el conejo y el ratón de la serie de Axel Scheffler. En las imágenes de vivos colores los amigos juegan, discuten y viven dramas de niños pequeños, y aunque a los adultos nos parezcan lecturas agradables para la hora de acostarse, no podemos esperar que sus tramas nos atrapen tanto como le ocurre a un niño de dos años. Por eso, cuando nuestro hijo sostiene en alto un cuento de Pip y Posy para que se lo volvamos a leer, gruñimos: «¡Ya basta!»

El problema estriba en que tal vez *no* baste. Cuando un niño nos pide que le leamos el mismo cuento «una y otra vez» nos está diciendo algo importante, aunque nosotros nunca descubramos lo que es. Puede que el libro le ayude a realizar el silencioso trabajo interior de afrontar un miedo o una tristeza que no puede expresar. O tal vez sea para él un reconfortante viejo amigo cuando llega la hora de acostarse. Cuando Flora estaba en la etapa de *Pip y Posy*, durante semanas quería que le leyéramos *The Merry Chase* de Clement Hurd cada noche. Le encantaban las ilustraciones de vivos colores de un perro persiguiendo a un gato por el vecindario —entrando en casas y tiendas— y sembrando el desorden. Mi hija también mostraba un apetito insaciable por la adaptación de Stephen Mitchell de *El yesquero*, un cuento de Hans Christian Andersen. Flora miraba detenidamente las elaboradas imágenes de Bagram Ibatoulline de la espantosa bruja enjuta sin que le afectaran lo más

---

231. Magda Jenson, entrevista realizada por la autora, junio de 2016.

mínimo cuando los tres perros monstruosos («el de los ojos como relojes, el de los ojos como platos y el de los ojos como ruedas de molino») se arrojan sobre los jueces y acaban violentamente con la vida del rey y la reina.

¿Por qué le gustaban tanto estos libros? Lo ignoro. Tampoco sé por qué Molly sentía devoción, años más tarde, por *Around the World with Ant and Bee* de Angela Banner, o por el cuento con moraleja *Ahora no, Bernardo* de David McKee. Lo único que sé es que me hizo leerle estas historias una y otra vez. Advertí, como hacen muchos padres, que mis hijos tenían pequeños hábitos con sus libros preferidos, en esos momentos teníamos que tocar la página de una manera que podía parecer extrañamente formal. Si nos habíamos detenido, por ejemplo, para observar un dibujo diminuto del Humilde Gusano con su pequeño sombrero tirolés en una ajetreada ilustración de Richard Scarry, teníamos que hacer una pausa cada vez. Si una página estaba rota o manchada, mis hijos también tocaban siempre la parte estropeada con el dedito. A Ella, una pequeñuela que ahora ya es toda una mujer, le encantaban tanto los perros chapoteando en el agua de una piscina de la ilustración de P. D. Eastman que intentaba unirse a ellos. Su madre se echaba a reír al recordarlo: «Cuando llegábamos a esta parte, se sacaba los calcetines y ponía los pies en la parte interior del lomo del libro, como si fuera a meterse en la piscina. Recuerdo que, en una ocasión en que iba en el metro con ella sujeta al cochecito, ¡cuando llegamos a esta página vi que intentaba levantar el pie para meterlo en el libro!»

Cuando Violet y Phoebe, mis hijas, tenían cuatro y tres años respectivamente, teníamos que leerles *Historia de Babar el elefantito* la mayoría de noches. En aquella época, Violet tenía una curiosa cosmología: en las imágenes de los libros ilustrados, todos los ancianos eran reyes, todos los jóvenes eran príncipes y todas las mujeres de cualquier edad eran princesas, a no ser que saltara a la vista que eran brujas. En aquellos días, mis hijos también competían para ser los personajes y poseer los objetos de los libros ilustrados que leíamos («Soy el mono», decía uno dando golpecitos con el dedo a la página, o «Este es mi pastel»). Una noche, mis hijas y yo llegamos a la escena[232] en la que Babar se encuentra con su rica benefactora. Violet, alargando la mano, señaló con el dedo a la anciana.

«Yo soy ella. Es una princesa», afirmó.

Varias páginas más adelante, llegamos a la escena de Babar conduciendo por la campiña, cuando está a punto de pasar por el lado de una niña con una larga trenza colgándole por la espalda y que está de pie junto a la cabra que lleva un cencerro alrededor del cuello.

Phoebe fue entonces la que dio unos golpecitos con el dedo en la página.

«Soy yo con mi cabra», dijo.

«No, soy yo», replicó Violet.

«No, esa eres tú», asintió su hermana pequeña.

«Ya lo sé. Es una princesa», contestó Violet.

* * *

Tal vez ni siquiera sepamos nunca por qué algunos libros les resultan tan fascinantes a los niños que quieren oírlos una y otra vez. Quizá siga siendo un misterio para siempre, como el del amor. Aunque parece haber una sólida explicación prosaica: a los niños les gusta repetir libros porque la experiencia les imbuye de sentimientos de competencia y dominio, ya que a cada lectura entienden un poco más lo que ven y oyen.

Un equipo de investigadores de la Universidad de Sussex,[233] en Gran Bretaña, puso a prueba esta idea al explorar los efectos de releer los mismos libros de cuentos a una cohorte de niños de tres años. Hay que tener en cuenta que los libros elegidos no reflejaban las pasiones de ningún niño en particular, pero los crearon para el estudio. Los investigadores querían estudiar en los niños el mapeo rápido y lento de palabras nuevas,

---

232. Esta anécdota se ha adaptado de «I *Love* This Story!» de Meghan Cox Gurdon, *NRO*, 4 de febrero de 2004, https://www.nationalreview.com/2004/02/i-love-story/

233. Jessica S. Horst, Kelly L. Parsons y Natasha M. Bryan, «Get the Story Straight: Contextual Repetition Promotes Word Learning from Storybooks», *Frontiers in Psychology 2*, 17 de febrero de 2011, https://doi.org/10.3389/fpsyg.2011.00017

el proceso de la adquisición léxica a dos velocidades del que he hablado antes. Así que introdujeron un par de palabras inventadas en los cuentos ilustrados para poder distinguir las palabras falsas de las que los niños ya conocían. En los tres cuentos escritos especialmente para el estudio, *Un cachorro de lo más travieso, Rosie la fisgona en el restaurante* y *Rosie tiene un mal día haciendo pan*, los investigadores inventaron el *sprock*, una batidora manual heterodoxa, y el *tannin*, un peculiar rodillo.

Para los pequeños del estudio, estas palabras eran tan raras como «oso hormiguero» o «morillo». El inglés está lleno de palabras raras. ¿Por qué no podía existir un *sprock* o un *tannin*? Los niños del estudio se aprendieron las palabras como harían con cualquier otra que no conocieran. El contexto les dio las pistas para descubrir su significado y su función gramatical, y la repetición hizo que las palabras se les quedaran grabadas en la mente.

David Dickinson y sus colegas de la Universidad Vanderbilt concluyeron que «los niños aprenden el vocabulario a través de la gramática[234] y la gramática a través del vocabulario». En cuanto aprenden una palabra, si la oyen en distintos contextos sintácticos la entienden mejor. Como, por ejemplo, en el cuento de Babar en inglés, el adjetivo *becoming* que aparece para describir una tonalidad verde se convierte en un verbo al usarlo para describir una circunstancia convirtiéndose en otra («it's becoming chilly»). Cuantas más palabras oigan y más diversos sean los textos de donde proceden, con más facilidad desentrañarán los niños estas complejidades.

El estudio de la Universidad de Sussex reveló que leer libros ilustrados «una y otra vez» es sumamente útil en este sentido. «Descubrimos que la capacidad de los niños para retener y recuperar de su memoria las asociaciones nuevas nombre-objeto que aparecían cuando sus padres les leían cuentos aumentaba notablemente al oír los mismos relatos una y otra vez», expusieron Jessica Horst, Kelly Parsons y Natasha Bryan al publicar sus conclusiones en 2011.

---

234. Dickinson *et al.*, «How Reading Books Fosters Language Development», p. 5.

Además, los niños que oían (y veían) continuas iteraciones de palabras en los mismos relatos retenían las palabras nuevas en mayor grado que los que se encontraban con las palabras (y los objetos) repartidos en distintos relatos. Los resultados, comentaron los investigadores, «les ofrecían a los padres una buena noticia: lo que importa no es necesariamente la cantidad de libros distintos leídos, sino más bien aceptar las peticiones de "¡léemelo otra vez!"»

Espero que esto os sirva ligeramente de consuelo cuando vuestros hijos sostengan en alto un ejemplar manoseado de *Pip y Posy* para que se lo leáis por centésima vez.

* * *

Los libros ilustrados favorecen un ambiente rico en palabras de una tercera e importante manera. Cuando un adulto se sienta con un niño para hojear las páginas llenas de texto y de ilustraciones artísticas de un libro, es un momento relajante que propicia la conversación. Si el niño es muy pequeño, la «conversación» tal vez sea bastante rudimentaria y la mantenga solo el adulto, pero no significa que no sea valiosa. Lo es. Cualquier conversación informal que mantengamos, por corta que sea, sobre libros ilustrados es el carburante para el motor de la adquisición léxica.

Los investigadores que estudian el tema suelen mencionar una pequeña fábula conocida como «tres madres y una berenjena».[235] No es un cuento de hadas —la berenjena no habla ni concede deseos—, pero la moraleja de la historia nos ayuda a entender cómo las pequeñas interacciones aumentan notablemente el vocabulario de un niño. Esta fábula tiene lugar en un supermercado:

---

235. P. L. Chase-Lansdale y E. Takanishi, *How Do Families Matter? Understanding How Families Strengthen Their Children's Educational Achievement*, Foundation for Child Development, Nueva York, 2009. Esta pequeña fábula se ha estado citando en numerosas ocasiones como, por ejemplo, en Dickinson *et al.*, «How Reading Books Fosters Language Development», p. 5.

Cuando la primera madre va con el carrito de la compra por un pasillo del supermercado, su hijo pequeño ve una berenjena y le pregunta qué es. La madre le hace callar, ignorando la pregunta.

La segunda madre, al oír la misma pregunta, le responde, escueta: «¡Oh!, es una berenjena, pero nosotros no comemos berenjenas».

La tercera madre responde encantada: «¡Oh!, es una berenjena. Una de las pocas verduras violeta que hay». Coge una, se la da a su hijo y le anima a ponerla en la balanza.

«¡Vaya, pesa casi dos libras! —exclama—. Y la libra cuesta un dólar noventa y nueve centavos. O sea que dos berenjenas como esta nos costarían unos cuatro dólares. Son un poco caras, pero a ti te gusta la ternera a la parmesana, y la berenjena a la parmesana también es un plato delicioso. Te encantará. Compraremos dos, nos las llevaremos a casa y las abriremos por la mitad. Prepararemos el plato juntos.»

Las tres madres responden de tres maneras distintas a la sencilla pregunta de su hijo. Las respuestas de las mujeres ayudan a explicar por qué algunos niños pequeños dejan atrás esta etapa de la infancia conociendo una pila de palabras y conceptos y, en cambio, otros no. La primera madre ignora la pregunta de su hijo. La segunda le contesta, aunque parcamente, sin conversar apenas. La tercera aprovecha la pregunta sobre la berenjena para explicarle todo tipo de cosas relacionadas con esta hortaliza: el color de la berenjena, el peso, el precio de la libra, su sabor comparado con otro plato que su hijo ha probado y su importancia en la vida y en la dieta de la familia.

Lo que vemos en la tercera madre es una especie de versión tridimensional sin libros de una práctica conocida como lectura interactiva o lectura dialógica.[236] Hacer preguntas y responderlas, buscar y encontrar

---

236. Se han publicado una enorme cantidad de libros que tratan del poder y la práctica de este método. Para obtener más información al respecto, véase Grover J. (Russ) Whitehurst, «Dialogic Reading: An Effective Way to Read to Preschoolers», *Reading Rockets*, http://www.readingrockets.org/article/dialogic-reading-effective-way-read-preschoolers; y Roche, *Developing Children's Critical Thinking.*

objetos en las imágenes, canturrear palabras, juguetear con la aliteración o las rimas, todas estas cosas son técnicas dialógicas. Es una forma de juego. Y las investigaciones nos revelan que cuando a los niños les ofrecemos la oportunidad de oír y emplear el vocabulario en un ambiente lúdico, recuerdan las palabras mucho más que los que reciben instrucciones de manera directa.[237]

Como Roberta Michnick Golinkoff, profesora de Educación, Psicología y Lingüística en la Universidad de Delaware, me indicó, «los niños aprenden mejor[238] cuando son activos en lugar de pasivos. Pero no queremos convertir las lecturas en momentos de aprendizaje didáctico. Lo que queremos es seguir el dedo que apunta, el dedito que apunta, para que lo que hay en la página salga de ella y se vincule con la vida del pequeño».

Incluso los niños de corta edad nos dan pistas de lo que les interesa. Quizá golpeen el libro y lo doblen («Mmm, ¿cuáles son las propiedades de este objeto físico?»). Puede que quieran pasar la página, o que señalen los rostros de los animales o las personas, o que, con su dedito apuntador, resigan el perfil de una forma o de una letra. Cuanto más «lean», más claras serán las pistas que nos darán. Aquí es cuando el adulto entra en juego siguiendo las pistas e improvisando en este sentido.

Caroline Rowland, profesora de Ciencias Psicológicas en la Universidad de Liverpool, en Gran Bretaña, me explicó cómo debe evolucionar la lectura dialógica: «Si le leemos cuentos a un niño de un año,[239] probablemente queramos hacer cosas reales, ya me entiendes, como: "¡Vaya, mira el perrito, ¿lo ves?" y esperar a que el niño señale alguna imagen para hablar de lo que está señalando y describírselo —dijo—. Pero conforme el niño crece, a los tres o cuatro años, puede que deseemos cam-

---

237. Myae Han, Noreen Moore, Carol Vukelich y Martha Buell, «How Play Intervention Affects the Vocabulary Learning of At-Risk Preschoolers», *American Journal of Play 3*, n.º 1, 2010, pp. 82-105.

238. Roberta Michnik Golinkoff, entrevista realizada por la autora, 27 de julio de 2016.

239. Caroline Rowland, entrevista por Sype realizada por la autora, 27 de junio de 2016.

biar nuestra interacción para mantener una conversación más fuera del contexto». Significa sacar los elementos del relato en cuestión y conectarlos con la experiencia del mundo del pequeño.

«Si aparece un perrito en el libro, podemos hablarle del perrito que vimos en el parque y explicarle que hay muchas clases distintas de perritos —prosiguió Caroline Rowland—. Lo más importante es que los dos estáis centrados en una sola cosa, *sabes* que tu hijo está interesado porque participa en el relato y adaptas la conversación a cualquier cosa que esté ocurriendo para que sea lo más eficaz posible dada la edad del niño, y según el número de palabras que ya conozca. Es una de las razones por las que leerles libros es tan eficaz. Puedes ser muy sensible a los niveles de desarrollo de tus hijos y seguir estimulándolos un poco más para que sigan progresando.»

La idea es fomentar la conversación y la interacción de forma que todo el mundo disfrute y que la lectura de relatos ofrezca un poco de diversión y de reto, como el antiguo juego de los concursos.

Los libros ilustrados son objetos de los que vale la pena hablar. Empezando por la cubierta: ¿qué muestra y qué sentimientos despierta? Las guardas pueden estar diseñadas[240] y decoradas para crear un determinado estado de ánimo o para plantar una idea antes de empezar a leer el relato, por lo que también vale la pena hablar de ellas. Y luego hay el propio relato, las ilustraciones y las posibilidades ilimitadas de cosas de las que maravillarse y sobre las que hablar. Los padres pueden entretenerse en una ilustración y preguntarle a su hijo si encuentra algo de color rojo, o un cuadrado, o un líquido. O pedirle que diga los nombres de las partes del cuerpo, o que identifique distintas piezas de frutas. Una madre puede enseñarle a su hijo los nombres de los animales tanto en castellano como en japonés (suponiendo que ella lo haya estudiado durante más tiempo que yo), o en inglés, o en tagalo o en coreano. Ambos pueden contar juntos hasta diez objetos, o contar hacia atrás de diez a cero. Un padre

---

240. Le agradezco a Mary Roche que me haya recordado esta útil cuestión en *Developing Children's Critical Thinking*, pp. 34–39.

puede pedirle a su hijo que encuentre objetos que estén «encima de», «dentro» o «debajo» de otras cosas para que aprenda a conocer los conceptos espaciales. Para enriquecer el vocabulario de un niño, los adultos pueden usar una descripción barroca, como a mí me gustaba hacer, para añadirle una cierta intriga al proceso de descifrar, encontrar e identificar objetos en las ilustraciones.

Muchos libros ilustrados ya contienen los principios de la lectura dialógica. Suelen incluir preguntas en medio de las ilustraciones: «¿Qué cabra montesa es la que está contenta?», o «¿A qué bebé están bañando?» Todo cuanto un adulto tiene que hacer es abrir el libro, leer el texto de la página, y listo: está expandiendo el mundo del niño y su capacidad para entenderlo y describirlo.

Por más productivas que sean las conversaciones, a veces un momento de silencio también va muy bien. Un padre me contó que le gusta dejar de vez en cuando de leerle por un momento el cuento a su hijo pequeño para que pueda meditar sobre el relato y hacer quizás algún comentario. Las preguntas abiertas también son positivas. Libros ilustrados como *El cuento de la señora Bigarrilla* de Beatrix Potter, la nueva versión de *La ropa nueva del emperador* de Virginia Lee Burton o *Sam y Leo cavan un hoyo* de Mac Barnett les permite de sobra a los niños pensar y opinar por sí mismos. Los padres lo pueden fomentar diciendo de vez en cuando: «¿Me pregunto por qué?»,[241] o «¿Qué piensas acerca de esto?»

Una mujer me contó que cuando sus dos hijos eran pequeños, aprovechaba el rato en que les leía libros para darles lecciones. En especial, quería ayudarles a desarrollar una habilidad conocida como discriminación auditiva.[242] Es la habilidad de distinguir distintos sonidos, como por ejemplo el sutil contraste entre la «t» y la «d» que necesitan los niños cuando les llega el momento de aprender a leer por sí solos. La mujer me dijo que se sentaba en una mecedora con sus hijos pequeños en el regazo. «Les decía: "¿Podéis encontrar algo en la ilustración que empiece con el

---

241. Roche, p. 17.

242. Jane Fidler, entrevista realizada por la autora, 23 de marzo de 2016.

mismo sonido que la palabra "dinosaurio"?» A veces les hacía dar una palmada cuando oían un sonido en concreto, un juego que les parecía divertidísimo. Con el paso del tiempo, gracias a estas técnicas, les fue enseñando sonidos que empezaran con una consonante, y luego con mezclas de iniciales (es decir, palabras que empezaran con dos consonantes combinadas, como en «bl» o «cr»), e incluso les llevó al lioso terreno de las vocales largas y breves. Su madre les estaba preparando, sin que ellos se dieran cuenta, para el jardín de infancia. Desde su punto de vista, estaban simplemente pasándoselo bien juntos antes de que su mamá les arropara en la cama a la hora de acostarse.

* * *

¿Qué ocurre cuando los niños son lo bastante mayores y experimentados como para leer por sí mismos? Pues que pueden leer solos, y esto es estupendo. Pero no significa que leerles en voz alta deje de ser importante. Al contrario, sigue conservando muchos poderes, como el de enriquecer, iluminar, transportar y transformar. En mi opinión, el placer más intenso empieza cuando el lector y el oyente son capaces de encontrarse en los relatos importantes y complicados, que pagarán con creces el esfuerzo de leérselos por la riqueza del lenguaje, los personajes y sus duraderos efectos imaginativos.

Me gustaría comentar algo sobre el esfuerzo. Para la mayoría de adultos requiere dedicar tiempo (aunque no es una actividad demasiado agotadora) para leerles a sus hijos un puñado de libros ilustrados. Y sabe Dios que hay noches en las que incluso un cuento corto es como una imposición. («¡Duérmete ya, joder!») Leerles libros cada día, o casi a diario, exige disciplina cuando los niños son pequeños. Y requiere un auténtico acto de voluntad cuando los hijos son mayores y otras demandas empiezan a usurparles el tiempo que pasan en casa. Deberes, deportes, amigos, trabajos a tiempo parcial y las tentaciones de hidra de las siete cabezas de la tecnología intentarán entrometerse en las lecturas diarias. No se lo permitáis. Es una batalla que vale la pena ganar.

Padres e hijos pueden llevar una vida plena en el ciberespacio y en la realidad desconectada, *y* buscar un hueco para encontrarse en la literatura. No hace falta que renunciemos a nuestros dispositivos electrónicos. Leer juntos nos permite a padres e hijos vivir con una mayor armonía con nuestros dispositivos. Nos ofrece a diario unos momentos para reconectar relajadamente y disfrutar del ramillete de sustancias neuroquímicas, aunque los libros que leamos llenen la mente de nuestros hijos de un lenguaje incluso más sofisticado aún. Reservar un hueco para leer juntos es casi un obstinado acto de amor. El esfuerzo mutuo —el sacrificio del tiempo— se convierte en parte de la recompensa.

Si sois fieles a esta actividad, las recompensas serán extraordinarias. La bebé que levantó las tapas de *Querido zoo* de Rod Campbell se convierte en la niña pequeña fascinada por *Madeline* de Ludwig Bemelmans, y más tarde en la escolar de sexto curso escuchando boquiabierta *Un reino lejano y claro* de Mark Helprin. Y acaba siendo la joven cautivada por Lev Tolstói y la hermosa y desafortunada heroína de *Ana Karenina*.

Cada libro abre el camino para el siguiente y conduce a praderas literarias soleadas donde, con el paso del tiempo, los niños se encontrarán con bellos textos, personajes y escenas que puede que hayan estado siendo amados, conocidos y recordados durante generaciones a lo largo de un lejano pasado. Para el niño, para el adolescente (o es más, para cualquier otra persona), obtener estos pasajes para la Arcadia es algo muy sencillo. Todo cuanto tienen que hacer es escuchar.

La mayoría de personas comprendemos muchas más palabras de las que utilizamos en el habla diaria. El ejemplo de que esto es cierto nos lo proporcionan los bebés, que muestran que comprenden el lenguaje sencillo mucho antes de poder participar en una conversación. En este sentido, incluso se ha demostrado mediante imágenes por resonancia magnética que los perros entienden ciertas palabras,[243] sea cual sea el tono de voz de quien las pronuncie.

---

243. Karin Brulliard, «Your Dog Really Does Know What You're Saying, and a Brain Scan Shows How», *Washington Post,* 31 de agosto de 2016, https://www.washingtonpost.com/news/animalia/wp/2016/08/30/confirmed-your-dog-really-does-get-you/

Se cree que el vocabulario receptivo de un niño, las palabras que comprende, va de uno a tres años por delante de su vocabulario expresivo, las palabras que emplea. Significa que capta y aprecia de oído los relatos que de lo contrario no llegaría a entender. Como Jim Trelease, autor de *Manual de la lectura en voz alta*, señala,[244] el nivel de lectura de un niño no suele ser el mismo que su nivel de escucha hasta que va al octavo curso. Un adulto que le lee libros en voz alta no solo le está narrando un relato, sino que además le muestra por el tono de voz, el modo de expresarse y la pronunciación cómo manejar, entender y disfrutar las frases complicadas. Y mientras esto ocurre, el niño se está empapando de ideas nuevas y de palabras que no conoce.

«Los estudiantes no aprenden palabras nuevas estudiando listas de vocabulario, sino que lo hacen adivinando su significado en la esencia global de lo que están escuchando o leyendo»,[245] observó el profesor de la Universidad de Virginia E. D. Hirsch, quizá más conocido por ser autor del superventas *Cultural Literacy*, publicado en 1987. «Y para entender la esencia son necesarios unos conocimientos previos. Si un niño lee que "las inundaciones anuales dejaron las tierras del delta del Nilo ricas y fértiles para la agricultura", intuirá menos el significado de las palabras que no conoce, como "anuales" y "fértiles", si no está familiarizado con Egipto, la agricultura, los deltas de los ríos y con otros conocimientos previos... La adquisición de vocabulario es un proceso lento que requiere que los estudiantes estén lo bastante familiarizados con el contexto como para entender las palabras que no conocen. Es la esencia, y no la habilidad, lo que desarrolla el vocabulario y la capacidad lectora; en este sentido, no hay atajos.»

---

244. «Los padres y los profesores cometen el constante error de suponer que el nivel de comprensión auditiva de un niño es el mismo que su nivel de lectura. Hasta el octavo curso esto está muy lejos de ser cierto. El nivel de comprensión auditiva de los alumnos de los primeros cursos de primaria es mucho mayor que su nivel de lectura. Significa que los alumnos de los primeros cursos de primaria pueden oír y comprender relatos que son mucho más complicados que los que pueden leer por sí mismos.» Trelease en Reading.com, http://www.trelease-on-reading.com/hey.html

245. E. D. Hirsch Jr., «Vocabulary Declines, with Unspeakable Results», *Wall Street Journal*, 12 de diciembre de 2012.

A medida que un niño reúne palabras, también está captando normas de uso y reglas aproximadas de las estructuras gramaticales. «En la lectura hay una forma oculta de vocabulario[246] para los niños, es la complejidad sintáctica —manifestó recientemente el educador Doug Lemov en una entrevista—. Cuando les preguntabas a los niños sobre un pasaje difícil, a menudo captaban la idea de una frase, pero como la frase era sumamente compleja y polifacética, no entendían cómo se conectaban entre sí las ideas que contenía. La complejidad sintáctica era excesiva para su nivel.»

Lernov prosiguió describiendo su propia experiencia de leerle una conocida novela de Scott O'Dell a su hija pequeña. «*La isla de los delfines azules,* una gran novela, es tan compleja y profunda que mi hija sería incapaz de leerla sola», afirmó.

Creo que estoy despertando su interés en la lectura de libros, de grandes libros, al leerle una novela que supera lo que nunca imaginó que un libro haría, y pienso que la experiencia la cambiará por el resto de su vida.

En mi opinión, el secreto estriba en leerle una variedad de frases elaboradas que son más avanzadas que las que la mayoría de personas usarían en su vida laboral cotidiana, cientos o miles de frases seguidas de este estilo, aunque sea una colegiala de segundo curso. Y al leérselas en voz alta, la estaba ayudando a entender cómo sonaban; por eso, en comparación, se daban menos momentos de falta de comprensión.

Este fenómeno hace que sea posible una de las satisfacciones más excitantes y menospreciadas de la lectura en voz alta: podemos, como padres, compartir relatos complejos y poderosos con nuestros hijos, y

---

246. Doug Lemov, «Doug Lemov on Teaching», entrevista realizada por Russ Roberts, pódcast *EconTalk,* Library of Economics and Liberty, http://www.econtalk.org/archives/2013/12/doug_lemov_on_t.html

ellos los *entenderán*. Podemos verlo en la mirada confusa e incierta de nuestro hijo que está intentando comprender alguna parte del libro y se siente, sin duda, perdido. Y también cuando la cara se le ilumina de manera extraña y vigorosa al poner el pie en una de esas praderas soleadas. Es un momento extraordinario. No podemos ver lo que está viendo, pero sabemos que está fascinado.

Un lector competente de once o doce años de edad tal vez tenga que esforzarse lo suyo para lograr entender las oraciones subordinadas de una novela del siglo diecinueve si intenta leerla por su cuenta. Pero si le dejamos que se relaje en el sofá mientras un adulto se ocupa de leerle el texto, él podrá experimentar a sus anchas lo que se convertirá en una obra perfecta y apasionante. El vocabulario, la sintaxis, la trama, los personajes, todos estos ingredientes áridos se combinan para formar una experiencia rica y absorbente. Y si surge un momento de confusión, una palabra malinterpretada o una idea que necesita explicarse, podemos hacer una pausa para ofrecerle lo que necesita. Esta es la belleza de las condiciones necesarias tanto cuando un niño es pequeño durante una lectura dialógica, como cuando es mayor[247] y los dos decidís leer libros más voluminosos.

No hace mucho, Flora me pidió que le leyera *Drácula* de Bram Stoker. Narrada mediante cartas, entradas de diario y recortes de periódicos, la novela está plagada de un lenguaje complicado y críptico (lo cual no es de extrañar en una novela publicada en 1897). Me había preparado para verla perder interés por el argumento. Pero no fue así. La novela la atrapó. A los once años ya había aceptado los arcaísmos y no parecían importarle, o ni siquiera advertir, los pasajes que me chocaban por ser demasiado enrevesados o sinuosos para ella. De la mano de Jonathan Harker, el joven abogado, Flora conoció al conde Drácula y su siniestro castillo alzándose entre las tinieblas. Viajó con el monstruo, encerrado

---

247. La lectura dialógica tiende a desaparecer espontáneamente cuando los niños tienen cinco o seis años y deja de gustarles que les lean, sobre todo, libros ilustrados, y empiezan a atraerles las novelas sin ilustraciones. Véase Dickinson, «How Reading Books Fosters Language Development», p. 9.

en su repulsiva caja de madera llena de tierra en la bodega de una goleta destinada a naufragar, rumbo a Inglaterra. Escuchó, cautivada, cómo el conde se alimentaba de la garganta de Lucy, visitaba a Renfield —su lunático discípulo— y atacaba a Mina, la novia de Jonathan. A medida que la historia se acercaba al final, Flora se unió a las fuerzas del bien —Jonathan, Mina, Quincey Morris, el doctor Van Helsing, lord Godalming y el doctor Seward— mientras viajaban por Transilvania, formaban tres grupos y se dividían, decididos a impedir que Drácula recuperara su castillo.

Flora absorbió cada palabra, y aunque solo le podía leer la novela durante una hora, la habría estado escuchando cada noche durante muchas más. Cuando nos acercábamos al final, empezó a preocuparse. Estaba lo bastante familiarizada con los libros como para sospechar que Bram Stoker mataría, por lo menos, a uno de sus héroes en la última confrontación. ¿Quién viviría y quién moriría? Se moría de ganas de descubrirlo.

«¡Seguro que será Quincey! Porque es una persona encantadora, pero no es demasiado importante.»

Guardó silencio un momento.

«¡Y también Van Helsing! —exclamó jadeando—. ¡Porque es viejo! ¡Y además dijo que estaba dispuesto a morir por Mina!»

Ambas hicimos una mueca —el suspense nos estaba matando—, y retomé la lectura. Flora se inclinó hacia delante en el sofá, como si intentara, como la pequeña Ella, encaramarse al libro para meterse dentro del relato. Ahora, Mina Harker y el doctor Van Helsing habían salido por su cuenta en busca del conde Drácula y recorrían los Cárpatos. En un momento espantoso de la trama, entre los jirones de niebla, las tres mujeres del conde Drácula se materializaron ante ellos. Los caballos relincharon aterrorizados y rompieron los ronzales, pero los dos viajeros estaban seguros dentro del círculo protector. Al llegar la aurora, las tres visitantes fantasmales se desvanecieron en medio de la niebla y Mina se quedó profundamente dormida de manera repentina.

«"Todavía tengo miedo de moverme[248] —dijo Van Helsing—. He hecho fuego y he ido a ver a los caballos. Todos están muertos. Hoy tengo mucho que hacer aquí, y esperaré hasta que el sol se encuentre ya muy alto, porque puede haber lugares a donde tengo que ir en los que ese sol…"»

«¿Qué va a hacer? —gritó Flora pegando un brinco—. ¿Va a matar a Drácula? ¿A dónde va a ir?»

«¡No lo sé!»

«¡Sigue leyendo, mamá!»

Tardé un momento en volver a meterme en la piel del doctor, y volví a imitar toscamente su acento holandés.

«"… a donde tengo que ir en los que ese sol, aunque oscurecido por la nieve y la niebla, será para mí una seguridad. Voy a fortalecerme con el desayuno, y después me ocuparé de mi terrible trabajo. La señora Mina duerme todavía y, ¡gracias a Dios!, está tranquila en su sueño…"»

Dos párrafos más adelante, los dos grupos restantes de los buenos, o sea, Jonathan Harker y lord Godalming llegando de una dirección y el doctor Seward y Quincey Morris llegando de otra, divisan un grupo de rumanos montados a caballo y escoltando una carreta en la que transportan la siniestra caja de madera del conde Drácula.

«"Al amanecer, vimos un cuerpo de zíngaros[249] delante de nosotros alejándose del río con una carreta transilvana"», leí, dándome cuenta una milésima de segundo más tarde de que una palabra podía prestarse a confusión. *Cuerpo* podía entenderse como el de una persona en lugar de lo que realmente significaba en este contexto: un destacamento.

«¿Has entendido esta parte?», le pregunté echándole una mirada a Flora.

---

248. Bram Stoker, *Dracula*, Wordsworth Editions, Ware, Inglaterra, 1993, p. 306.

249. La palabra *Szgany* que aparece en la versión inglesa de *Drácula,* pronunciada a veces *Tziganes*, ya no se usa comúnmente. Al igual que la palabra «gitano» para refererise a los romaníes, en algunos lugares se considera retrógrada y ofensiva.

«Creo que sí, ¿pero a qué cuerpo se refiere?»

Yo tenía razón.

«Cuando el autor dice "un cuerpo de zíngaros" no se está refiriendo a que es una persona, sino un grupo de hombres conocido como zíngaros. Un significado de la palabra *cuerpo*, por ejemplo, es "cadáver". Pero también puede significar "grupo, organización o asamblea". Y todas estas palabras responden al nombre colectivo de *cuerpo*.»

«¡Ah!»

«Te doy otro ejemplo: la organización de las Naciones Unidas es un cuerpo o asamblea donde se delibera, mientras que el Senado de Estados Unidos es un cuerpo legislativo.»

«¡Lo he pillado! ¿Podrías...? —preguntó Flora, deseando a toda costa seguir escuchando el relato—. Gracias por explicármelo, pero ¿podrías seguir leyendo la novela, por favor?»

Las dos nos echamos a reír y yo continué leyendo: «"Al amanecer vemos el cuerpo zíngaro delante de nosotros alejándose del río con una carreta transilvana. Se reúnen en torno a ella..."»

«¿Una carreta transilvana?»

«Es una carreta larga y estrecha muy ligera —le dije (y tenía razón, como de costumbre)—. "Se reúnen en torno a ella y se desplazan apresuradamente, como si estuvieran siendo acosados. La nieve está cayendo lentamente y hay una extraña tensión en el ambiente..."»

A partir de este punto, hasta las catastróficas ocho últimas páginas que le siguen, ni ella ni yo interrumpimos el relato. Dimos un grito ahogado mientras Van Helsing hunde las estacas de madera en el corazón de las mujeres del conde y libera sus almas. Hicimos una mueca de dolor cuando uno de los gitanos le asesta una puñalada mortal a Quincey Morris, como mi hija había pronosticado. Nos quedamos sin habla mientras, en una sola frase, los perseguidores de Drácula le clavan un cuchillo en el corazón, le cortan la garganta y ven con sus propios ojos el cuerpo del vampiro desintegrarse convertido en polvo.

Cuando terminé de leer la novela, las dos guardamos silencio. Flora parecía impactada y pesarosa. El relato había terminado.

Llevábamos un par de semanas leyendo *Drácula* cada noche, algunas veces una al lado de la otra y otras un poco separadas, aunque siempre nos arrimábamos en las partes más espantosas. Flora había viajado en un carruaje traqueteando por el campo rumano, preguntándose por qué, al partir, los campesinos se habían persignado para protegerla del mal de ojo. Había advertido las largas uñas de Jonathan Harker, el vello en las palmas de sus manos y su destreza subiendo por los muros como una lagartija. Flora se había escondido detrás de la cámara de cubierta del *Demeter*, la goleta rusa, y había visto a su acongojado capitán descubrir cómo los miembros de la tripulación iban desapareciendo de uno en uno sin dejar rastro. Visitó al pobre señor Renfield tras los barrotes de su celda y sintió horror y piedad mientras el enajenado se comía las moscas y las arañas, y esperaba que su «amo» llegara a Inglaterra. También había visto a Lucy, llena de vida, languidecer y luego recuperarse en su feroz forma de vampiro. Y a los amigos de Lucy administrarle un terrible remedio a base de ajo.

Flora había vivido, para abreviar, toda la famosa historia de terror de la novela gótica y le había apasionado cada una de sus páginas. No es un relato por el que una niña de once años normalmente se sienta cautivada (ni de quince), pero esta es una de las satisfacciones de leer libros en voz alta en casa: cada niño tiene sus propios gustos.

Flora seguía teniendo una expresión de consternación. Pero, de pronto, el rostro se le iluminó.

Debería haberme imaginado lo que me esperaba.

«¡Otra vez! ¡Léeme *Drácula* de nuevo!», me instó.

6

El poder de prestar atención y dejar volar la imaginacion

«Alicia se levantó de un brinco porque de pronto comprendió que jamás había visto un conejo con chaleco y con un reloj en su interior y, ardiendo de curiosidad, corrió a campo traviesa detrás de él, justo a tiempo para ver cómo se colaba por una gran madriguera que había bajo un seto. Allí se metió Alicia al instante, tras él, sin pensar ni por un solo momento cómo se las ingeniaría para volver a salir.»

Lewis Carroll, *Alicia en el país de las maravillas*

Con el descenso de Alicia por la madriguera medio oculta bajo un seto, Lewis Carrol capta lo que acaece cuando el oyente desaparece en el relato que alguien le está leyendo en voz alta. No sabe adónde se está dirigiendo o qué es lo que encontrará. Su aventura puede empezar, como la de Alicia, con una lucha momentánea. Hay un libro para elegir, un asiento para reclamar. Mientras se acomoda para escuchar el relato, su entorno sigue siendo el habitual, como el de Alicia cuando persigue al conejo blanco y viaja por lo que al principio parece una madriguera recta «como un túnel» como cualquier otra. Pero, de sopetón, descubre que la madriguera del conejo es muy honda y que está cayendo por lo que parece ser un pozo muy profundo.

«O el pozo era muy profundo o ella caía muy despacio; el caso es que, conforme iba cayendo, tenía tiempo sobrado para mirar alrededor y preguntarse qué iría a suceder después», continúa Carrol, que escribe como si deliberadamente intentara reproducir la experiencia de un lector cayendo en un mundo ficticio, entrando en lo que el novelista John Gardner llama un «sueño vívido y continuo».

A todo el mundo le gusta un buen relato. Como la folclorista Sybil Marshall observó, «al parecer, el ser humano ha nacido[250] con un apetito voraz por los detalles de otras vidas aparte de la que su corta existencia corporal le ha concedido. Es como si desde la tierna infancia intentara ampliar de esta manera los límites de su propia vida».

Algo especial ocurre cuando esta transportación ficticia tiene lugar en el íntimo ambiente de una lectura en voz alta. El oyente entra en un ciclo de pensamientos, imaginación y comportamientos que tiene ramificaciones sorprendentes e incluso profundas. En lugar de contemplar la diversión prefabricada reproducida en una pantalla, recrea los aromas, los sonidos y las imágenes de una historia para que cobren vida en su propia mente.

Desde el punto de vista del psicólogo James Hillman, la narrativa oral, además de ser buena para el alma,[251] prepara también a los niños para la vida. Quienes vivieron esta experiencia en la infancia, sostiene, «están mejor preparados que las personas que no disponen de ese caudal… Lo que se recibe a una edad temprana y está relacionado con la vida proporciona ya una perspectiva sobre la vida».

En la literatura, estamos libres de las limitaciones físicas y de las ortodoxias de nuestra época y lugar. Conocemos personajes con los que nunca nos encontraríamos en el mundo real. De manera indirecta vivimos la vida a través de ellos, y uno de los resultados es una mayor com-

---

250. Sybil Marshall, *The Book of English Folktales*, Overlook, Nueva York, 2016, p. 17.

251. James Hillman, «A Note on Story», en *Children's Literature: The Great Excluded*, vol. 3, ed. Francelia Butler y Bennett Brockman, Temple University Press, Filadelfia, 1974, https://muse.jhu.edu/article/245875. Citado en Manguel, *Una historia de la lectura*, p. 43.

prensión emocional. Como dijo Chris Riddell, un escritor de libros infantiles galardonado: «Un buen libro es una máquina de empatía».[252]

Cuando les proporcionamos a los demás un tiempo para escuchar, les ocurren cosas complejas y misteriosas en su interior. El secreto radica en hacer que ocurran.

* * *

En un reciente día invernal,[253] tuve la oportunidad de ver una sala llena de escolares de cuarto curso transportados a la Persia medieval. El mecanismo fue un libro ilustrado de Diane Stanley. Y el médium, la voz de la bibliotecaria de un colegio, la célebre escritora Laura Amy Schlitz. La plataforma de lanzamiento, por así decirlo, fue una biblioteca escolar de Baltimore, un edificio moderno de mediados del siglo pasado con paredes de ladrillo y madera de tonos claros, con una gran ventana en uno de los extremos por la que se divisaba un cielo gris y encapotado.

Nada más llegar y estrecharle la mano a Schlitz, oí de pronto un hervidero de voces viniendo del pasillo y luego entró un tropel de niños de nueve y diez años. Pasaron por nuestro lado, charlando y alborotando, y se acomodaron en una terraza con bancos tapizados. Al cabo de un momento, sin mediar palabra, Schlitz dejó en el suelo el metro que llevaba en una mano y alzó la otra a modo de rapsoda. Se hizo un profundo silencio. Saltaba a la vista que esos niños tenían la costumbre de interesarse por lo que su bibliotecaria tenía para contarles.

Cogió una silla, tomó asiento de cara a los alumnos, hizo varias observaciones preliminares y les mostró un ejemplar de *Fortune*. En la cubierta aparecía un hombre con turbante y túnica haciéndole señas a una elegante mujer arrodillada que está abrazando a un tigre. Flores y flori-

---

252. Libraries Unlimited (@Libraries UnLtd), «Reading allows us to see & understand the world through the eyes of others. A good book is an empathy machine», Twitter, 13 de junio de 2017.

253. La autora visita la Park School, en Baltimore, 4 de febrero de 2016.

turas decoraban los márgenes de la portada al estilo de un manuscrito iluminado.

«"Hace mucho tiempo, en el rincón más pobre de Persia, vivía un campesino y su hijo, que se llamaba Omar —empezó la bibliotecaria—. Cuando Omar alcanzó la mayoría de edad, lo único que su padre pudo darle fueron sus bendiciones y un poco de dinero. Tendría que apañárselas con aquello para vivir, pero el pobre Omar no sabía cómo ganarse la vida ni adónde ir..."»

Reinaba un silencio total en el lugar, solo se oía la voz de la bibliotecaria. Ahora los rostros de los niños estaban relajados. Uno había metido las piernas dobladas debajo de su camiseta y solo se le veían los pies asomando por debajo. Una niña estaba sentada con las piernas cruzadas, acodada en el suelo y con el cuerpo inclinado hacia adelante. Otro niño estaba tendido boca arriba, contemplando el techo. Todos la escuchaban.

«"¡Oye, joven!"», exclamó la bibliotecaria adoptando el tono de voz imperioso de una desconocida cubierta con un velo. La mujer le propone a Omar venderle un tigre atado con una correa. Puede hacerlo bailar sobre las patas traseras para ganar dinero y asegurarse así su futuro. Omar acepta la propuesta.

«"Dondequiera que fuera con el tigre, ganaba un montón de dinero —prosiguió Schlitz—. Y por la noche, con el animal hecho un ovillo a su lado, nunca tenía miedo de los ladrones..."»

La auxiliar de la maestra cruzó la sala para hacer enderezar a un niño que estaba con el cuerpo pegado a las rodillas. El resto escuchaba sentado en silencio. Era como si estuvieran en Persia.

En el cuento, Omar gana una fortuna gracias al tigre y decide que ha llegado la hora de casarse. Pero, ahora que Omar es rico, se le han subido los humos a la cabeza y se propone buscar una esposa más elegante que Sunny, el amor de su infancia.

«Como amiga, eres estupenda —le dijo para ser amable—. No eres fea, pero tampoco eres guapa. Eres la hija de un campesino y ahora yo soy una persona importante. Probablemente debería casarme con una princesa.»

Y, acto seguido, se marchó del pueblo. Pero los ojos tristes y oscuros de su amiguita Sunny le recordaron extrañamente a los del tigre.

Al poco tiempo, Omar llega a una ciudad magnífica conocida por el desconsuelo de su princesa. Nadie había sido capaz de consolar a la Princesa Shirin desde que su prometido desapareció la víspera de su boda.

«"Casi todo el mundo decía que se había ahogado —leyó la bibliotecaria poniendo la voz de una sirvienta cotilla que le estuviera explicando la situación a Omar—. Pero había quienes creían que lo había hechizado una bruja."»

Me impresionó que Schlitz no convirtiera el cuento en un ejercicio pedagógico. No se había parado para preguntarles qué giro creían que daría la trama o pedirles que analizaran los personajes. Ni siquiera les mostró a los niños las ilustraciones asegurándose de que todos las vieran. Simplemente, dejó que las palabras salieran flotando de su boca, de una en una, confiando en que el lenguaje obraría su propia magia.

«¡Oh!», exclamó un niño de pelo rizado dando un grito ahogado. Se le iluminó la cara de alegría mientras miraba a su alrededor para ver si alguien más había descubierto algo importante sobre el tigre. Pero no era así. Había sido el primero en ver que el animal era el verdadero amor de la princesa, le habían lanzado un hechizo. El bobo de Omar creía que podía seducir a la joven, pero en su lugar le había devuelto a su prometido. Al cabo de unos segundos —¡tachán!—, el tigre desaparece y aparece en su lugar un apuesto joven.

Todo el mundo creyó que Omar lo había llevado allí para que se reuniera con la princesa. El agradecido sultán lo cubrió de riquezas. Solo Omar sabía lo estúpido que había sido. Avergonzado, se escabulló de vuelta a su pueblo para disculparse con Sunny y pedirle que se casara con él. «Pues no sé —le respondió Sunny—. No eres feo, pero tampoco eres guapo. Y salta a la vista que no eres un príncipe.»

Los niños se echaron a reír a carcajadas. Al cabo de un momento, Sunny se ablanda y la pareja se casa. Todos los niños aplauden. Ya están de vuelta a Baltimore. Ha sido un buen viaje.

* * *

El episodio fue una lección objetiva sobre el poder de un buen relato para mantener viva la atención. Mientras Schlitz les leía el cuento, los niños y las niñas parecían estar en un estado de interrumpida animación. Tal vez no se habían dado cuenta, pero el placer de escuchar el cuento fomentaba un ciclo de buena conducta. Si estaban quietos y callados y prestaban atención disfrutarían del relato, aunque disfrutar de él les obligara a permanecer quietos y callados en la silla y a prestar atención. El cuento ilustrado de un tigre, un joven necio y una princesa afligida había tenido el gran efecto de animar a esos niños de cuarto curso a estar más tiempo atentos a algo.

Y esto no es poca cosa. En nuestra época llena de distracciones es todo un reto prestar atención. La tecnología nos está enseñando[254] a no estar quietos ni un segundo y a reaccionar como colibrís consultando el móvil, clicando, tuiteando, poniendo «me gusta». Para las personas con una actividad que exige atención, y también en el caso de los editores, esta clase de novedades tecnológicas son perturbadoras. Como Carolyn Reidy, la presidenta de Simon & Schuster, dijo preocupada a un público de libreros no hace mucho: «Tenéis a generaciones enteras[255] que están siendo entrenadas para mantener la concentración durante un espacio de tiempo más corto de lo que los libros requieren».

---

254. Para un análisis completo, véase Adam Alter, «The Biology of Behavioral Addiction», en Alter, *Irresistible*, pp. 68–89.

255. Carolyn Reidy, presidenta y directora ejecutiva de Simon & Schuster, hablando en la Feria del Libro de Frankfurt, 11 de octubre de 2017. Sus observaciones aparecieron citadas en muchas publicaciones en aquella época, como en *Shelf Awareness*, el libro de Alex Mutter, 12 de octubre de 2017, http://www.shelf-awareness.com/issue.html?issue=3105#m38147

Los placeres de la tecnología generan un ciclo de conducta más rápido y frenético. Consultar el móvil, clicar, poner «me gusta» y tuitear libera pequeñas dosis de sustancias neuroquímicas agradables,[256] las cuales avivan nuestro incontenible deseo de volver a consultar el móvil, clicar, poner «me gusta» y tuitear..., un ciclo que, como señala Adam Alter, hace que nuestros dispositivos electrónicos sean prácticamente irresistibles. Uno de los efectos es una menor capacidad para mantenernos centrados en algo. Se dice que, desde el inicio de este milenio, la capacidad de atención de un adulto medio[257] ha bajado de doce segundos a ocho. Si esto es cierto, en tal caso Satya Nadella, CEO de Microsoft, tiene razón al afirmar que la atención humana se está volviendo «el auténtico bien del que andamos escasos».[258]

Como adultos, está en nuestras manos decidir si tener una mayor capacidad de atención es algo que nos merece la pena. Pero con los niños el problema es más serio. Ellos *tienen* que prestar atención en el colegio. Y han de entender lo que los profesores les dicen, sobre todo los de los cursos inferiores, ya que, como Jim Trelease ha señalado,[259] buena parte de las enseñanzas les llegan de forma oral.

En lo que se refiere a prestar atención, los niños de familias que les leen libros en voz alta en casa van al colegio con una triple ventaja. Al estar acostumbrados a escuchar, lo hacen con más facilidad. Han oído mucho vocabulario, por lo que su comprensión es mayor en comparación con otros niños de su misma edad. Y saben de primera mano que prestar atención tiene sus recompensas. Estas ventajas no son poca cosa.

---

256. Alter, *Irresistible*, pp. 68-89.

257. Alter, p. 28.

258. Satya Nadella, memorando público dirigido a los empleados de Microsoft, 10 de julio de 2014. Afirmación citada en numerosas ocasiones, como en el artículo de Polly Mosendz titulado «Microsoft's CEO Sent a 3,187 Word Memo and We Read It So You Don't Have To», *Atlantic*, https://www.theatlantic.com/technology/archive/2014/07/microsofts-ceo-sent-a-3187-word-memo-and-we-read-it-so-you-dont-have-to/374230/

259. Citado en Connie Matthiessen, «The Hidden Benefits of Reading Aloud—Even for Older Kids», GreatSchools.org, 22 de septiembre de 2017, https://www.greatschools.org/gk/articles/read-aloud-to-children/

Los estudios han revelado una estrecha conexión[260] entre la capacidad de los niños de prestar atención de pequeños y su capacidad para ser competentes en matemáticas y en lectura cuando sean mayores (es un vínculo que evoca el otro del que he hablado antes entre el lenguaje temprano y, más adelante, las matemáticas). En 2013, un equipo de investigadores de la Universidad Estatal de Oregón descubrió que lo que se conoce como «perseverancia en la capacidad de atención» de los niños de cuatro años pronosticaba sus logros en matemáticas y en lectura a los *veintiuno*. Además, la perseverancia en la capacidad de atención de los niños de cuatro años también pronostica si terminarán una carrera universitaria a los veinticinco. De manera que el hecho de que los niños desarrollen o no en profundidad su capacidad de escuchar puede tener consecuencias reales.

* * *

Después de que Laura Amy Schlitz terminara de leerles el cuento a los niños de cuarto curso, tuve la oportunidad de conversar con ellos. Quería saber qué les había parecido la experiencia. ¿Cómo se habían sentido? ¿En qué habían estado pensando?

Sus respuestas me permitieron entrever maravillosamente el mundo secreto de la imaginación y la recompensa de dejarla volar.

«Cuando Laura me lee un cuento, mi cerebro se olvida de todo lo demás.»

«Me siento entusiasmada e interesada.»

«Me siento como si fuera el protagonista cuando alguien me lee un libro.»

«Cuando alguien me lee un cuento, pienso más a fondo en las cosas, por ejemplo, me pregunto si el tigre era el príncipe.»

---

260. Megan M. McClelland *et al.*, «Relations Between Preschool Attention Span-Persistence and Age 25 Educational Outcomes», *Early Child Research Quarterly 28*, abril de 2014, https://doi.org/10.1016/j.ecresq.2012.07.008

«Cuando leo la historia, me atrapa, pero he notado que me es más fácil cuando alguien me la lee, así mi cerebro no tiene que dividir la atención entre las palabras y lo que significan.»

«Me siento como si estuviera resolviendo un misterio en las pausas. Me olvido de que estoy aquí. Me siento como si estuviera en el cielo, mirando desde arriba, y que puedo ver todo el cuento».

Esta última sensación, la de salir del cuerpo para elevarse por encima de todo cuanto ocurre, o la de entregarse a la trama o dejarse arrastrar por ella, es tan común como extraordinaria. Los anales de las memorias personales y de los recuerdos literarios están llenos de esos momentos arrebatadores.

Cuando Walter Olson (el padre de Tim, el bebé adoptado en Rusia) escuchó una lectura por primera vez, era algo mayor que aquellos alumnos que acudieron a la biblioteca de Laura Amy Schlitz, y nunca la olvidará. En quinto curso su profesora les leyó en clase la biografía entera del jefe indio Caballo Loco.

«Nos la estuvo leyendo durante semanas,[261] y me fascinó. *¡Oh, caramba, va a leernos el libro entero!* Absorber un libro entero gracias a que alguien lo leía en voz alta con claridad y elocuencia era un lujo del que nunca había gozado», recordó Olson.

Los ataques de asma obligaron al escritor Alberto Manguel a guardar cama durante semanas de pequeño. Recostado en varias almohadas hasta casi quedar sentado, escuchaba a su niñera leerle cuentos de hadas «aterradores» de los hermanos Grimm. «A veces su voz hacía que me durmiera;[262] otras, por el contrario, la emoción me enardecía, y le suplicaba que se apresurase, con el fin de averiguar, más deprisa de lo que el autor habría querido, qué sucedía en el cuento —recordó—. Pero la mayor parte del tiempo me limitaba a disfrutar con la voluptuosa sensación de dejarme llevar por las palabras, y experimentaba la sensación física de que estaba de verdad viajando a algún lugar maravillosamente remoto, a

---

261. Olson y Pippin, entrevista.

262. Manguel, *Una historia de la lectura*, p. 219.

un sitio que apenas me atrevía a vislumbrar en la última página del libro, todavía secreta.»

Cuando hacía segundo curso, la novelista Kate DiCamillo dijo que «vivía» al escuchar a su maestra leerles *La isla de los delfines azules* en clase. La lectura en voz alta «puede cambiarle la vida a un niño —afirmó Kate DiCamillo—. Puede convertirlo en escritor.[263] Puede hacer que se aficione a la lectura».

En el caso de Daniel Pennac, el escritor francés, la experiencia fue liberadora. En su libro *Comme un roman*, escribe: «Libres. Así era como nuestros hijos se sentían. Un regalo. Tiempo de descanso. A pesar de todo. Así era como nuestros hijos lo vivían. La hora de la lectura en voz alta de la noche les liberaba de sus obligaciones de la jornada. Libres de sus amarres, viajaban con el viento, infinitamente más ligeros. Y el viento era nuestra voz».

Un regalo, un lujo, una libertad transformadora. ¿Por qué lo íbamos a cambiar por cualquier otra cosa? ¿Por qué íbamos a dejar de hacerlo? Sin embargo, en la mayoría de las familias, aunque los padres les hayan estado leyendo libros a sus hijos de pequeños, eso es lo que ocurre. Las lecturas en voz alta empiezan a desaparecer cuando los niños cumplen cinco años,[264] según las encuestas escolares semestrales de la editorial Scholastic. Para la inmensa mayoría de niños de nueve a doce años es ya muy inusual, en el caso de seguir haciéndolo, que sus padres les sigan leyendo relatos por la noche. Y, sin embargo, en una encuesta de 2014, el 40 por ciento de los niños de seis a once años afirmaron desear que sus padres lo hubieran seguido haciendo.

Querían seguir volando.

---

263. Kate DiCamillo, «Kate DiCamillo's PSA: On the Importance of Reading Aloud to Children», YouTube, publicado el 17 de febrero de 2015, https://www.youtube.com/watch?v=S0c9-JM-mvoo.

264. Scholastic, *Kids & Family Reading Report*, 5.ª ed., Scholastic, Nueva York, 2015, pp. 31–33, http://www.scholastic.com/readingreport/Scholastic-KidsAndFamilyReadingReport-5thEdition.pdf.

* * *

En los viejos tiempos del siglo veinte, una escuela por correspondencia ponía en una revista este tipo de anuncios para aprender «escritura rápida»:

Si pdes ler so,[265] tu pdes
er una sec y conse
un bun tabjo ben remuado.

A mis amigas y a mí estos anuncios nos hacían reír. Éramos capaces de leerlos. ¡Podíamos ser secretarias y conseguir un buen empleo bien remunerado!

La cuestión era que no necesitábamos todas las letras y las palabras para adivinar lo que ponía el anuncio. De la misma manera, un oyente —en especial, uno de corta edad— no necesita entender cada motivo de los personajes de una novela, ni incluso saber lo que significan todas las palabras para que el relato le cautive. El anuncio de escritura rápida en este sentido se parece bastante, por ejemplo, al «Galimatazo», el poema sin pies ni cabeza que aparece en *A través del espejo*, el segundo libro de Lewis Carroll:

Brillaba, brumeando negro, el sol;
agiliscosos giroscaban los limazones
banerrando por las váparas lejanas;
mimosos se fruncían los borogobios
mientras el momio rantas murgiflaba.

Maria Tatar, que imparte clases en la Universidad de Harvard sobre el escritor Lewis Carroll, les señala a sus alumnos: «Lo escuchas y es un

---

265. Para una mirada nostálgica de los ubicuos anuncios de la «Escuela de escritura rápida», véase https://playingintheworldgame.com/2012/09/21/f-u-cn-rd-ths-if-you-can-read-this/

relato,[266] pero solo entiendes la mitad de las palabras que contiene, aunque no importa. Tiene sentido. A menudo pienso que se parece a la experiencia de un niño pequeño oyendo cuentos: capta la mitad de su contenido, pero aun así los entiende».

La brecha entre el vocabulario receptivo y el vocabulario expresivo —lo de entender más de lo que sabemos decir— es en ciertos aspectos una cuestión mecánica relacionada con la gramática, la sintaxis y el contexto. En un sentido más amplio, se convierte en un espacio en el que podemos vivir lo trascendente e incluso lo místico. Lewis Carroll se inventa palabras sin pies ni cabeza y las ensarta en un poema, y de algún modo lo llegamos a entender. El arte de las palabras nos emociona y entusiasma sin saber exactamente por qué es así. Esa fue la experiencia del novelista Philip Pullman cuando, de adolescente, su profesor de inglés les presentó en clase el poema épico *Paraíso perdido* de John Milton.

«Muchas de las referencias[267] apenas tenían sentido para mí, si es que tenían alguno —le contó a Leonard Marcus, historiador de libros infantiles—. Pero cuando oías recitar el poema de John Milton en voz alta y lo saboreabas después en tu propia boca, era poderosísimo. La experiencia me enseñó que las cosas nos pueden afectar antes de entenderlas, y además a un nivel más profundo del que somos conscientes. Y también aprendí que respondemos físicamente a la poesía. Nos estremecemos. Se nos pone la carne de gallina. El corazón se nos acelera.»

He sido testigo de cómo lo mismo les ocurría a mis propios hijos. Sabía que estaban respondiendo a una novela poderosa por sus gestos y su respiración. Y el corazón también se les aceleraba. Les ocurría cada vez que les leía *La isla del tesoro*. He mencionado antes que leíamos esta novela cada varios años. Esto explica en parte por qué les fascinaba tanto. Cada vez que la leíamos, mis hijos eran un poco mayores que la vez anterior. Es evidente que con cada lectura entendían cada vez más el lenguaje y la novela, en una especie de demostración periódica del fenómeno «otra vez, otra vez».

---

266. Tatar, entrevista.
267. Marcus, *Wand in the Word*, p. 173.

La primera vez que se la leí, Molly tenía seis años. Sentada a mi lado, me interrumpía de vez en cuando para preguntarme sobre una palabra o un concepto poco corrientes. Se le daba muy bien hacerlo. En aquella época, Paris tenía solo cuatro años y probablemente estuviera jugando con sus juguetes en el suelo, siguiendo el relato vagamente. Y como Violet no tenía ni siquiera un añito, supongo que lo único que oía era el tranquilizador runruneo de la voz de su madre.

Dos años más tarde volví a leerles la novela. En aquella ocasión Paris reaccionó como si hubiera salido disparado de un cañón. El relato le encantó.[268] Era tal su excitación que se levantó de un brinco para representar las escenas. Cuando llegamos al capítulo veinticinco, no podía leer dos líneas sin que hubiera una explosión. Es un capítulo de una gran tensión. Jim Hawkins, el joven héroe, está en un aprieto. Tiene que enfrentarse solo a Israel Hands, el astuto timonel herido, del que hace poco ha descubierto que es un pirata. Los dos luchan en la cubierta de la *Hispaniola*, que acaba de encallar en la Isla del Tesoro. Las olas rompen contra el casco de la goleta y caen como lluvia de espuma sobre cubierta. A cada bandazo los dos corsarios muertos (uno con un gorro rojo) resbalan hacia un lado o hacia el otro.

«"Allí estaban los dos piratas: el del gorro rojo, caído de espaldas, tieso, con los brazos abiertos en cruz y mostrando sus dientes por la boca entreabierta; Israel Hans estaba sentado…"»

Paris rodó por el sofá, se tiró al suelo y se quedó con los brazos rígidos y extendidos, mostrando los dientes.

«¿Es así?»

Todos nos echamos a reír. Paris volvió al sofá como si lo hubiesen lanzado hacia atrás con un cañón.

«"Israel Hands estaba sentado y caído contra la amurada, con la barbilla hundida en el pecho, las manos abiertas apoyadas en la cubierta y el rostro, pese a su piel curtida, tan blanco como el sebo de una vela…"»

«¿Qué es sebo?», preguntó Molly.

---

268. Esta anécdota se ha adaptado de «¡Me *encanta* este relato!» de Meghan Cox Gurdon.

«Grasa de vaca.»

«¡Puaj!», repuso ella haciendo una mueca.

«¡Sigue! —gritó Paris—. ¡Me encanta la novela!»

«"Durante un tiempo, el barco continuó su rumbo a grandes bandazos como un caballo resabiado, a toda vela, y su arboladura crujía…"»

«¡Pssssiiiiuuu!»

Paris se había lanzado de nuevo a dar vueltas por la habitación, crujiendo como una goleta en aguas embravecidas, con los brazos abiertos a modo de velas hinchadas por el viento y que restallaban como latigazos.

«¿Es así, no? Gnnarrrr…»

La novela no tenía para él misterio ni sutileza algunas, o una velada magia interior. Ni tampoco le hacía flotar sobre el relato, viéndolo desde lo alto. Estaba plantado en la borda en medio de la aventura. Fuera lo que fuese lo que le hiciera sentir, era increíblemente ruidoso.

¿Le habría fascinado tanto la novela a un chico de su edad de ser esta la primera vez que la oía? Quizá. Aunque no lo creo. Pienso que la sentía con tanta fuerza porque de algún modo, en la trastienda de su mente, era consciente de haberla oído antes, cuando era demasiado pequeño para captar sus sutilezas. Al escucharla por segunda vez, Paris ya la consideraba suya, sentía interés por la aventura. Como Alicia cayendo, dando tumbos por la madriguera del conejo, se sentía cautivado, envuelto y transportado por el relato.

La siguiente vez que les leí *La isla del tesoro* Paris tenía once años. En esta ocasión no se levantó de un brinco del sofá. Sabía apreciar de una manera nueva y más madura los dilemas morales de Jim Hawkins y sus compañeros. En John Silver «el Largo», el encantador malvado, vio lo difícil que es distinguir la aparente naturaleza de un hombre de quién realmente es.

Si Paris hubiera visto una versión cinematográfica de la novela cada dos años no creo que hubiese vivido una serie de encuentros tan intensos y profundos. Como solo escuchaba el relato, tenía que beber de su propio manantial interior para evocar otro mundo, con sus olores, sus sonidos y sus personajes: el ruido metálico de una pala hundiéndose en la arena, el frío y violento golpe del agua de mar, el rostro ajamonado, rosado y brillante de John Silver «el Largo». Un niño viendo una película no necesita imaginarse todo esto.

Las películas son una forma de arte fabulosa, pero poseen un cierto aspecto totalitario: los expertos en la materia han decidido el aspecto que tiene todo y las sensaciones que produce, desde la ropa de los personajes hasta la inclinación de la luz, el ambiente y la música; la contribución del espectador es superflua. Es por esta razón que algunos padres intentan ir por delante de Disney, la BBC, Walden Media y otras compañías que trasladan al cine la literatura clásica infantil. Queremos que nuestros hijos saboreen por sí mismos todo el sabor de la versión original de *Peter Pan*, *Winny de Puh* y *La telaraña de Carlota* antes de ver las adaptaciones para la gran pantalla.

Me costó lo mío ir por delante de Hollywood cuando mis hijos eran pequeños, y con el papel que juega Internet en la vida familiar en la actualidad, a los padres aún les cuesta más llevarle ventaja. Un niño de primer curso que no está aún preparado para abordar los libros de Harry Potter tal vez no pueda evitar ver las películas, o por lo menos algunas imágenes de los actores. En su mente, antes de haber leído una sola palabra de J. K. Rowling, Daniel Radcliffe es Harry y Maggie Smith será la profesora McGonagall para siempre. En cuanto una película ha colonizado nuestra imaginación, el relato en el que se ha inspirado ya no vuelve a ser nuestro del todo. (Justo antes de que la nueva versión de la película *Un pliegue en el tiempo* se proyectara en los cines en 2018, me apresuré a leerle el libro a Flora. Era demasiado tarde, ya había visto los tráilers y, a juzgar por sus preguntas, era evidente que estaba «viendo» la novela *Una arruga en el tiempo* de Madeleine l'Engle desde la óptica creada por Ava DuVernay, la directora del filme.)

* * *

Aunque, en cierto sentido, las películas y la lectura en voz alta —y también los audiolibros— comparten algo importante: la acusación de ser atajos fáciles[269] para apreciar la literatura. Esta afirmación tiene un punto de verdad, supongo. Cuando miramos una película sentados y quietos, es cierto que estamos siendo pasivos en lugar de activos. Estamos en modo receptor. Requiere un modesto esfuerzo leer *Hoyos* de Louis Sachar; en cambio, solo tenemos que aparcar el trasero en una cómoda superficie para disfrutar de la película.

Una persona que escucha una novela leída en voz alta también puede parecer pasiva. Pero no es así: un relato leído en voz alta no acaece en la página, o ni siquiera en la voz del lector, sino en una combinación de todos estos elementos en la mente y en el corazón del oyente. Escuchar un relato es participar en su realización. No es un atajo fácil para nada, sino una forma profunda y reflexiva de implicarnos con todo tipo de narraciones.

* * *

Cuando les leemos cuentos a los niños pequeños en voz alta, les estamos presentando los libros como objetos, como curiosidades, como recipientes de maravilla y conocimiento. Aprenden cómo funcionan los libros: a pasar las páginas, el significado que fluye de izquierda a derecha, las letras que contienen y cómo estas se encadenan en palabras, y las palabras en frases, y las frases en párrafos.

Con el correr del tiempo, a medida que los niños van creciendo, las lecturas les ofrecen una clase más rica, variada y formal de prosa. Aprenden a entender las metáforas («tieso como una tabla», «blanco como el sebo de una vela»), y a captar juegos de palabras, rimas y aliteraciones. Conocen cuándo un relato está escrito en primera o en tercera persona. Saben diferenciar los relatos contados en tiempo presente de los narrados en tiempo pasado, y se familiarizan con los diálogos y

---

269. ¿Os acordáis de la historia sobre el padre de su amigo que se disculpó por afirmar que había leído un libro cuando en realidad lo había escuchado en audio? Como dijo Rubery, «siempre se considera hacer trampas». Rubery, entrevista.

los dialectos. Todo este discernimiento refuerza la causa de la lectura independiente.

¿Estamos haciendo trampas? ¿Perjudicamos a los pequeños, incluso los infantilizamos, al seguir leyéndoles en voz alta aunque ya puedan hacerlo solos?

No, en absoluto. Y no, no les perjudicamos. Escuchar un relato y leérselo a alguien es, en el fondo, dos maneras de absorber un texto. Los mecanismos son distintos en el aspecto neurológico. Pero, como experiencia, la diferencia se parece un poco a la que existe entre caminar y correr. Ambas formas son buenas para llegar a un destino. ¿Es pueril caminar, un acto que lleva más tiempo pero exige menos esfuerzo? ¿Es más maduro correr, gastar más energía y llegar antes? Quizá debamos tener en cuenta varios factores antes de elegir entre correr o caminar, pero sin duda no seremos más maduros si optamos por lo primero. Lo mismo es aplicable a la lectura en su forma silenciosa y en su forma hablada. Dependiendo de cómo nos encontremos con las palabras, nuestro cerebro ejecuta distintas funciones para darles sentido. «No nacimos para leer»,[270] afirma Maryanne Wolf, pero la mayoría de personas aprendemos a hacerlo. Sin embargo, nuestro cerebro no parece registrar minuciosamente cómo nos llega un relato.[271] Matthew Rubery, historiador de audiolibros, me contó que las personas que alternan la lectura de un libro en papel con escuchar el texto de una versión íntegra en audio no suelen recordar cuáles son los pasajes que leyeron con un sistema y cuáles son los que «leyeron» con el otro.

¡Y además, para las personas a las que no se les da bien la lectura, es un gran alivio liberarse de la obligación de desentrañar frases por sí solas! Escuchar relatos cobrando vida a través de la voz del lector puede que sea su única oportunidad para vivir un encuentro significativo —que no ocurra en la gran pantalla— con el señor Tumnus, con Scheherezade o con el Gato de Cheshire. Puede que sea la mejor manera de disfrutar de las

---

270. Wolf, *Proust and the Squid,* p. 3.

271. Rubery, entrevista.

novelas de forma relajada y completa junto a sus compañeros más expertos e instruidos.

En el colegio, los profesores pueden pedirles a los alumnos que lean
novelas, hacerles pruebas de comprensión lectora, mandarles redactar un
ensayo sobre el texto y esperar que sepan identificar temas y motivos. No
es lo peor del mundo, pero para muchos alumnos tampoco es un sistema
que les ayude a enamorarse de la literatura. La lectura en voz alta les
ofrece a los oyentes de todas las edades otra forma de seguir en contacto
con los libros y los relatos largos cuando, de no ser así, estarían quizá más
interesados en las pantallas.

En un ensayo redactado en 2016, Timothy Dolan, un profesor de
secundaria en Wisconsin,[272] escribió: «Cada año tengo varios alumnos
que acababan detestando la lectura y la escritura. Muchas veces se debe
a una pobre destreza lectora, aunque no siempre es así. Se han pasado
muchos años intentando, simplemente, averiguar cómo decir las palabras de un texto en lugar de enfrascarse en el propio relato».

El remedio de Dolan consiste en leerles a sus alumnos novelas cau-
tivadoras y descarnadas, como *Rebeldes* de S. E. Hinton y *Fahrenheit 451*
de Ray Bradbury. Estas lecturas hacen que el material cobre vida tanto
para los estudiantes que sacan sobresaliente como para los que sacan
aprobado, de la misma forma y al mismo tiempo. El efecto en clase es
tan unificador como igualador. Cada estudiante está en el mismo nivel
mientras el relato se desarrolla. «Los alumnos a los que no se les da bien
la lectura se pasan mucho tiempo descifrando el significado de palabras
que ya conocen los lectores más competentes —argumenta Dolan—.
¿Cómo van a apreciar la belleza de los escritos de Ray Bradbury si tantas
palabras suponen para ellos obstáculos desagradables? La lectura en voz
alta les permite oír textos complejos sin sentir ese gran peso sobre sus
hombros.»

---

272. Timothy Dolan, «The Power of Reading Aloud in Middle School Classrooms», *Education
Week: Teacher*, 22 de marzo de 2016, https://www.edweek.org/tm/articles/2016/03/22/the-
power-of-reading-aloud-in-middle.html

La cuestión de si los infantiliza también surgió en el aula. «Este año algunos padres me preguntaron si era adecuado leerles libros en voz alta a los adolescentes —comenta Dolan—. Al principio me sentí ofendido, pero después me acordé de mi primer año como docente. Me había hecho yo la misma pregunta, no me podía imaginar sentado delante de treinta chavales de octavo curso prestando atención a un libro que les leía. Pero te diré algo, cuando Ponyboy lee la carta de Johnny al final de *Rebeldes*, en el aula no se oía ni el vuelo de una mosca.»

En un giro reciente, algunos profesores están empezando a usar pódcasts y transcripciones al mismo tiempo. Los estudiantes se ponen los auriculares y escuchan el mismo programa leyendo a la vez las palabras en su tableta para recibir simultáneamente la versión en audio y la visual. Michael Godsey, un profesor de instituto, probó la técnica usando la primera temporada de *Serial*, el popular pódcast presentado por Sarah Koening. A sus alumnos les fascinó la historia real sobre el asesinato de una adolescente de Baltimore y su antiguo novio que podía o no haberla matado. Al escribir sobre su experiencia en clase en *Atlantic*, Godsey reconoce la tensión entre hacer que los jóvenes lean libros y dejarles que los escuchen narrados.

«Por un lado me sentía culpable[273] de que mis alumnos no estuvieran leyendo demasiado en este módulo, pero su gran implicación con una historia relevante y oportuna (su avidez por hacer preguntas, su motivación interior para abordarla con un espíritu crítico) me hizo pensar que había valido la pena, por lo menos de momento.»

Godsey advirtió que sus alumnos se habían implicado mucho más que de costumbre. Debatían entre ellos, consultaban mapas, escribían extensamente en sus diarios y parecían deseosos de hablar con los adultos de lo que pensaban.

---

273. Michael Godsey, «The Value of Using Podcasts in Class», *Atlantic*, 17 de marzo de 2016, https://www.theatlantic.com/education/archive/2016/03/the-benefits-of-podcasts-in-class/473925/

Muchos afirmaron que leer un texto escuchándolo al mismo tiempo en audio les ayudaba a concentrarse y a no «distraerse» mientras lo escuchaban. Otros, curiosamente, escribieron que mientras escuchaban el relato eran capaces de hacer varias cosas a la vez, podían tomar notas o escribir en sus hojas de trabajo, aunque no lo estuvieran leyendo en la pantalla. Algunos reconocieron claramente que podían retroceder y volver a leer algo que no habían entendido la primera vez que lo habían oído. Otros dijeron que se adelantaban ligeramente en la lectura para poder escribir una cita mientras escuchaban el texto. Un estudiante con un problema de visión señaló que le había encantado poder hacer pequeños descansos mientras leía sin dejar de disfrutar del relato. Varios alumnos que aprendían inglés como lengua extranjera escribieron que les gustaba poder leer las palabras y —como uno lo expresó— «escuchar cómo se suponía que sonaban» en el acto.

El método de combinar los auriculares con una tableta tal vez no tenga para todos la misma calidez humana que un relato leído por una sola voz. Es más bien como un juego paralelo con cada alumno escuchando el relato por su cuenta separado del resto. Pero, aun así, parece valer la pena. La selección del profesor del tema de actualidad de *Serial* también nos recuerda que para que los adolescentes sigan enganchados a un relato oral hay que ser creativo en la elección del material.

Esto también es cierto para los adolescentes de más edad y los adultos, como Jane Fidler descubrió cuando impartió clases de recuperación de inglés en un centro de estudios superiores comunitario de Maryland. Sus clases estaban llenas de alumnos que se habían colado por las fisuras del sistema de la educación pública. Muchos de ellos trabajaban a tiempo completo mientras intentaban sacarse una carrera. Varios eran veteranos de guerra. Un gran número tenía dificultades de diversa índole. Uno de los alumnos de Fidler, un joven que iba a clase gracias a un programa en el que le permitían salir de la prisión durante el día, regresó después de las vacaciones de primavera sin haber hecho las tareas que Fidler le había asignado. El motivo se debía a que los presos habían estado en confinamiento solitario durante un tiempo como medida general de seguridad en la prisión en la que estaba recluido.

La mayoría de sus alumnos habían llegado al centro sin haber leído antes ningún libro, me contó Fidler. «Les preguntaba: "¿Cómo pudisteis entonces terminar el instituto?"[274] Y me respondían: "Escribíamos deberes sobre libros sin haberlos leído".»

Para que se interesaran por los libros de ficción, Fidler decidió leerles el material más jugoso y accesible que pudiera encontrar: *thrillers* lascivos con capítulos cortos y acción a raudales.

«En mi clase menos avanzada les leí *Sail* de James Patterson [y Howard Roughan] —me explicó Fidler—. Es una novela muy sexi sobre una mujer con un marido infiel. Cuando ella se vuelve a casar, él quiere matarla, y a mis alumnos les *encantó*.

»"Venga, sacad *Sail*, vamos a leer el capítulo veinticinco", les decía. Y les leía los pasajes en los que Peter Carlyle le era infiel a su mujer y mantenía una aventura con Bailey, una alumna suya. Un alumno me dijo: "Me he quedado hasta las cuatro de la madrugada leyendo el libro a partir de donde lo dejamos en clase".»

Fidler emplea libros de texto heterodoxos para enseñarles a sus alumnos lecciones específicas. Les pide que intenten deducir qué creen que les va a ocurrir a los personajes. Les explica las palabras de la novela que no conocen. «Les ayudo a fijarse en cosas en las que no se fijarían de haber leído el libro por su cuenta. Y lo que descubro es que, cuando terminan la novela y pasan la última página, exclaman: "¡Oh!, aquí pone que hay otro libro de Patterson, y parece interesante". ¡Y son alumnos que no habían abierto un libro en toda su vida! Es estupendo.»

¡Claro que lo es! Sabiendo lo que ahora sé, no dudaría en leerles un libro que les hubieran asignado como lectura a mis hijos si estuvieran teniendo problemas con él. Ojalá pudiera retroceder en el tiempo y recuperar las penosas horas que Phoebe pasó intentando entender *Johnny*

---

274. Fidler, entrevista.

Tremain en verano antes del quinto curso. Ahora veo claramente que las ideas y el lenguaje eran un tanto avanzados para su edad. Como le costaba entender la novela, no disfrutó con la lectura. Si yo hubiera hecho que el relato cobrara vida al leérselo en voz alta, tal vez habría disfrutado del Boston revolucionario con el pobre Johnny y los Hijos de la Libertad, una organización secreta que fomentaba la resistencia a Gran Bretaña. En lugar de vivir un calvario que le hizo detestar a Esther Forbes, la autora, podría haber apreciado la fuerza, el sentimiento y la belleza de la novela.

¿Y acaso no es esto lo que cuenta? ¿Acaso no es esta la finalidad de leer libros? Las novelas no tienen por qué ser máquinas de asedio o instrumentos de tortura. En la larga historia de la literatura, han existido escritores que se propusieron desalentarnos para que no leyéramos sus libros. Pero, desde luego, la mayoría han albergado ambiciones más agradables y más altas.

* * *

Poco antes de que Roald Dahl llegara al mundo en el otoño de 1916, fue objeto de un excéntrico método educativo prenatal ideado por su padre.

«Cada vez que mi madre se quedaba embarazada,[275] mi padre esperaba hasta los tres últimos meses de embarazo y luego le anunciaba que empezarían las "gloriosas caminatas". Esas gloriosas caminatas consistían en llevarla a parajes naturales preciosos y en pasear con ella cerca de una hora al día para que absorbiera el esplendor de los diversos entornos. Mi padre tenía la teoría de que, si los ojos de una mujer embarazada estaban contantemente contemplando la belleza de la naturaleza, la transmitiría de algún modo a la mente del bebé que llevaba en su seno y el niño acabaría siendo un amante de las cosas bellas», nos cuenta Roald Dahl en *Boy*, su autobiografía.

---

275. Roald Dahl, *Boy*, Puffin, Londres, 2010, pp. 18-19.

La técnica parece haber funcionado en Dahl, ya que le encantaban las personas, las cosas y las ideas bellas, aunque en sus libros parece hacer honor a la belleza más en su ausencia que en su manifestación. Los libros de Roald Dahl están repletos de seres grotescos, monstruos de apetito y vanidad bajo la forma de glotones, padres egoístas, directoras escolares tiránicas y brujas repulsivas con peluca. En *Charlie y la fábrica de chocolate, Mi amigo el gigante, El superzorro* y *Relatos de lo inesperado,* obras para adultos, sus textos están llenos de mordacidad y acción trepidante. La trama nunca serpentea, sino que galopa. En sus relatos ocurren grandes cosas y, además, con una fuerza colosal. Los héroes y las heroínas de Roald Dahl son bondadosos e imaginativos. Al final, la maldad siempre pierde y los seres tímidos y venerables siempre prevalecen y progresan en la vida.

Al leer en voz alta los libros de Roald Dahl —es divertidísimo hacerlo— estamos señalándoles de una forma curiosa a nuestros oyentes la belleza. Esta belleza no es la majestuosidad etérea y sublime de la campiña que podríamos atravesar en un glorioso paseo, sino la belleza de una clase de ser humano pícaro, luminoso y cómico: la belleza del bien triunfando sobre el mal, y la maravillosa satisfacción que sentimos cuando los malvados reciben un mazazo, descrito de una forma tan fresca y clara que parece crujir mientras lo leemos. Como el momento delicioso en *James y el melocotón gigante* cuando el colosal fruto se desprende del árbol. La gigantesca bola sale rodando hacia Spiker y Sponge, las dos codiciosas tías de James, que esperaban hacerse millonarias exhibiendo el melocotón y cobrando entradas.

Para saborear este pasaje plenamente, hay que leerlo en voz alta:

Se quedaron boquiabiertas. Chillaron.[276] Echaron a correr, aterrorizadas.

Se atropellaron. Empezaron a empujarse y forcejear cada una, no pensando más que en salvarse a sí misma. La Tía Sponge,

---

276. Roald Dahl, *James y el melocotón gigante,* Alfaguara, Madrid, 1987 p. 27.

la gorda, tropezó con la caja que había traído para echar el dinero y cayó de bruces. La Tía Spiker tropezó con ella y se cayó encima. Estaban las dos en el suelo, peleándose, tirándose de los pelos y chillando histéricamente, intentando ponerse en pie de nuevo, pero antes de que pudieran conseguirlo el colosal melocotón se les vino encima.

Se oyó un crujido.

Y todo quedó en silencio.

El melocotón siguió rodando. Y tras él, la Tía Sponge y la Tía Spiker quedaron planchadas sobre la hierba, tan lisas, planas y sin vida como dos siluetas de papel recortadas de un libro.

La trepidante escena está repleta de acción y sensaciones procedentes de las onomatopeyas de los forcejeos, los tirones de pelo, los crujidos y el silencio. El gigantesco melocotón es suave, precioso y tan grande como una casa. La piel del melocotón, escribe Roald Dahl, «era deliciosa, de un hermoso color amarillo moteado de manchas rosadas y rojas». Qué gratificante resulta que un objeto tan exuberante y precioso sea el medio para eliminar a las perseguidoras de un niño.

«Los libros de literatura infantil cautivan y embelesan en gran parte por los impactantes efectos de la belleza y el horror»,[277] escribe Maria Tatar en su libro *Enchanted Hunters*. En una conversación que tuvimos, me explicó con más profundidad la idea. «A todos nos gusta que nos impacten y sorprendan,[278] y en los relatos de Roald Dalh siempre hay desmesuras y exageraciones, y también acertijos y enigmas. Nos quedamos impactados, sorprendidos y llenos de curiosidad: ¿Cómo ha llegado a ocurrir? ¿Y si pasara algo como esto?, nos decimos. Y en el acto nos involucramos en la obra con todos nuestros sentidos», me contó.

La belleza y el horror que aparecen en los relatos nos muestran las numerosas dualidades de la naturaleza humana: la sinceridad y el enga-

---

277. Maria Tatar, *Enchanted Hunters*, p. 29.
278. Maria Tatar, entrevista.

ño, la ternura y la hostilidad, la lealtad y la traición, la generosidad y la codicia. En los libros de Roald Dalh lo espantoso y lo estrafalario le producen al lector una deliciosa sensación de vértigo, incluso cuando en su caso ilumine lo verdadero y lo adecuado. En los libros de Harry Potter, J. K. Rowling vincula asimismo claramente el amor y la valentía con el sacrificio y la pérdida. La muerte se cierne sobre la saga como la marca tenebrosa retorciéndose en el cielo nocturno.

Las monstruosidades que también abundan en los cuentos de hadas sirven para señalar la nobleza y la belleza. Como lo ilustra la reina celosa que envía a un cazador para que le arranque el corazón a Blancanieves. Pero él, rendido por la belleza y la inocencia de la joven, la deja ir y vuelve ante su ama con el corazón caliente de un ciervo que acaba de matar. Como escribe Vigen Guroian en *Tending the Heart of Virtue*: «Al representar mundos maravillosos y terroríficos[279] donde las bestias más horrendas se transforman en príncipes, los malvados son convertidos en piedra y las personas buenas recuperan su cuerpo de carne y hueso, los cuentos de hadas nos recuerdan las verdades morales que reivindican en el fondo la normatividad y la permanencia que no se nos ocurriría cuestionar. El amor libremente dado es mejor que una obediencia forzada. El coraje que rescata al inocente es noble; en cambio, la cobardía que traiciona a los demás para sacar provecho o salvar el pellejo no se merece más que el desprecio. Los cuentos de hadas nos están diciendo con toda claridad que la virtud y el vicio son opuestos y que no hay medias tintas en este sentido. Nos muestran que las virtudes son rasgos excelentes y que colman nuestro mundo de la misma manera que la bondad lo impregna todo de forma natural.»

En las obras de literatura infantil más poderosas, el peligro y la muerte raras veces están lejos de la belleza, tanto si hemos viajado a la tierra de Narnia como de Oz, o al mundo mágico de Terabithia. La novelista Jacqueline Woodson señaló, cuando le concedieron un premio de literatura

---

279. Vigen Guroian, *Tending the Heart of Virtue: How Classic Stories Awaken a Child's Moral Imagination*, Oxford University Press, Nueva York, 1998, p. 38.

infantil en Estados Unidos en 2018: «Cuando salimos de un libro, ya no somos la misma persona».[280]

* * *

El encanto de una obra literaria transmitida por la voz humana tal vez lo percibamos de puntillas, por así decirlo, de una forma tan silenciosa que apenas la advirtamos. También puede lanzarse sobre nosotros y asestarnos un contundente golpe, como le ocurrió una noche en 1917 a la futura novelista y folclorista Zora Neale Hurston. En aquella época se había apuntado en el instituto a unas clases nocturnas de inglés impartidas por Dwight O. W. Holmes.

En *Dust Tracks on a Road*, su autobiografía, Hurston escribe: «No existe un profesor más dinámico[281] bajo el cielo… No es un hombre guapo, pero su rostro es el de un erudito. Sus ojos hundidos no tienen una mirada apagada y hastiada, sino intensísima. Su prominente nariz ligeramente aguileña, sus labios delgados…, todas sus facciones me recuerdan las de una figura romana como Cicerón, César o Virgilio con la piel curtida».

Una noche venturosa, este profesor abrió un volumen de poesía inglesa y se puso a leerlo en clase:

> *En Xanadú, Kubla Khan*
> *se hizo construir un majestuoso palacio de recreo:*
> *donde el Alfa, el río sagrado, corría*
> *por cuevas inmensurables para el hombre*
> *hacia un mar sin sol.*
> *Así, dos veces cinco millas de suelo fértil*

---

280. Jacqueline Woodson, observaciones improvisadas realizadas en la ceremonia de la Biblioteca del Congreso a la que la autora asistió el 9 de enero de 2018.

281. Zora Neale Hurston, *Dust Tracks on a Road*, Harper Perennial Modern Classics, Nueva York, 2006, p. 123.

fueron rodeadas por murallas y torres;
había jardines que resplandecían con arroyos sinuosos,
donde florecían muchos árboles que daban incienso;
había bosques tan antiguos como las colinas
que envolvían prados verdes y soleados…

Hurston se quedó embelesada. «Cuando escuché "Kubla Khan" de Samuel Taylor Coleridge[282] por primera vez, vi todo lo que el poeta había querido que viera con él, aparte de una infinitud de elementos cósmicos. Aunque la voz del señor Holmes ya hubiera dejado de oírse, estuve como en otro mundo durante días. Este es mi mundo, me dije, y pienso vivir en él y rodearme de él, aunque sea lo último que haga en esta polvorienta bola verde de Dios.»

Lo que le ocurrió a Hurston aquella noche fue una especie de liberación intelectual y estética: el sonido de las palabras de su profesor leyendo un poema de Coleridge fue tan emocionante, tan fascinante, que la sacó de golpe de la vida que tal vez hubiera llevado y la liberó para encontrar su destino como escritora.

En otras épocas de la historia, y en otros lugares, leer en voz alta fue el medio para una liberación más literaria. La voz humana no es más que un sonido en el aire y, sin embargo, ha tendido puentes de la ignorancia al conocimiento, y de la esclavitud a la libertad. En el Sur de Estados Unidos, antes de la Guerra de Secesión, por ejemplo, era ilegal en algunos estados enseñar a los esclavos a leer y a escribir. Aunque no existía ninguna ley que les prohibiera escuchar la lectura de libros, y así fue como Frederick Douglass, que más tarde se convertiría en abolicionista y escritor,[283] pudo saborear por primera vez lo que las palabras podían llegar a hacer. En aquella época tenía doce años y, como más tarde escribiría, «el escuchar con frecuencia a mi ama leer la Biblia en voz alta despertó mi curiosidad sobre el misterio de la lectura, y provocó en mí el deseo de aprender».

---

282. Hurston, p. 123.
283. Manguel, *Una historia de la lectura*, p. 520.

La mujer empezó a enseñarle el abecedario, pero su marido al poco tiempo se lo prohibió. Después de aquel incidente, recordó Douglass, ella lo trató de otra manera. «La esclavitud demostró ser tan perniciosa para ella[284] como para mí —escribió—. Bajo su influencia su tierno corazón se endureció, su actitud de cordero se volvió tan feroz como la de una tigresa.»

En un determinado momento, el ama de Douglass se enfurece tanto cuando lo ve con un periódico, que se lo quita de las manos con brusquedad. «Era una mujer bien dispuesta —observó Douglass con ironía—, y el pequeño incidente me demostró al poco tiempo, para su satisfacción, que la educación y la esclavitud eran incompatibles.»

Thomas Johnson, un esclavo que más tarde llegó a convertirse en un conocido misionero y predicador,[285] estaba, como Douglass, muy pendiente de las lecturas nocturnas del Nuevo Testamento. Johnson pedía que le leyeran ciertos pasajes una y otra vez para aprendérselos de memoria, y luego comparaba lo que había escuchado con las palabras impresas de una Biblia robada que guardaba escondida. Las lecturas en voz alta se convirtieron, para este hombre resuelto, en una escalera secreta que le condujeron al aire libre de la fuga intelectual.

Cuando la puerta de la celda se cerró con un golpe seco, a Yevgenia Ginzburg, una funcionaria del partido comunista capturada en las purgas del Gran Terror de Stalin, le quedó una fuente de consuelo: «¡Al menos no me podían quitar la poesía!», afirma en *El vértigo*, sus memorias. La reclusión la acució a recitar en voz alta en su celda los libros que había leído. «Me habían quitado la ropa, los zapatos, las medias y el peine…, pero la poesía no me la podían arrebatar, siempre sería mía.»

Varios años más tarde, en Polonia, recitar los libros que se sabía de memoria le salvó la vida a Helen Fagin, una joven prisionera del Gueto

---

284. Frederick Douglass, *The Narrative of the Life of Frederick Douglass*, cap. 7, http://www.pagebypagebooks.com/Frederick_Douglass/The_Narrative_of_the_Life_of_Frederick_Douglass/Chapter_VII_p1.html

285. Manguel, *Una historia de la lectura*, p. 521.

de Varsovia. «Si te pillaban leyendo cualquier cosa[286] prohibida por los nazis sabías que te esperaban, en el mejor de los casos, los trabajos forzados, y en el peor, la muerte», escribe en un ensayo para el libro colectivo *A Velocity of Being.*

> Dirigí una escuela clandestina en la que les ofrecía a los niños judíos la oportunidad de recibir la educación básica que sus captores les negaban. Pero pronto sentí que enseñar latín y matemáticas a esas sensibles almas era estarlas privando de algo mucho más esencial; lo que necesitaban no era una información árida, sino esperanza, la clase de estado de ánimo que surge de ser transportado a un mundo de ensueño lleno de posibilidades.
>
> Un día, como si me leyeran el pensamiento, una niña me suplicó: «¿Nos puedes leer un libro, por favor?»

> Como Fagin se había pasado la noche anterior devorando un ejemplar de contrabando de *Lo que el viento se llevó* de Margaret Mitchell, su propio mundo de ensueño seguía «iluminado» por la novela.

> Mientras les «contaba» el relato, compartieron los amores y las tribulaciones de Rhett Butler y Scarlett O'Hara, de Ashley y de Melanie Wilkes. Durante aquella hora mágica nos fugábamos a un mundo que no era de asesinatos, sino de buenos modales y de hospitalidad. A todos los niños se les había animado la cara con una nueva vitalidad.
>
> Una llamada con los nudillos en la puerta nos arrancó de golpe de nuestro mundo de ensueño. Mientras los niños se iban en silencio, una niña de ojos verdes claros volviéndose hacia mí sonriente, con la mirada empañada de emoción, me dijo: «Muchísimas gracias por este viaje a otro mundo. ¿Podríamos repe-

---

286. Maria Popova y Claudia Zoe Bedrick, eds., *A Velocity of Being: Letters to a Young Reader,* Enchanted Lion, Brooklyn, 2018, p. 58.

tirlo pronto?» Le prometí que tendríamos muchas otras oportunidades más, aunque en el fondo lo dudaba.

Solo unos pocos niños de la escuela secreta sobrevivieron al Holocausto. La niña de los ojos verdes fue una de ellas. «Hay ocasiones en que los sueños nos sustentan más que los hechos —concluye Fagin—. Leer un libro y entregarnos a él es mantener viva nuestra propia humanidad.»

* * *

No es ninguna casualidad que los gobiernos represivos limiten el acceso a los libros y a la información. Como ocurrió en Cuba en 1865, cuando las autoridades españolas pusieron fin a las lecturas públicas en las fábricas de habanos. Y también en el Gueto de Varsovia en el que se encontraba Helen Fagin. Los libros leídos en privado cultivan la independencia mental, lo cual es mal recibido, e incluso peligroso, cuando la cultura del exterior está dominada por la ortodoxia.

La experiencia de Chen Guangcheng, el activista ciego defensor de los derechos humanos, que se fugó de manera espectacular de la casa donde estaba bajo arresto domiciliario en China para refugiarse en la embajada estadounidense en 2012, habla del poder de leer en voz alta como medio no solo de liberar la imaginación del oyente, sino también de activar su espíritu crítico. Si este espíritu es subversivo, la responsabilidad de ello no radica en el pensador, sino en los que quieren impedirle pensar.

Chen nació[287] en 1971, y en la China rural perder la visión a causa de una fiebre significaba que no pudo recibir una educación formal. Por eso pasó los días aislado de los otros niños. El resto iban a la escuela local del partido comunista; en cambio, Chen pasaba el tiempo atrapando ranas,[288]

---

287. Chen Guangcheng, *The Barefoot Lawyer: A Blind Man's Fight for Justice and Freedom in China*, Henry Holt, Nueva York, 2015, pp. 15–17.

288. Chen, pp. 36, 39-42.

creando pistolas caseras de juguete y construyendo cometas que no veía, aunque podía notar las vibraciones producidas por el aire en la cuerda con la que las sujetaba. Su madre era analfabeta, pero su padre había aprendido los rudimentos de la lectura y la escritura justo antes de que la Revolución Cultural cerrara los colegios en 1966. En medio de los horrores y la agitación de la década siguiente,[289] los jóvenes Guardias Rojos saquearon bibliotecas y templos, rompiendo y quemando libros y antigüedades. Maltrataron brutalmente y trasladaron por la fuerza a vivir en el campo a los intelectuales, a quienes habían sido ricos y a los insuficientemente entusiastas en una campaña no autorizada por el Estado para extirpar de la vida cotidiana los «Cuatro Antiguos»: ideas antiguas, costumbres antiguas, hábitos antiguos y cultura antigua.

La fiebre pasaría, pero, aunque la sociedad china estuviera sacudida por las secuelas de la revolución, el padre de Chen Guangcheng seguía haciendo algo extraordinario. Silenciosamente, cada noche, le leía libros a su hijo ciego. En las lecturas diarias le presentaba ideas antiguas, costumbres antiguas, hábitos antiguos y cultura antigua.

«Mi padre y yo nos sentábamos debajo de la lámpara de queroseno[290] y él me leía en voz alta *El abogado descalzo*, pronunciando las palabras con un ritmo pausado, con su voz áspera y grave», recuerda Chen. Su colección de libros abarcaba desde cuentos populares hasta historia y obras clásicas chinas. Padre e hijo leyeron *La investidura de los dioses*, una novela del siglo dieciséis, así como *El sueño de la cámara roja* (un libro prohibido durante la Revolución Cultural), una trágica y larga historia de amor del siglo dieciocho; y también leyeron *El romance de los tres reinos*, una novela épica china del siglo catorce prohibida también por las autoridades por fomentar la mitología.

Hora tras hora, en algunas ocasiones sentado con la espalda erguida y en otras tumbado junto a su padre en una cama estrecha, Chen le es-

---

289. Stanley Karnow, *Mao and China: A Legacy of Turmoil,* Penguin, Nueva York, 1990, pp. 191–199.

290. Chen, *Barefoot Lawyer,* pp. 43-45.

cuchaba. «Los relatos que me leía[291] mi padre me servían para contrarrestar la narrativa oficial del partido y la propaganda habitual», escribe.

Igual de importante fue el hecho de que los relatos que me leía mi padre y las discusiones que manteníamos sobre nuestras lecturas me proporcionaron una educación ética natural. Esta situación me ofreció un marco con el que entender mi experiencia de niño discapacitado. Los relatos que oía de pequeño me permitían imaginarme en la situación de los personajes, plantearme cómo reaccionaría yo ante unas dificultades parecidas, elegir mis propias respuestas y compararlas luego con la forma en que ellos reaccionaban.

La historia china está llena de ejemplos de una superación desamparada ante las adversidades gracias al ingenio y la audacia. Pese a carecer de la educación convencional de mis compañeros, mi situación también me permitió evitar la propaganda que formaba parte del sistema educativo del partido. En su lugar, los relatos de mi padre fueron mis textos fundamentales en lo que todo lo demás se apoyaba, desde los valores morales hasta la historia y la literatura, y además me proporcionaron una hoja de ruta para la vida cotidiana.

Constituye un testimonio brillante de la dedicación de su afectuoso padre y de la excelencia de los *Cinco* Antiguos: ideas antiguas, costumbres antiguas, hábitos antiguos, cultura antigua y la práctica antigua de leer en voz alta.

Dondequiera que haya niños en la etapa escolar, se merecen saber lo que forma parte de la creación de su mundo. Tienen derecho a disfrutar de las riquezas que la historia y la cultura les han legado.

Al leerles libros en voz alta estamos ayudando a que esto ocurra.

---

291. Chen, entrevista realizada por la autora, 17 de mayo de 2017.

7

Leer en voz alta enriquece la mente

«Los chiquillos, como se puede ver, las niñas bonitas en especial,
las candorosas sin doblez que desconocen los peligros de la vida,
no deben detenerse a hablar con los desconocidos.
Si no prestan oídos a este simple consejo, no resultará causa
de extrañeza ver que muchas del lobo serán la presa.»

Charles Perrault, *Cuentos de Mamá Ganso*

«Casi nunca lo mostramos[292] porque es muy frágil», me comentó Christine Nelson, la directora de la Biblioteca Morgan de Nueva York. Estaba sentada frente a ella, en su despacho. Sacó una cajita azul marino y abrió la tapa. La cajita contenía, encuadernado con un reluciente cuero rojo repujado con oro, el ejemplar superviviente más antiguo de los cuentos de hadas de Charles Perrault. Este hermoso volumen[293] se había creado en 1695 como un regalo para la sobrina adolescente de Luís xiv, una joven conocida como «Mademoiselle».

El frontispicio reveló una pequeña y encantadora pintura. Una mujer de rostro corriente con una cofia de lino y un vestido rústico apare-

---

292. Christine Nelson, entrevista realizada por la autora, 5 de octubre de 2016.

293. El manuscrito de Perrault aparece en http://www.themorgan.org/collection/charles-perrault/manuscript

ce sentada delante de una chimenea con un huso de hilar lana en la mano. Parece estar contándoles un cuento a tres niñas elegantemente vestidas, y una está inclinada hacia delante, deseosa de escucharlo, tocando las rodillas de la narradora. Hecho un ovillo junto al fuego, un gatito regordete también lo escucha. En la puerta de madera que hay detrás del soporte del huso, aparece un letrero que reza: «*Contes de Ma Mére l'Oye*».

¡*Cuentos de Mamá Ganso!* Más de tres siglos atrás, una mano esmerada (probablemente la de Pierre, el hijo de Perrault)[294] había mojado una pluma en el tintero y escrito a mano, con hermosas letras cursivas, el título de la primera colección conocida del mundo de cuentos de hadas. Ahora las páginas del libro, frágiles y crujientes, estaban moteadas con manchas provocadas por el paso del tiempo.

Me encontraba en un despacho de un edificio moderno de oficinas desde el que se oía el ruido de los camiones y los coches circulando por la cercana Avenida Madison, y durante la fracción de un segundo el libro que tenía ante mí pareció convertirse en una puerta de entrada, como el armario que lleva a la tierra mágica de Narnia o los objetos mágicos de Hogwarts que me conducirían al pasado. Me cruzó por la cabeza la fugaz idea de que, si tocaba la página del libro de cuentos, viajaría de golpe al lugar de sedas y espejos y la niña riendo, y que si entrecerraba los ojos o ladeaba la cabeza en el ángulo correcto podría adentrarme más todavía en los relatos y salir al otro lado, a las vagas costumbres y valores indoeuropeos donde empiezan los cuentos. Fue la sensación que tuve por un instante y sé que no era más que una fantasía, pero los cuentos recopilados por Perrault han tenido repercusiones culturales tan enormes que me sentí aturdida de emoción por la oportunidad de estar tan cerca del primer ejemplar de *Mamá Ganso*.

Charles Perrault es reconocido como el creador de la tradición literaria de los cuentos de hadas, pero, naturalmente, los cuentos que pre-

---

294. CORSAIR, catálogo *online* de la Biblioteca y Museo Morgan, consultado el 10 de abril de 2018, http://corsair.themorgan.org/cgi-bin/Pwebrecon.cgi?BBID=143572

senta no eran suyos. Procedían de un lejano pasado imposible de rastrear, desde donde, transmitidos de boca en boca, se abrieron camino al futuro, el momento en que Perrault recogió las palabras del aire y las escribió en papel. Él y otros recopiladores de relatos y folcloristas que existieron a lo largo de los siglos y por todas las partes del mundo, personas emprendedoras como Marie-Catherine d'Aulnoy, Wilhelm y Jacob Grimm, Andrew Lang, Moltke Moe, Lafcadio Hearn, Charles Chesnutt, W. E. B. Du Bois y muchas otras, han conservado bibliotecas inmensas procedentes de «la red dorada de la tradición oral»[295] que de lo contrario se habrían perdido. Sin sus esfuerzos no habríamos heredado la riqueza de relatos, canciones y leyendas de las que disponemos en la actualidad en la era digital.

Mientras pensaba en todo esto, Christine Nelson pasó la página y vi la versión de Perrault de «Le Petit Chaperon rouge», *Caperucita Roja,* un cuento tan antiguo que los especialistas han descubierto que algunos de sus elementos proceden de la Grecia clásica y del mito del titán Cronos devorador de niños. Según Bruno Bettelheim,[296] el cuento se ha narrado en Francia de diversas formas al menos desde el siglo once. Menciona un cuento de aquella época escrito en latín que trata de una niña con un velo o un gorro rojo a la que se la descubre en compañía de lobos.

En la edición de Perrault de la Biblioteca Morgan, el cuento de *Caperucita Roja* se inicia con otra perfecta pequeña pintura exquisita. En la escena aparece una mujer reclinada en una cama. Se acaba de incorporar y parece estar casi dándole la bienvenida a un perro enorme erguido. Las patas delanteras del animal están apoyadas sobre la colcha carmesí de la cama. Sus cuartos traseros quedan ocultos bajo su pelaje dorado. Por supuesto, no es un perro, sino un malvado

---

295. Esta frase la pronunció William Wells Newall, un folclorista estadounidense, y se cita en las páginas iniciales de *The Annotated African American Folktales* de Henry Louis Gates Jr. y Maria Tatar, W. W. Norton, Nueva York, 2018.

296. Bruno Bettelheim, *The Uses of Enchantment: The Meaning and Importance of Fairy Tales,* Vintage Books, Nueva York, 2010, p. 168.

lobo: el artista ha capturado el momento de la destrucción de la abuela.[297]

Debajo de la imagen aparece el título del cuento escrito en francés en unas delicadas letras cursivas. Casi al final del relato, el escribano ha marcado con tinta un asterisco al lado de las famosa frases del diálogo: «¡Qué dientes más grandes tienes!» y «Son para comerte mejor». Unas letras diminutas escritas a mano en el margen le indican al lector: «On prononce ces mots d'une voix forte pour faire peur à l'enfant comme si le loup l'alloit manger» («Pronunciar estas palabras con voz enérgica para asustar al niño como si el lobo se lo fuera a comer»). Se sabe por este detalle que Perrault no creó esta exquisita colección de cuentos para el disfrute privado. Esperaba que Mademoiselle leyera los cuentos en voz alta.

* * *

«Si queréis que vuestros hijos sean inteligentes,[298] leedles cuentos de hadas. Si queréis que lo sean más aún, leedles más cuentos de hadas», aconsejó Albert Einstein. No sé si el gran físico teórico hizo realmente esta observación, y tampoco puedo prometer que la lectura de cuentos de hadas haga subir el coeficiente intelectual de nuestros hijos, pero es innegable que esos extraños dramas repletos de riesgos, terror, lealtad y recompensas remueven la sangre y cautivan el corazón. Para C. S. Lewis, el tiempo dedicado a lo que él llamaba «el país de las hadas» hace que los niños «anhelen algo[299] que no saben exactamente lo que es. Les sugiere y

---

297. En mi opinión, la pintura diminuta que aparece en https://www.themorgan.org/collection/charles-perrault/manuscript, muestra a la abuela justo antes de que el lobo se la coma. Después de todo, la abuela es el único personaje del cuento a la que pillan en la cama. Aunque lo más desconcertante es que la mujer de la imagen lleva una capucha roja en la cabeza, por lo que tal vez podría tratarse de Caperucita Roja en lugar de su abuela.

298. Desprendiendo un afable escepticismo, Stephanie Winick analiza la famosa cita en «Einstein's Folklore», *Library of Congress Folklife Today*, 18 de diciembre de 2013, https://blogs.loc.gov/folklife/2013/12/einsteins-folklore/

299. C. S. Lewis, «On Three Ways of Writing for Children», en *Of Other Worlds*, Houghton Mifflin Harcourt, Nueva York, 2002, pp. 29–30.

despierta en ellos (enriqueciéndolos para toda la vida) la vaga sensación de algo fuera de su alcance que, lejos de producir una sensación de aburrimiento o de vacío en el mundo moderno, les da una nueva dimensión en profundidad. No desprecian los bosques reales porque han leído acerca de los bosques encantados. Los cuentos de hadas leídos en voz alta hacen que todos los bosques reales estén un poco encantados para ellos».

Las lecturas también hacen algo más. Sitúan a los niños en un contexto cultural, equipándolos para entender las referencias de los cuentos de hadas y de otros cuentos clásicos que encontrarán a su alrededor. Cuando les leemos *Hansel y Gretel, El pescador y su mujer* o *El gato con botas,* estamos a la vez transportando con nuestra voz a nuestros hijos a otros lugares y conectándolos con textos fundamentales. Por esta razón, el tiempo que pasamos leyéndoselos puede compararse a una segunda educación que les ayuda a «abrir nuevos horizontes»,[300] en palabras del lingüista John McWhorter. Lo que les estamos dando no es una educación pura y dura, sino que les introducimos en las artes y la literatura a través de un medio tan tranquilo e impecable que puede que ni siquiera lo noten.

Podemos enriquecer su mente con cosas excéntricas, imágenes bellas y retazos útiles de conocimientos generales. Podemos presentarles un mundo de personajes peculiares y famosos: Alí Babá y los cuarenta ladrones, el Dragón Natilla, el osito Corduroy, Strega Nona y el Granjero en la Cañada; el Sheriff de Nottingham y el Conejo de Felpa; y también a Baba Yaga en su cabaña con patas de gallina, el niño que gritaba que viene el lobo, Apolo y Artemisa, Dédalo e Ícaro, Coraline, el ratón Despereaux, el Conejo Fugitivo, los dioses bromistas Loki y Anansi y el Gato Ensombrerado.

---

300. John McWhorter hizo esta observación refiriéndose a los estudiantes universitarios tentados a retirarse en «espacios seguros» y no con relación a los niños que aún viven con sus padres y escuchan los relatos que estos les leen. He adoptado esta observación porque es elegante y encaja en el contexto: ¡nunca es demasiado pronto para que un niño ensanche los horizontes! Para un análisis exhaustivo de McWhorter, véase Conor Friedersdorf, «A Columbia Professor's Critique of Campus Politics», *Atlantic,* 30 de junio de 2017, https://www.theatlantic.com/politics/archive/2017/06/a-columbia-professors-critique-of-campus-politics/532335/

Podemos ofrecerles lo que en realidad ya les pertenece. Los libros y las ilustraciones de todo el mundo son, al fin y al cabo, la propiedad heredada de todos los niños. Constituyen el patrimonio natural de todos los niños y las niñas en cuanto aspiran su primera bocanada de aire. Las canciones de cuna, los cuentos de hadas, las leyendas, los mitos, la poesía, las pinturas, las esculturas, el gran conjunto de obras clásicas, la abundancia de libros nuevos y de los que se publicarán en el futuro, tanto si van dirigidos al público infantil como al adulto, todas estas cosas les pertenecen tanto a los jóvenes e ignorantes como a los viejos y eruditos. Cuando Junot Diaz, un escritor dominicano, era niño, la bibliotecaria de la escuela primaria estadounidense en la que estudiaba le mostró las pilas de libros y le dijo, contó Diaz años más tarde, que «todos los libros de las estanterías eran míos».[301] Fue un momento que se le quedó grabado para siempre. Es un mensaje que todos los niños necesitan oír.

Ser propietario de algo y tomar posesión de ello son dos cosas distintas. Un niño puede tener tantos derechos al poema épico anglosajón *Beowulf* como el especialista que consagra su vida entera al estudio del inglés antiguo. Sin embargo, a no ser que el niño conozca al héroe Beowulf, al monstruo Grendel y a la espantosa madre de este, no se puede decir que haya tomado posesión de lo que le pertenece. Pero si su madre le lee la traducción de *Beowulf* por la noche (si se atreve, ya que es un poema bastante sangriento), su hijo poseerá por entero lo suyo. Los personajes, las escenas y el lenguaje del libro se volverán parte de su paisaje interior. Las cualidades místicas de la novela añadirán sublimidad a su experiencia de la vida.

Cuantos más relatos escuchen los niños y cuanto más variados y sustanciosos sean, más grande será el patrimonio cultural con el que contarán. Reconocerán alusiones que otros niños no captarán. Una niña a la que le hayan leído las fábulas de Esopo o de Jean de la Fontaine sabrá con claridad lo que significa que «las uvas están verdes», y también entenderá

---

301. Claire Kirch, «Junot Díaz Urges Booksellers to Walk the Talk on Diversity», *Publishers Weekly*, 25 de enero de 2018.

por qué comparamos la laboriosidad de las hormigas y de los saltamontes con la productividad. Un niño que haya escuchado *La Odisea* narrada por sus padres tiene una idea de lo que es el «canto de las sirenas», a diferencia de su amigo, que cree que se refiere a una alarma sonando.

Los relatos de antaño nos han ayudado a enmarcar el conocimiento y el lenguaje del presente, y es un regalo para los niños ayudarles a reconocer tantas alusiones como les sea posible. La leche de la bondad humana, el pinchazo del huso, el lobo con piel de cordero, el mar del color del vino, todas ellas son expresiones de un inmenso tesoro cultural.

«Todos venimos del pasado,[302] y los niños deben conocer los eventos de la historia que condujeron a su propia existencia, ser conscientes de que la vida es la cuerda trenzada de la humanidad cuyo inicio se remonta a un lejano pasado y que no puede definirse por la duración de una sola jornada desde los pañales hasta la muerte», escribe Russell Baker en *Growing Up*, su maravillosa autobiografía.

Los niños alcanzan una perspectiva más amplia cuando los empujan con suavidad para que salgan del aquí y el ahora un rato cada día. En la hora mágica, podemos leerles relatos de un pasado real e imaginado. Las biografías ilustradas nos sirven para presentarles a las personas que queremos que conozcan: Josephine Baker y Amelia Earhart, Julio César y Marco Polo, Martin Luther King Jr. y Wolfgang Amadeus Mozart, George Patton y Shaka Zulu, Pocahontas, Frida Kahlo, Edward Hopper, William Shackleton, el pequeño salvaje de Aveyron[303] y los terribles Tudor.[304]

Con un poco de suerte, nuestros hijos verán que las personas de generaciones anteriores a la suya estaban llenas de vida, inteligencia, sabiduría y logros tal como eran, y que se sentían motivadas por los mismos deseos e impulsos que ellos no acaban de entender. Que esas almas que

---

302. Russell Baker, *Growing Up*, Plume, Nueva York, 1982, p. 8.

303. Mary Losure, *Wild Boy: The Real Life of the Savage of Aveyron*, Candlewick, Cambridge, Massachusetts, 2013.

304. Terry Deary, *Terrible Tudors and Slimy Stuarts*, Scholastic, Nueva York, 2009.

partieron fueron tan buenas, malas e indiferentes como las que pueblan el planeta. Los que vinieron a este mundo antes que nosotros crearon relatos y canciones, construyeron carreteras y puentes, inventaron, crearon, discutieron, lucharon y se sacrificaron por todo tipo de causas. ¿Acaso no debemos estarles agradecidos? Sin ellos no estaríamos aquí.

Los niños tienden a creer, de forma vaga, que los acontecimientos empezaron cuando ellos llegaron a este mundo. De niña me contaron que al presidente Kennedy lo asesinaron en 1963. Me parecía como si la tragedia coincidiera, más o menos, con el final de la Guerra de Secesión. Cuando eres joven, las décadas se confunden. Solo años más tarde acabé comprendiendo que el presidente Kennedy murió seis meses antes de que yo naciera, y que yo había llegado a un mundo impactado por su partida.

Y así siguen las cosas. Los jóvenes están distraídos. Se ven a sí mismos como algo fresco, llenos de energía, fuerza y visión. Sienten que a nadie le ha importado algo tanto como a ellos, con semejante intensidad, o que nadie ha visto la verdad con una claridad tan diáfana. Se preparan para un futuro único en su grandeza y significado. La juventud quizá no tenga idea de que está rodeada de espíritus, instruida por espíritus, subida a hombros de espíritus. Cuando leemos en voz alta libros del pasado —y cualquier obra es literatura del pasado— y cuando compartimos tradiciones artísticas, no solo les estamos ofreciendo a nuestros hijos relatos e ilustraciones con los que disfrutar, sino que además estamos trayendo a su vida una dosis de humildad, corrigiendo la eterna tentación de dejarse llevar por la arrogancia.

* * *

«La tradición es para la comunidad[305] lo que los recuerdos son para los individuos —dijo John O'Donohue, poeta irlandés y místico celta—. Y

---

305. John O'Donohue, «The Inner Landscape of Beauty», entrevista realizada por Krista Tippett, *On Being*, NPR, retransmisión, 6 de agosto de 2015, https://onbeing.org/programs/john-odonohue-the-inner-landscape-of-beauty

si perdemos la memoria, al despertarnos por la mañana no sabremos dónde estamos, quiénes somos ni cuáles son nuestras raíces. Y cuando perdemos nuestra tradición, nos ocurre lo mismo.»

Pero ¿qué tradición? Bueno, depende. La cultura es un concepto complicado, y lo que la conforma depende de dónde y en qué época viva una persona. En la actualidad, la educación informal de un niño estadounidense sigue empezando con nanas y canciones infantiles. Muchas de las cancioncillas y de los versos más conocidos[306] se remontan a siglos pasados, y sus orígenes se consideran oscuros. Parece un tanto misterioso cómo han podido perdurar hasta el día de hoy. ¿Quién es Salomon Grundy para nosotros, el personaje que aparece en las canciones de cuna? ¿Por qué tendría que importarnos? Y sin embargo nos importan, porque como referentes culturales lo impregnan todo.[307]

Por ejemplo, mi querido libro *Buenas noches, luna* supone una cantidad nada desdeñable de conocimiento previo. Como recordaréis, los cuadros de la gran habitación verde muestran primero «tres ositos sentados en sus sillitas». Esta imagen se refiere al cuento de *Ricitos de oro y los tres osos*, y el segundo, el de «una vaca saltando sobre la luna», hace referencia a la canción de cuna: «Hola, Diddle, Diddle».

El descubrimiento de estas canciones fundamentales funciona en ambos sentidos. Un niño que descubra *Buenas noches, luna* sin conocer una canción de cuna puede más tarde pensar, al encontrarse con la colección de cuentos de Mamá Ganso: Me parece que he visto una vaca saltando sobre la luna en alguna otra parte. Pero si solo conoce el libro de *Buenas noches, luna* y nunca ha escuchado la canción de cuna «Hola, Diddle, Diddle», la vaca saltando sobre la luna será una idea desconectada sin ninguna repercusión más profunda. En cambio, el niño que conoce la vaca de la nana y que luego ve la referencia en *Buenas noches, luna* se iden-

---

306. Katherine Elwes Thomas, *The Real Personages of Mother Goose*, Lee & Shepard, Lothrop, Boston, 1930.

307. Mary Roche presenta una buena descripción del fenómeno de la «intertextualidad», o las referencias cruzadas de relatos e ideas, en *Developing Children's Critical Thinking*, pp. 93–95.

tificará incluso con más intensidad con el conejito de la gran habitación verde. ¡Vaya, conoce las mismas historias y canciones de cuna que yo!

De esta manera, las alusiones culturales se entrelazan y se autorrefuerzan y, como ocurre con el nuevo vocabulario, cuántas más conozcan los niños, más captarán al vuelo.

Sirve de ayuda que a los niños les encanta el peculiar sonido y ritmo de las palabras rimadas. Puede que no les importen los personajes de Humpty Dumpty, la señorita Muffet o la anciana Hubbard, pero a la mayoría de pequeñuelos los ritmos pegadizos de las canciones de cuna les parecen irresistibles. (Guardo un vaguísimo recuerdo de mi madre cantándome «Arre caballito, vamos a Banbury Cross». Sentada yo a horcajadas sobre sus rodillas y sosteniéndome de las manos, me hacía el caballito igual que su madre se lo había hecho a ella. Cuando llegaba a la crucial frase «y estará rodeada de música dondequiera que vaya», fingía dejarme caer de sus rodillas, y yo chillaba. Lo recordé de golpe cuando la vi haciendo lo mismo con mi hija Molly. Y ella probablemente lo haga un día con los suyos.)

Divertidas de cantar y culturalmente arraigadoras, las canciones de cuna también son una estupenda puerta de entrada al lenguaje.[308] La neurobióloga Maryanne Wolf y otros expertos creen que la exposición a estos poemas tradicionales ayuda a los bebés a captar mejor los sonidos más pequeños de las palabras, conocidos como fonemas. «En la nana inglesa "Hickory, dickory dock a mouse ran up the clock" [en español un ejemplo fonético similar lo ilustra la rima «Pablito clavó un clavito, un clavito clavó Pablito»] y en otras canciones de cuna pueden encontrarse una serie de ayudas potenciales para reconocer los sonidos: aliteraciones, asonancias, rimas, repeticiones. Los sonidos aliterativos y que riman le enseñan al tierno oído que algunas palabras se parecen al escucharlas, porque comparten el primero o el último sonido», escribe Maryanne Wolf en *Proust and the Squid*.

---

308. Esta cuestión se ha señalado en numerosas ocasiones como, por ejemplo, en Dickinson *et al.*, «How Reading Books Fosters Language Development», p. 2.

Mem Fox, escritora, ilustradora y defensora a ultranza de la lectura en voz alta, coincide en ello. «La rima rítmica y la repetición en aquellos divertidísimos poemas pulsaron un interruptor en su cabecita, y de repente fue capaz de encontrar un sentido a la palabra impresa»,[309] señala en *Leer como por arte de magia*. «Cuando los niños han atesorado un sinnúmero de modelos rítmicos, disponen de un colosal almacén de información para ayudarles en la tarea de aprender a leer, un precioso banco de lenguaje: palabras, frases, estructuras y gramática.»

Así que empezamos con canciones de cuna y se las leemos una y otra vez, tal vez improvisando melodías o leyéndoles versiones en inglés, francés o en otro idioma para divertirnos. Después llegan los cuentos populares y los cuentos de hadas.

Los cuentos de hadas son tan ricos y extraños, tan fantásticamente creativos, que todas las narraciones, todas las versiones de los relatos, todas las nuevas versiones siguientes y toda la erudición y la exégesis que conllevan podrían llenar la Selva Negra, o quizás el Sahara, ya que en realidad aparecen en cada rincón del planeta. Por ejemplo, variantes de *La bella y la bestia*,[310] con el cortejo y la pareja formada por una belleza humana y un animal o monstruo carismático, se encuentran en la cultura zulú y en la de los indios americanos, en Bolivia, en Birmania, en Irán, en India, en Rusia, en Japón, en Ghana y en cualquier otra parte del mundo.

¿Por qué esos relatos siguen con nosotros y por qué, como las canciones de cuna, continúan siendo importantes en nuestra vida? Este misterio forma parte del atractivo de esas ubicuas y antiguas obras de arte. Nos dejan horrorizados por su crueldad y también nos extasían por su belleza. Nos sacuden y sorprenden. La neutralidad de sus personajes[311] («el tercer hermano», «la reina» o «Jack») le permite a cualquier persona asumir los papeles que desempeñan en su imaginación.

---

309. Fox, *Leer como por arte de magia*, Paidós, Barcelona, 2003, p. 95.

310. Tatar, *La bella y la bestia*.

311. Bettelheim, *Uses of Enchantment*, p. 40.

En los cuentos de hadas también está codificada una cierta cantidad de sabiduría filosófica y práctica, como observó Vigen Guroian. Sin duda, es fácil ver los preceptos morales en *Caperucita roja*. Perrault los concreta en la inquietante connotación sexual de su versión del cuento. Después de devorar a la abuela y de suplantarla en la cama, el lobo le pide a Caperucita Roja cuando llega a la casa que se desnude y se meta con él en la cama. Ella lo hace y esto supone su ruina. Por si no captamos la metáfora, Perrault nos lo dice con claridad en la segunda mitad de la moraleja de la historia (la primera aparece al inicio de este capítulo):

Y presta atención a esta advertencia:
pues no todos los lobos tienen esta apariencia.
Las palabras melosas de un joven de piel suave
pueden esconder una naturaleza cruel y lobuna.
Esos individuos silenciosos, pese a sus encantos,
son los causantes a veces del peor de los quebrantos.

Vista desde esta perspectiva de la moraleja, *Caperucita Roja* parece venir de una larga línea de padres que se remontan a un lejano pasado y que nos han estado advirtiendo, una generación tras otra: «¡Ten cuidado! ¡No te fíes de las dulces palabras de un desconocido!»

Bruno Bettelheim, en *The Uses of Enchantment*, sostiene que los cuentos de hadas les permiten a los niños acceder a la silenciosa sabiduría de todos los tiempos. «Esos cuentos son los generadores de las profundas percepciones interiores[312] que han sustentado a los seres humanos en las largas vicisitudes de su existencia, una herencia que no se revela a los niños de una manera tan simple y directa, o tan accesible, en ninguna otra forma».

Los viajes imaginarios que los niños emprenden a cabañas y castillos y a través de bosques oscuros, los encuentros que viven con héroes, gnomos, gigantes, caníbales, animales parlantes, hadas que conceden deseos,

---

312. Bettelheim, p. 26.

brujas, lobos y cazadores armados con cuchillos espantosos y relucientes, todo esto les llega, afirma Bettelheim, como «vivencias prodigiosas,[313] porque los niños se sienten en el fondo de su ser entendidos y apreciados en cuanto a sus sentimientos, esperanzas y miedos, sin verse obligados a sacarlos y analizarlos bajo la dura luz de una racionalidad que aún está fuera de su alcance. Los cuentos de hadas les enriquecen la vida y les dan una cualidad mágica, pues no saben exactamente cómo les han producido unos efectos tan maravillosos».

Con los mitos y leyendas ocurre algo parecido. Orfeo, Ariadna y el Minotauro son más singulares como individuos que los personajes indiferenciados y flexibles de los cuentos de hadas. Sin embargo, sus luchas y dilemas revelan aspectos universales de la vida y de la naturaleza humana que los niños reconocerán de esa manera vaga y medio oculta. Leer en voz alta relatos de griegos, celtas, persas, romanos o vikingos ayuda a crear una base intelectual hecha de sentido y sensibilidad, de razón y conocimiento. Los niños viven los relatos como acontecimientos emocionales, aunque estén absorbiendo y almacenando referencias culturales importantes.

En cuanto empiezan a hacerlo, siguen adquiriendo más. De este modo, el lenguaje, los relatos y las imágenes de los años tempranos van creándoles un andamiaje imaginativo. Al estar expuestos a una gran variedad de imágenes y relatos, el andamiaje se vuelve más robusto e importante. Con el paso de los años se convierte en una especie de biblioteca de consulta interior totalmente equipada con elementos peculiares e interesantes.

* * *

Cuando en 1943 Antoine de Saint-Exupéry publicó *El principito,* un crítico literario describió los efectos de la obra de un modo asombroso y premonitorio. El libro, escribió el crítico, «brillará entre los niños con

---

313. Bettelheim, p. 19.

una luz indirecta.[314] Les impactará en un lugar de su ser que no es la mente, y allí resplandecerá hasta que llegue el momento en que sean capaces de comprenderlo». El crítico era P. L. Travers, el autor de *Mary Poppins*, que conocía una o dos cosas sobre el simbolismo y las emociones sumergidas.

El fenómeno que Travers describió es, en algunos aspectos, la fuente de la magia resonadora de la mejor literatura infantil. Cuando somos adultos, podemos evocar los libros que nos encantaban de niños y recordar las ilustraciones o los relatos (o los pasajes de los relatos) que significaron algo para nosotros, aunque no nos acordemos demasiado de la intensidad de nuestra primera respuesta. Pero ¿por qué fue importante en aquella época de nuestra vida? Aquí radica el misterio. Como el gran Robert Lawson observó en una ocasión: «Nadie puede posiblemente saber qué diminuto detalle[315] de una ilustración o qué frase trivial en apariencia del relato será la chispa que creará el gran destello en la mente de un niño, el descubrimiento que dejará un resplandor que perdurará en su ser hasta el día que muera».

Es cierto. No sabemos cuándo se dará el destello o qué será lo que encenderá la chispa, pero podemos animar este proceso incendiario al elegir de forma deliberada, atrevida y sofisticada los libros que compartimos con nuestros hijos.

* * *

En el pasado, un niño tenía tal vez que esperar ir a la escuela secundaria para encontrar clásicos de literatura para adultos e imágenes de obras

---

314. La reseña de P. L. Travers de 1943 se publicó en el *New York Herald Tribune* y se exhibió en una exposición sobre ilustraciones de Saint-Exupéry en 2014, en la Biblioteca y Museo Morgan. Aparece al final del artículo «70 Years on, Magic Concocted in Exile» de Edward Rothstein, *New York Times*, 23 de enero de 2014. También se publicó, junto con otras reseñas contemporáneas, en «A Children's Fable for Adults: Saint-Exupéry's *The Little Prince*», el artículo de Dan Sheehan, *Literary Hub*, 31 de julio de 2017, http://bookmarks. reviews/a-childrens-fable-for-adultsantoine-de-saint-exuperys-the-little-prince/

315. Citado en Tatar, *Enchanted Hunters*, p. 27.

maestras de arte. Pero ahora, los libros acartonados para prelectores nos permiten llevar esos títulos con ilustraciones a la guardería, dejar que los bebés los muerdan y, si tenemos suerte, que también absorban el contenido de otras formas. Los libros para bebés de Jennifer Adams ilustrados por Alison Oliver se valen de los títulos y los personajes de grandes novelas como puntos de partida para enseñar los colores, las distintas clases de objetos y otros conceptos. En la colección Cozy Classics, Holman Wang y Jack Wang se acercan lo máximo posible a los relatos originales al condensar en grado sumo novelas como *Guerra y paz*, *Las aventuras de Tom Sawyer* y *Los miserables*, e ilustrarlas además con fotos de cuadros de muñecos de peluche. De este modo albergan la esperanza de que estas recreaciones de clásicos despierten en su público infantil asociaciones tan cálidas y positivas que deseen leer las novelas para adultos cuando crezcan.

Conocí a Jack Wang en un café cerca de la Universidad de Ithaca en el norte del estado de Nueva York, donde enseña inglés. «Creemos que el problema estriba en que los clásicos[316] se consideran como algo propio del mundo académico, y la gente solo los ve como algo que hay que estudiar a fondo y les intimida leerlos —afirmó—. Temen disfrutar de la lectura, que es para lo que en primer lugar se escribieron, ¿no? Son realmente obras fascinantes que han perdurado a lo largo del tiempo por narrar una gran historia».

En la colección Cozy Classics, las grandes novelas se han condensado hasta la extensión de tira cómica. Por ejemplo, en la versión de los hermanos Wang, *Moby Dick* se reduce a las siguientes palabras del texto original: marinero, barco, capitán, pierna, loco, navegar, descubrir, ballena, cazar, chocar, hundirse, flotar. Pese a no haber incluido una buena cantidad de palabras de la novela original, 206.040 para ser exactos, transmite lo esencial y parte del drama, así como el humor, del texto original de Melville.

«La cuestión es que estos clásicos nos pertenecen a todos —comentó Wang—. Forman parte del canon occidental, pero todo el mundo puede

---

316. Jack Wang, entrevista realizada por la autora, 25 de abril de 2016.

sentir que son suyos porque son grandes historias humanas. Quiero que mis hijos conozcan estos relatos, pues también forman parte de su herencia cultural.»

* * *

Las culturas no se componen simplemente de arte y libros, sino, además, también de actitudes, prácticas y valores. Las cosas que decimos cuando les hablamos a nuestros hijos sobre los relatos y las ilustraciones, los énfasis que ponemos y los pasajes que nos saltamos les indican en cierto modo *cómo* vemos el mundo. Un libro ilustrado sin texto proporcionó a un equipo de investigadores[317] de la Universidad de Nueva York una visión fascinante de cómo los padres pueden difundir normas culturales cuando les leen libros a sus hijos. En un estudio de 2015, los investigadores grabaron un vídeo de madres dominicanas, mexicanas y afroamericanas compartiendo con sus hijos pequeños el libro *Rana, ¿dónde estás?* de Mercer Mayer. Basándose en las observaciones similares de las madres blancas latinas y chinas, los investigadores compararon cómo los progenitores de distintos entornos impregnaban el relato con sus propias prioridades.

«Descubrimos que las madres elaboraban distintas historias, y que estas se alineaban con sus expectativas y con los énfasis que ponían en lo que es importante saber y aprender en la vida —me refirió Catherine Tamis-LeMonda—. Las madres chinas tendían,[318] cuando les leían libros a sus hijos o les contaban cuentos, a hablar largo y tendido de lecciones morales, de reglas sociales y de lo que uno debe o no hacer. Les decían cosas como: "¡Vaya, el niño ha tocado el panal de abejas! No debería haberlo hecho. Las abejas podrían salir del panal y hacerle daño, ¡tú no lo hagas nunca!" Aprovechaban el cuento para hacer hincapié en re-

---

317. Yana Kuchirko, Catherine S. Tamis-LeMonda, Rufan Luo, Eva Liang, «"What Happened Next?": Developmental Changes in Mothers' Questions to Children», *Journal of Early Childhood Literacy 16*, 17 de agosto de 2015, https://doi.org/10/1177/1468798415598822

318. Tamis-LeMonda, entrevista.

glas y obligaciones. Las madres latinas lo usaban para hablar más de las emociones y de cómo las personas se sentían. Y las afroamericanas, para hablar de metas y del gran esfuerzo que le exige al niño dar con la rana, aunque persevera hasta encontrarla, haciendo hincapié en la tenacidad individual y en trabajar duro.»

Ningún niño es una isla, parafraseando a John Donne. Los niños tienen familias. Son el trenzado más reciente en la cuerda de la humanidad, y es acertado y maravilloso que conozcan algo que sus padres y abuelos valoran, al mismo tiempo que tienen acceso a las obras clásicas de la imaginación humana que nos pertenecen a todos.

La cultura contemporánea sabe cuidar de sí misma. Es inquieta y ruidosa, y las vidas de la mayoría de niños están llenas de ella. Los medios de comunicación electrónicos se ocupan de mantenerlos al día. Cuando los padres les leen obras clásicas que llevan mucho tiempo siendo amadas, y comparten los relatos que les ayudan a expresar lo que quieren que sus hijos sepan del mundo, les están ayudando a descubrir narraciones e imágenes poderosas que nunca encontrarían en un programa infantil de televisión o en Instagram.

* * *

«Las imágenes de las cosas se nos quedan grabadas en la mente», dijo el humanista del Renacimiento Leon Battista Alberti. ¿Y quién lo pone en duda? Aquello que miramos determina lo que vemos, y lo que vemos —realmente— se convierte en parte de nuestro museo interior de imágenes y referencias, una colección mental que para la mayoría de nosotros no está demasiado organizada al haberla adquirido de manera fortuita.

Tenemos la oportunidad de mostrarles a los niños arte e ilustraciones que equiparán su mente con belleza, misterio, simetría y maravilla. El mecanismo más simple para conseguirlo es la selección de libros ilustrados que compartiremos con nuestros hijos. La belleza que encuentren en los relatos tal vez sea dulce y hogareña, como la de la escena del baño caliente del pequeño Peter después de las aventuras vividas en *Un día de nieve* de Ezra Jack Keats. O la de papá conejo arropando a sus retoños en una litera de cuatro camas en las ilustraciones de Richard Scarry en *Buenas noches, Ludovico* de Patsy Scarry. También puede ser elegante y dramática, como las suntuosas princesas de Walter Crane y los ogros oníricos de Arthur Rackham. Estos ilustradores de libros nos llegan de un periodo conocido como la Edad de Oro de la Ilustración, que abarca desde finales del siglo diecinueve hasta las primeras décadas del siglo veinte. Marcó una especie de florecimiento tardío, un renacimiento secundario relacionado con las ilustraciones y el diseño gráfico en los libros y en las revistas. Es la época que nos trajo las graciosas campesinas de Kate Greenaway, las inquietantes y mordaces caricaturas de John Tenniel y los cuadros ricos y realistas de Howard Pyle, Jessie Willcox Smith y N. C. Wyeth, cuyos retratos de piratas rubicundos y despiadados en *La isla del tesoro* representarán para siempre, para muchos entusiastas, los «caballeros de fortuna» descritos por Robert Louis Stevenson.

Un poco más tarde, en el arrebol de mediados de siglo de la Edad de Oro,[319] otros artistas extraordinarios aprovecharon sus talentos para crear ilustraciones de libros infantiles, como Eloise Wilkin con sus inocentes mofletudos, Garth Williams con sus delicados y evocadores dibujos al carboncillo y Gustaf Tenggren, cuyas líneas y colores traviesos y disparatados trajeron al mundo el personaje *Tawny, Scrawny Lion* y muchos otros. También fue el apogeo de la incomparable Margaret Wise Brown, que, pese a no ser ilustradora, creó con sus relatos oportunidades para las ilustraciones repletas de color de Clement Hurd, y las de Leonard Weisgard, con su esplendor compacto.

He mencionado estos ilustradores del siglo diecinueve y veinte porque, aunque la Edad de Oro oficial hubiera terminado, sus obras se encuentran aún con nosotros. Somos, junto con nuestros hijos, muy afortunados de poder acceder a lo mejor del pasado y a lo mejor que se está

---

319. Leonard S. Marcus, *Golden Legacy: The Story of Golden Books*, Golden Books, Nueva York, 2007.

creando hoy. Se podría decir que estamos gozando de una nueva Edad de Oro, iluminada tanto por esos artistas del pasado como por la energía de ilustradores contemporáneos como Quentin Blake, Matthew Cordell y Lauren Child; y también por la fresca genialidad de Chris Van Allsburg y Jon Klassen; por los vibrantes colores de Christian Robinson, Ana Castillo y Raúl Colón; por las líneas precisas de Erin Stead, Brian Floca y Barbara McClintock; y por las alegres acuarelas de Suzy Lee, Jerry Pinkney, Chris Raschka, Meilo So y Helen Oxenbury.

La belleza puede que esté en los ojos de quien la contempla, pero esos ojos se pueden alentar, informar y persuadir. Al igual que las madres en el estudio de la Universidad de Nueva York que aportaron cada una su comprensión cultural a un libro ilustrado sin texto, nosotros también podemos aprovechar el tiempo que pasamos con nuestros hijos mostrándoles lo que *creemos* que es bello. Además, podemos dejarles claro que las excelentes pinturas y esculturas —al igual que la poesía y las novelas— no son objetos remotos y prohibitivos del mundo moderno, sino expresiones sofisticadas de la creatividad humana que también les pertenecen.

«Establecer una conexión con el arte es formidable.[320] Cuando los niños han visto un cuadro en casa[321] y luego lo ven en persona, se vuelve suyo», dijo Amy Guglielmo, una escritora y artista que junto con Julie Appel creó Touch the Art, una colección de libros acartonados para prelectores. Cuando Amy Guglielmo era maestra de jardín de infancia, usaba muchas creaciones artísticas en sus lecciones, y llevó un día a los niños de su clase al Museo de Arte Moderno de Nueva York. Todo iba sobre ruedas hasta que entraron en una sala en particular. «Uno de los pequeños reconoció *Los tres músicos* de Picasso y *lo tocó*», me contó Guglielmo.

Los vigilantes del museo las reprendieron —algo que nunca es una experiencia agradable—, pero el deseo de aquel niño de tomar contacto

---

320. Amy Guglielmo, entrevista realizada por la autora, 16 de febrero de 2016.

321. La colección Touch the Art, publicada en un principio por la editorial Sterling, salió al mercado, al igual que la edición original de este libro, en otoño de 2019 en una edición modernizada, publicada por la editorial Orchard Books/Scholastic US, como la colección Peek-a-Boo Art.

físico con un cuadro conocido fue inspirador. Amy Guglielmo y Julie Appel decidieron crear libros que mostraran obras de arte de una gran variedad de periodos y estilos, y dotar cada página, y cada pieza, con su elemento táctil incorporado. En los libros de la colección Touch the Art, los niños pueden acariciar el pelo de la liebre de Alberto Durero, juguetear con el borde de un auténtico mantel del cuadro *Un gallo en otoño* de Romare Bearden o tirar del tutú de una bailarina de Degas.

Para ser sincera, cuesta lo suyo no tocar obras de arte, independientemente de la edad que tengamos. Hace un momento, mi hija Phoebe entró en mi estudio y al ver *Brush Mona Lisa's Hair,* uno de los libros infantiles de Touch the Art que yo tenía encima del escritorio, gritó: «¡Este me encanta!» Como hacía de pequeña, deslizó sus dedos por un mechón enmarañado del pelo de Mona Lisa, acarició la cola de lana de un caballo de Velázquez, hizo tintinear la cinta dorada elástica alrededor de la cabeza de la *Venus* de Botticelli y jugueteó con el encaje dorado que sobresalía del cuello de un tipo libertino de un cuadro de Frans Hals.

«¿Aún quieres casarte con él, mamá?», me preguntó Phoebe sonriendo, haciendo gala de una molesta memoria de elefante de adolescente. (Hace años le había confesado estar enamorada del *Caballero sonriente.*) En realidad, ella no esperaba una respuesta, pasó la página y deslizó un dedo por el pelaje que bordeaba el manto del novio en el *Retrato del matrimonio Arnolfini* de Jan van Eyck, y luego tocó la cinta del sombrero de fieltro y levantó el collar de diamantes del doble retrato de Federico da Montefeltro y Battista Sforza, su esposa, de Piero della Francesca. Después dio unos golpecitos con el dedo al pendiente de perlas del famoso retrato de Vermeer y buscó el *pop-up* que revela un as de diamantes secreto en *El tahúr* de Georges de la Tour. No le hizo caso a la última imagen, un detalle del óleo de la *Madonna Sixtina* de Rafael, ya que el tiempo y el uso habían hecho desaparecer las sedosas plumas de color rosa salmón de los dos querubines.

«Algunos libros son para saborearlos, otros para tragarlos y unos pocos para masticarlos y digerirlos», es la famosa declaración de Francis Bacon. Se cree que tiene que ver con la calidad (o no) del contenido de los libros. Pero quizá simplemente se anticipó a la masiva disponibilidad de duraderas ediciones de libros para bebés sobre arte de calidad. Esta clase de lectores *tienden* a mordisquearlos.

* * *

Los libros ilustrados son una puerta de entrada al arte. También pueden ensanchar los horizontes estéticos de un niño. Este es el objetivo explícito de los libros infantiles que exploran la historia del arte. Tienden a empezar con las pinturas rupestres prehistóricas y a terminar con el expresionismo abstracto moderno. *Mirar con lupa. Las grandes obras de la pintura occidental* de Claire d'Harcourt y *Mi primer libro de arte* de Lucy Micklethwait son buenos ejemplos de esta clase de libros. Pero no es necesario que un libro trate de arte para hacer que les acabe gustando a sus lectores. Los libros de cuentos les permiten a los niños apreciar distintos estilos y tradiciones de una manera fácil y natural. Por ejemplo, cualquier persona que hojee los libros ilustrados de Chen Jiang Hong, como *El caballo mágico de Han Gan* y *Pequeño Águila*, no puede evitar quedar absorto ante los colores y las pinceladas de la pintura china clásica. La delicadeza afiligranada de las miniaturas mongolas y persas aparece en libros como *Fortune* de Diane Stanley (el libro que la bibliotecaria Laura Amy Schlitz les leyó a los niños de una clase), *One Grain of Rice* de Demi y *Las siete princesas sabias* (el gran favorito de mis hijos), adaptado por Wafa' Tarnowska e ilustrado por Nilesh Mistry. Los exuberantes colores y las gruesas líneas del arte de los aborígenes australianos llenan los libros de Bronwyn Bancroft, como *Kangaroo and Crocodile: My Big Book of Australian Animals.*

Para mí, lo importante aquí no es enseñar o pedir —«mirarás estas imágenes y te gustarán»—, sino presentárselas para que se familiaricen con el arte y se interesen por él. Un niño contemplando los bebés regordetes, las telas suntuosas y las cuevas iluminadas por la luz de la luna en *Donde viven los monstruos,* el extraño y conmovedor libro ilustrado de Maurice Sendak, tal vez no sepa que está absorbiendo reminiscencias del estilo romántico alemán, pero así es. Lo mismo le ocurre al descubrir las ilustraciones de Paul O. Zelinsky de *Rapunzel* y *Rumpelstiltskin* y entrar en otros paisajes e interiores clásicos del Renacimiento italiano.

Hablé con Paul O. Zelinsky sobre sus pinturas. En la universidad se enamoró del periodo y me dijo: «Con las ilustraciones de *Rapunzel* les estaba mostrando definitivamente a los niños[322] qué es lo que me encanta del arte renacentista italiano. Comencé a pintar réplicas de pinturas renacentistas y a usarlas. Empecé a hacerlo con la cubierta del libro, sacada de un lienzo de Rembrandt. Me dije: ¿estoy haciendo trampas? ¿Con qué finalidad lo hago?»

La respuesta, como la inspiración, vino del pasado. «En el Renacimiento eso era lo que los pintores hacían —me contó Zelinsky—. No se esperaba que todos los cuadros fueran originales. En realidad, era lo contrario. Cada réplica era una referencia a alguna otra cosa. Si tenías un bagaje de cultura, sabías lo que se sacaba a la luz en el cuadro», observó, refiriéndose a los descubrimientos de las antigüedades griegas y romanas enterradas que avivaron el Renacimiento clásico. Al igual que los cuentos de hadas y las canciones de cuna, cada referencia cultural puede depender de capas de conocimientos previos.

«Aquello a lo que estamos expuestos es lo que va creando nuestro bagaje cultural. Y si en la niñez vivimos experiencias visuales enriquecedoras y significativas, condicionarán sin duda nuestra capacidad para ver, pensar y sentir», concluyó Zelinsky.

* * *

Para el ilustrador David Wiesner, creador de libros ilustrados sin texto como *Mr. Wuffles!*, *Art & Max* y *Flotsam*, la chispa que enciende los grandes destellos surgió cuando de niño se le caía la baba con los libros de la biblioteca de la ciudad de Nueva Jersey donde vivía. Wiesner se sintió atraído por los fondos sutiles y elaborados de las pinturas renacen-

---

322. Paul O. Zelinsky, entrevista realizada por la autora, 10 de febrero de 2016.

tistas: «Fíjese en el paisaje[323] que se ve detrás de *La Mona Lisa*», le indicó a un entrevistador en una retrospectiva de su libro *David Wiesner and the Art of Wordless Storytelling*.

Sospecho que Da Vinci se lo inventó. A mí me parece como Marte o algún lugar extraterrestre: los caminos diminutos, los acantilados y los arcos, es fascinante.

Siempre me ha gustado el cuadro *Cazadores en la nieve* de Bruegel por las mismas razones. Mis ojos pueden moverse desde las figuras del primer plano, al pie de la colina, la ciudad y las personas que juegan y trabajan, hasta llegar al lejano fondo. Todo esto está representado con absoluta claridad. De niño sentía como si la pintura tirara de mí para que me metiera dentro. Estaba llena de historias.

Esos encuentros tempranos se las ingenian para perdurar en nuestra vida. Como creció en una familia evangélica de Florida, a la escritora y editora Christine Rosen le impactó y le fascinó la reproducción que vio en un libro de David con la cabeza de Goliat pintada en un escudo florentino del siglo quince. «Era una historia que conocía muy bien[324] de la escuela dominical —me contó—. Fue descubrir la cabeza ensangrentada de Goliat a los pies de David lo que me chocó, y como conocía la historia esperaba ver su expresión victoriosa. Pero David no se veía victorioso, sino inquieto en cierto modo. ¡Como si acabara de derribar al gigante de una pedrada! Recuerdo que lo asocié con esto. De golpe me di cuenta de que era esta escena de una historia de la Biblia lo que yo me sabía de memoria. No se trataba de la *Venus de Milo*, y ni siquiera era una obra de arte famosísima, pero, simplemente, *conecté* con ella.»

---

323. Eik Kahng, Ellen Keiter, Katherine Roeder, David Wiesner, *David Wiesner and the Art of Wordless Storytelling*, Santa Barbara Museum of Art, Santa Barbara, distribuido por Yale University Press, 2017, p. 17.

324. Christine Rosen, entrevista realizada por la autora, 12 de setiembre de 2016.

A mí también me pasó algo parecido. Vivíamos en una zona rural del norte de Nueva York, y más tarde nos mudamos a otra en Maine. Y como mis padres trabajaban y yo estaba sola al regresar a casa, solía examinar las ilustraciones coloridas y las imágenes transgresoras de Heinrich Hoffman en *Pedro Melenas*, la colección de cuentos escritos por él en 1845 para satirizar a los moralizadores con el ceño fruncido de aquella época, aunque yo me los tomé con toda seriedad. Me fascinaba el contraste entre las ilustraciones etéreas y delicadas de Hoffman y los horrores que les sucedían a los niños en ellas. Una niña desobediente juguetea con cerillas y queda reducida a un montoncito de cenizas humeantes. Un asaltante patilargo le corta con unas afiladas tijeras los dedos a un niño travieso que se chupaba el pulgar. Las ilustraciones revelaban horrores, y yo no podía dejar de mirarlas. Como David Wiesner, a mí también me cautivó un libro de pintura de Bruegel el Viejo. Analizaba las pobladas escenas de campesinos parrandeando en banquetes de bodas, dejando sus guadañas debajo de gavillas de trigo y cruzando lugares nevados bajo el oscuro cielo invernal de las tierras bajas. Ahora veo con claridad, y quizás incluso también me diera cuenta en aquella época, que examinar esas imágenes produjo una serie de cambios en mi interior. El tiempo que pasé contemplándolas cambió mi forma de ver el mundo. De alguna manera, aunque las figuras fueran grotescas, me abrieron el camino para ver la belleza.

* * *

«¿Acaso aquello terrorífico o delicioso que nos sacude el corazón no nos aviva el cerebro?»[325] Esta pregunta, planteada por la historiadora de arte Jane Doonan, llega al meollo de cómo nos afectan las imágenes. «El placer sensual derivado de las imágenes no es algo separado de ellas, sino

---

325. «Close Encounters of a Pictorial Kind», reseña sobre *Words About Pictures: The Narrative Art of Children's Books* de Perry Nodelman, *Children's Literature Vol. 20*, 1992, consultada a través del Project Muse: https://muse.jhu.edu/article/246257/pdf

que tiene un papel especial en la creación del significado pictórico», añade Doonan.

Para participar en el proceso de crear un «significado pictórico» no es necesario disponer de mucho tiempo, basta con tener un rato de tranquilidad. Para ayudar a los niños a desarrollar al máximo el sentido estético que les permitirá explorar la variedad de emociones y de ideas que los libros ilustrados les producen y ser sensibles a ellas, necesitamos proteger el espacio donde esto ocurrirá. David Wiesner, Christine Rosen, Paul Zelinsky y yo pudimos darnos el lujo de hacer conexiones personales con el arte y las imágenes en una época anterior a Internet. Ahora nos es más difícil encontrar el tiempo para esta transformación. La vida es más ajetreada y nos cuesta más calmar la mente. Sin embargo, seguimos siendo capaces de apreciar las cosas profundas y bellas de la vida, por eso vale la pena encontrar un hueco en nuestra apretada agenda y hacer el esfuerzo para lograrlo.

Mirar y *ver* realmente lo que tenemos delante lleva su tiempo. En cuanto a los libros ilustrados infantiles, los adultos podemos sentirnos tentados a pasar las páginas al ritmo de la prosa que contiene. Como los libros actuales son mucho menos locuaces y discursivos que los de hace incluso medio siglo, podemos pasar las treinta y dos o cuarenta páginas ilustradas de un cuento infantil en pocos minutos.

Para mirar algo con intensidad o «atentamente», como Jane Doonan lo expresa, tenemos que bajar el ritmo, aflojar. «Si queremos sacarle[326] el máximo jugo posible a una ilustración (abrirnos a ella y preguntarnos por qué nos sentimos de una determinada forma al contemplarla), tenemos que fijarnos no solo en lo que representa, sino además en todo lo que nos viene a la cabeza, y captar el *cómo* y el *qué*», le dijo Jane Doonan a Jonathan Cott con relación a *There's a Mystery There*, su libro sobre la «visión original» de Maurice Sendak. «Cuantas más cosas sepamos, más podremos descubrir y más significados extraeremos.»

---

326. Jonathan Cott, *There's a Mystery There: The Primal Vision of Maurice Sendak*, Doubleday, Nueva York, 2017, p. 162.

Como profesional, Jane Doonan es una experta en arte y en sus numerosas interpretaciones, pero el método de mirar algo atentamente que recomienda puede usarlo plenamente un aficionado; es decir, los padres, en este caso, que deseen ayudar a sus hijos a apreciar los libros ilustrados con más profundidad.

En *Looking at Pictures in Picture Books*, el libro básico de Jane Doonan sobre el tema, escribe: «Para interpretar las imágenes plenamente[327] hay que observar todo cuanto se presenta ante nuestros ojos. No siempre es evidente que las cualidades de una imagen vengan del estilo del artista, de la elección de los materiales y de las composiciones, ni tampoco de cómo esos medios pictóricos alcanzan los efectos que pretenden. En cuanto se les muestra y se les indica a los niños cómo las líneas, las formas y los colores se refieren a ideas y sentimientos, pueden explorar la dimensión que está más allá de lo que representan literalmente. Se asocian con el artista a través de la propia ilustración».

¿Qué significa «observar todo cuanto se presenta ante nuestros ojos»? Puede significar fijarnos en la rectitud o la sinuosidad de las líneas de tinta; en la profundidad y abundancia del color o en la falta de él; en la perspectiva o el punto de vista de la imagen (¿la estamos viendo desde arriba, desde abajo o atisbándola desde un rincón?) ¿Cuáles son las formas y los contornos que predominan en las imágenes? ¿Las personas y las cosas representadas son suaves y vaporosas o dentadas y ansiosas? Cada una de estas decisiones artísticas contribuye a la sensación que una ilustración nos produce y al significado que le atribuimos.

Lo maravilloso de dedicarnos a hacernos esta clase de preguntas con un niño es que puede ser una actividad alegre, experimental y abierta. Podemos hablar de las sabias percepciones interiores de los historiadores de arte y de los artistas famosos, pero en el contexto hogareño todo se puede explorar. No se trata de una prueba, ni tampoco le pondremos una nota. No es más que un adulto y un niño buceando en las imágenes para advertir qué es lo que están sintiendo y pensando, y hablar después de ello.

---

327. Jane Doonan, *Looking at Pictures in Picture Books*, Thimble Press, Stroud, 1993, p. 8.

* * *

Cuando nos dedicamos con nuestros hijos a ver creaciones artísticas del pasado, tanto si son libros de cuentos como novelas, pinturas o ilustraciones, de vez en cuando nos encontramos con descripciones que nos sorprenden y desagradan. Es comprensible. Los primeros años del siglo veinte fueron una época de una intensa reevaluación social, histórica y estética. En especial, en los libros infantiles se da un gran impulso para ampliar la gama de relatos y de narradores para representar mejor la amplia panoplia de la experiencia humana. Sin embargo, esta actitud loable y expansiva ha estado unida a un creciente menosprecio por los libros que no consiguen reflejar esta nueva comprensión. Existe la gran tentación de ver el pasado a través de la lente de nuestras actitudes y nuestros tabús contemporáneos, y de considerar a quienes nos antecedieron como personas desnortadas y carentes de talento. Creemos que nosotros somos mucho más inteligentes, pero esto siempre ha ocurrido en todas las épocas.

Una historia sobre unos pilluelos del Misisipi, una autobiografía ficticia en el Viejo Oeste durante la expansión de la frontera de Estados Unidos, una aventura en una tierra de turbantes sobre «personajes de antaño sabios, ricos, corteses y crueles». Muchas novelas clásicas para jóvenes lectores revelan la existencia de actitudes retrógradas. La forma en que sus autores describen la religión, la etnia, el color de la piel y, en especial, los sexos y sus vívidas diferencias puede que hiera las sensibilidades modernas.

Aunque sea un problema a corto plazo para las novelas, también lo es a largo plazo para la cultura. Cuando los hermanos Wang propusieron por primera vez la idea de lanzar la colección Cozy Classics dirigida a lectores de corta edad, un editor inquieto por la idea objetó: «No creo que debáis titular *Orgullo y prejuicio* el libro,[328] la palabra "prejuicio" es inapropiada para un libro infantil, y en el caso de publi-

---

328. Wang, entrevista.

carlo deberíamos cambiar el título». Jack Wang se echó a reír con incredulidad cuando me contó la historia. «Nos dijimos para nuestros adentros: "¿Es que no entiendes este concepto? La gente conoce el libro y le encantará. ¡Ni se te ocurra cambiarle el título a este querido libro!"» Que un editor les propusiera cambiar el título de una novela de Jane Austen refleja la extrema quisquillosidad de nuestros tiempos.

Mucho antes de la era digital, Walter Edmonds, un escritor estadounidense, escribió novelas históricas de ficción para jóvenes adultos y le concedieron varios premios por ello. Mientras aceptaba uno de esos galardones,[329] comentó, desde una óptica que nos concierne a todos: «El presente es importante, pero hoy será ayer en menos de doce horas, al igual que hace poco más de doce horas era el imprevisible mañana. Este presente que a algunos tanto nos preocupa no es ni siquiera un parpadeo comparado con la inmensidad del tiempo. El pasado está tan vivo como lo estamos nosotros».

Las culturas humanas son profundas y dinámicas, tan insondables como el mar de historias de Maria Tatar, tan cambiantes y complejas como el tapiz líquido de Salman Rushdie. Siendo este el caso, no podemos evitar toparnos con anacronismos. El mundo ha cambiado desde Safo de Mitilene, desde John Dryden, desde Hans Christian Andersen y Lucy Maud Montgomery, e incluso desde E. B. White. Las formas de vivir y de pensar de la gente han cambiado, a menudo para mejor. Aun así, es sensato no suponer[330] que, de todos los humanos, nosotros somos precisamente los que mejor lo entendemos todo.

---

329. Walter D. Edmonds, «Acceptance Paper», en *Newbery Medal Books, 1922–1955,* ed. Bertha Mahony Miller y Elinor Whitney Field, Horn Book, Boston, 1955, p. 223.

330. John Stuart Mill, filósofo político del siglo XIX, acierta en lo que respecta a esta cuestión, y escribe en *Sobre la libertad:* «Sin embargo, es tan evidente en sí mismo como cualquier cantidad de razonamiento que podamos hacer sobre ello que las épocas no son más infalibles que los individuos, en cualquier tiempo de la historia se han tenido opiniones que en las épocas posteriores se han considerado no solo falsas, sino absurdas. Y, sin duda, muchas opiniones que tenemos en la actualidad serán rechazadas en las épocas futuras, al igual que rechazamos en el presente tantas otras del pasado».

* * *

Nuestra época no es ni por asomo la primera en inquietarse por las suposiciones culturales anteriores. A principios del siglo diecinueve, cuando leer en voz alta era un pasatiempo popular en los hogares angloparlantes, a Thomas Bowdler[331] le preocupaba que las obras de William Shakespeare, en su versión íntegra y leídas en voz alta, fueran inadecuadas en un ambiente doméstico. Bowdler, cuyas extravagancias originarían el verbo *bowdlerize,* que significa «expurgar un texto para modificar o eliminar pasajes ofensivos», creó un libro concebido para tal fin. La brillantez de Shakespeare del siglo dieciséis, según el punto de vista de Bowdler, estaba viciada por elementos que hoy en día podrían tacharse de «problemáticos». Por lo que eliminó cualquier broma subida de tono y palabras con doble sentido, así como las referencias católicas que pudieran ofender a los lectores anglicanos. El título de la versión resultante expurgada es sublime en su cómica prolijidad: *Shakespeare para la familia [sic], donde no se le ha añadido nada al texto original, aunque se han eliminado las palabras y expresiones que no se pueden leer en voz alta en el hogar por ser inadecuadas.*

En la actualidad, las ideas de Bowdler tal vez nos parezcan una estupidez de una arrogancia supina, pero tenía buenas intenciones. Quería proteger a los vulnerables jóvenes oídos de cualquier daño. Su razonamiento al respecto no era demasiado distinto al del pequeño editor de Chicago[332] que en 2011 publicó ediciones bowdlerizadas de *Las aventuras de Tom Sawyer* y *Las aventuras de Huckleberry Finn* de Mark Twain.

La Asociación Americana de Bibliotecas, por suerte, condenó la expurgación de palabras que inquietan al lector moderno. «Mark Twain

---

331. Williams, *Social Life of Books,* pp. 178-180.

332. NewSouth Books, que publicó las ediciones bowdlerizadas de Twain, defendió sus decisiones editoriales poco antes de publicarse los libros a principios de 2011: «Vimos la importancia de una edición que ayudaría a que los libros encontrasen nuevos lectores. Si la publicación provoca un buen debate sobre cómo el lenguaje afecta al aprendizaje, o sobre la naturaleza de la censura o la forma en que las calumnias raciales producen su nefasta influencia, en tal caso habremos alcanzado nuestra misión de publicar esta nueva edición de las novelas de Twain con más contundencia».

usaba el eufemismo *the n-word*[333] en lugar de la palabra *nigger* ('negro') deliberadamente porque detestaba el racismo y la esclavitud», afirmó el director de la Oficina para la Libertad Intelectual de la Asociación Americana de Bibliotecas en su momento. «Los niños que leen este libro se merecen poder leer la versión original cuidadosamente, entenderla y hacer preguntas sobre por qué [Mark Twain] usaba esta palabra, y dejar que los profesores, los padres y los bibliotecarios se las respondan».

Tiene toda la razón del mundo, y podemos hacer algo más incluso. Nos es fácil perdonar a Mark Twain porque sabemos que tenía un buen corazón. En cambio, no es tan fácil perdonar al escritor o a la escritora ignorantes e impenitentes que validan, por medio de los personajes de ficción, pensamientos que se han vuelto socialmente inaceptables.

En *The Magician's Book,* las memorias literarias de Laura Miller, la escritora reconoce el dilema de los lectores: «Cómo reconocer el lado más oscuro de un autor[334] sin dejar de disfrutar del libro y de apreciarlo».

Miller escribe: «Los prejuicios son repugnantes, pero si tuviéramos que eliminar de nuestros estantes todos los grandes libros empañados por una idea u otra despreciables nos quedaríamos sin nada para leer, salvo por los libros nuevos y los insulsamente virtuosos. La cruda verdad es que Virginia Woolf *era* una terrible esnob, y Milton, un machista».

Al igual que ocurre con Rudyard Kipling, un colonialista en su época, y un magnífico escritor de aventuras. Los libros de la casa de la pradera de Laura Ingalls Wilder nos dan una visión irreemplazable de las vidas y actitudes de los pioneros americanos durante la colonización del oeste de finales del siglo diecinueve. Tampoco podemos olvidar el hecho de que, a través de sus personajes, Wilder da voz a los prejuicios que nos inquietan hoy. Los lectores modernos se estremecen ante el odio y el miedo que la madre de la familia Ingalls siente por los indios. El padre muestra una mayor ecuanimidad e incluso un cierto respeto por la civili-

---

333. Amy Guth, «Epithets Edited out of "Tom Sawyer", "Finn"» actualizado por Courtney Crowder, *Chicago Tribune*, 5 de enero de 2011.

334. Miller, *Magician's Book*, p. 171.

zación que los hombres blancos están desplazando. (Por supuesto, falta el otro punto de vista. En los libros de Wilder no aparece la opinión de una madre india sobre los colonos, ni la perspectiva de un padre indio sobre las extrañas prácticas de los blancos recién llegados.) En *La casa de la pradera* también hay una famosa escena[335] en la que el padre y otros hombres de la ciudad de Dakota del Sur aparecen con la cara pintada de negro y cantan y bailan en un espectáculo burlesco del que todos los habitantes de la ciudad disfrutan.

¿Deberían los niños de hoy día saber que en el pasado se dieron esta clase de actitudes y de episodios? ¿Tenemos que dejar que lo descubran a medida que pasan los años y se publican nuevas ediciones de las novelas? ¿O es mejor arrojar las escenas y los personajes problemáticos al pozo de la memoria para olvidarlos?

Ray Bradbury usó su novela *Fahrenheit 451* de 1953 para advertirnos del peligro que suponía para la literatura la categoría de los ofendidos. En un giro increíble —teniendo en cuenta que la censura y la eliminación de relatos problemáticos son las dos ideas más importantes de la novela—, el propio editor de Bradbury censuró ciertos pasajes a espaldas del autor en las últimas ediciones. Con el paso de los años, Bradbury empezó a recibir quejas sobre los defectos de su novela, como el de machista.

En el epílogo de la reedición de 1979 de *Fahrenheit 451*, Bradbury manifiesta: «Porque es un mundo loco, y se volverá más loco aún si consentimos que las minorías, sean enanos o gigantes, orangutanes o delfines, defensores de las armas nucleares o ecologistas, partidarios de los ordenadores o neoludistas, simplones o sabios, interfieran en la estética».

«Hay más de una forma de quemar un libro, y el mundo está lleno de personas corriendo por ahí con cerillas encendidas», escribió Bradbury. Era cierto cuarenta años atrás y lo sigue siendo ahora. Es importante tener en cuenta que el arte y la literatura les pertenecen tanto a la última

---

335. Laura Ingalls Wilder, *Little Town on the Prairie*, ilustrado por Garth Williams, Harper Trophy, Nueva York, 1994, pp. 257–259.

generación y a las venideras como a la nuestra. Tenemos tanto derecho a corregir o expurgar los clásicos para que se adapten a nuestros gustos como el que los victorianos tendrían de invadir la Galería de los Uffizi y de pintarle un vestido a la *Venus* desnuda de Botticelli.

* * *

Aunque esto no significa que al leerles libros a nuestros hijos en casa estemos obligados a decir cada palabra que contienen. En privado, podemos tomarnos ciertas libertades. En algunos casos, no nos queda más remedio. Después de leerle por primera vez a Flora la nueva versión de Gillian Cross de *La Ilíada,* no me dejó nunca más describirle la muerte de Héctor. La versión de Cross es mucho menos perturbadora que la de Homero y, sin embargo, siempre tengo que saltarme el momento en que Aquiles arroja su lanza a la garganta desprotegida de Héctor. Flora sabe cómo se desarrolla la escena, pero no quiere vivir ese momento. Cuando llegamos a la escena, solo me deja decir: «Héctor ha muerto».

Esta clase de adaptación sensible forma parte de lo que hace que leer en voz alta sea una experiencia tan emocionante. Podemos adaptar la lectura según las necesidades de nuestros hijos y las nuestras. Algunos padres se saltan el momento horrendo en que el cazador mata a balazos a la madre de Babar. Algunos niños, como Theo, se tapan la cara al pasar la página para no ver la terrible escena que aparecerá. ¡Y está bien! Hay muchas razones para adaptar nuestras lecturas sobre la marcha. Algunos lectores se saltan pasajes descriptivos largos por miedo a que sus oyentes se pongan nerviosos. Conozco a una madre que, como no quería que su hija pequeña le oyera a nadie decir «¡Cállate!», aunque fuera un personaje ficticio, cuando aparecía esta palabra en el texto decía en su lugar: «¡Silencio!»

Mi escena preferida relacionada con las intromisiones literarias no viene de la vida real, sino de *Embrujada,* una serie televisiva[336] de la dé-

---

336. *Embrujada:* segunda temporada, episodio 26, «Baby's First Paragraph», marzo de 1966, https://www.imdb.com/title/tt0523058/

cada de 1960. Sale en el episodio en que Endora, la bruja pelirroja, se sienta con Tabitha en el regazo, su pequeña nieta, para leerle un conocido cuento de hadas:

> Érase una vez una bruja muy buena que vivía en una casa de pan de jengibre en medio del bosque. No molestaba ni le causaba ningún daño a nadie, ¿lo entiendes, Tabitha?
>
> Por desgracia, un día Hansel y Gretel, unos desagradables gamberros, descubrieron la casa de pan de jengibre. ¡Y los dos pequeños glotones, sin siquiera pedirle permiso, rompieron el alféizar de la ventana y se lo comieron!
>
> ¿Qué te parece? Como es natural, aquella bruja tan maja se llevó un gran disgusto, porque a nadie le gusta el vandalismo.

Al cambiar el cuento de *Hansel y Gretel*, Endora consigue varios objetivos: mientras está sentada con su nieta en el regazo, comparte un cuento clásico y, al mismo tiempo, le ofrece su propia crítica idiosincrática. Esta graciosa escena de una serie antigua que daban en la tele no tiene demasiada importancia, pero un día Tabitha podrá leer el cuento ella sola y verá la diferencia entre las palabras escritas y las que su abuela le ha «leído». Y aprenderá algo.

No les hacemos ningún favor a los niños impidiéndoles conocer las trascendentes obras de la imaginación, aunque signifique presentarles ideas y suposiciones problemáticas, y personajes que preferiríamos que no admirasen. La literatura, como la vida misma, es incontrolable. Está por encima de las cuestiones morales, culturales y filosóficas. ¿Hay un lugar mejor para hablar de estas cosas que en casa? La historia humana es complicada e imperfecta. Está llena de color y peligro, de creación y destrucción, de crueldad y maldad, de odio y prejuicios, de amor y comedia, de sacrificio y virtud. No debemos tenerle miedo. Es absurdo ocultársela a nuestros hijos y pretender que nunca existió. Es mucho mejor decirles lo que pensamos de estas cuestiones y usar los libros para mantener esta clase de conversaciones.

«Las grandes obras de arte[337] las han creado muchas veces malas personas. ¡Y qué más da!», afirma Camille Paglia, la provocadora escritora.

* * *

Sean cuales sean las corrientes que se estén dando en una cultura más amplia, puede que estén fuera de nuestro control, pero tenemos un recurso privado. En nuestro hogar, como el padre de Chen Guangcheng, podemos leerles a nuestros hijos lo que nos gusta. Si les leemos libros a nuestros hijos, en abundancia y sin miedo, ensancharemos su corazón y enriqueceremos su mente, y al hacerlo les estaremos ofreciendo un lugar para hablar de ideas que tal vez sean demasiado dolorosas o incómodas como para tratarlas en cualquier otra parte.

«La historia, después de todo, la hacen las personas,[338] observó Elizabeth Janet Gray, otra escritora anterior a la llegada de Internet, autora de *Adam of the Road,* la novela, ganadora del premio Newbery, que se desarrolla en la Inglaterra del siglo trece. La perspectiva histórica, señaló Gray, «nos da la profunda sensación[339] de formar parte de la larga cadena de la vida que lleva muchos años existiendo y que seguirá haciéndolo muchos más cuando hayamos desaparecido, con unas costumbres y unos acontecimientos que son distintos a los nuestros en muchos sentidos. Pero los problemas y las aspiraciones del hombre, sus penas y alegrías, seguirán siendo básicamente las mismas. Saber que no estamos solos ni abandonados le da color y riqueza a nuestras experiencias presentes, nos hace más fuertes y disipa nuestras dudas.»

No estamos abandonados en una isla desierta con un solo libro con el que pasar el resto de nuestros días. Podemos combinarlo con otros.

---

337. Camille Paglia, «Camille Paglia on Movies, #MeToo and Modern Sexuality: "Endless, Bitter Rancor Lies Ahead"», *Hollywood Reporter,* 27 de febrero de 2018, https://www.hollywoodreporter.com/news/camille-paglia-movies-metoo-modern-sexuality-endless-bitter-rancor-lies-1088450

338. Elizabeth Janet Gray, «Acceptance Paper», en Miller y Field, *Newbery Medal Books,* p. 240.

339. Gray, p. 239.

Les podemos leer a nuestros hijos *La casa del bosque* de Laura Ingalls Wilder, y también *La casa redonda* de Louise Erdrich,[340] y permitirles ver —dejar que los autores les *muestren*— lo parecida que es la vida cuando se es una niña con unos hermanos que le dan la lata y que tiene que hacer tareas asquerosas y agotadoras. Y qué distinta era la vida de los pioneros que viajaban al Oeste en busca de nuevas tierras en las que establecerse, dependiendo del tipo de casa y de sociedad en las que vivían. La solución a los pasajes problemáticos de cualquier libro en particular no es leerles menos relatos a nuestros hijos, sino más.

Somos muy afortunados de tener acceso a más libros, historias, cuadros, esculturas y otras formas de arte que en cualquier otra época de la historia. Tenemos escuelas, bibliotecas, museos, librerías físicas y leviatanes virtuales que nos venden libros nuevos y antiguos, de papel y electrónicos, caros y con grandes descuentos. Y además, gracias al Proyecto Gutenberg, podemos descargar clásicos en Internet de forma gratuita.

No todos los libros tienen por qué coincidir con nuestros gustos. Si el problema es que algunas obras expresan visiones anticuadas, la solución es leerles a nuestros hijos más libros de toda índole. Cuántos más les leamos, más opiniones conocerán. Cuántas más opiniones conozcan, más imaginación tendrán. Cuánta más imaginación tengan, más criterio poseerán. Cuánto más criterio posean, de más libertad de pensamiento gozarán. Y de cuánta más libertad de pensamiento gocen, mejor.

«Si toda la humanidad menos un individuo[341] fuera de la misma opinión —escribe el filósofo John Stuart Mill (que por cierto, ya que estoy enumerando los defectos de la gente, también fue un adúltero rencoroso)—, y solamente esa persona fuera de la opinión contraria, el género humano no estaría más justificado para silenciar a esa única persona de lo que lo estaría si tuviera el poder de silenciar a toda la humanidad. Pero

---

340. Le agradezco a Bruce Handy que me haya traído a la memoria este libro maravilloso, el primero de una serie. Louise Erdrich, *The Birchbark House*, Disney/Hyperion, Los Ángeles, 2002.

341. John Stuart Mill, *On Liberty*, Bobbs-Merrill, Indianapolis, 1982, p. 21.

el genuino daño de silenciar la expresión de una opinión es que es un robo a la raza humana, tanto a la posteridad como a la generación existente, y más aún a los que disienten de esa opinión que a quienes la comparten. Si la opinión es correcta, se les priva de la oportunidad de dejar el error por la verdad. Si es equivocada, se les arrebata un beneficio casi igual de valioso, la percepción más clara y viva de la verdad, producida por el contraste con el error.»

No tengáis miedo. Dejad que los relatos fluyan. Hay formas sencillas y sensatas de transmitir optimismo y generosidad aceptando, al mismo tiempo, las limitaciones (según nuestra opinión) de nuestros antecesores. Uno de los mejores modelos[342] que he visto para abordar los temas volubles con los niños procede de *A Child's History of the World*, un libro publicado hace casi un siglo de Virgil Hillyer, un educador de Baltimore. Los capítulos son cortos, repletos de detalles ingeniosos, y transmiten las excentricidades del pasado con un razonamiento y una perspectiva muy innovadores. En el apartado sobre la Edad de Oro helénica, descubrimos que Fidias esculpió en marfil y recubrió con oro una colosal estatua de Atenea para el Partenón, en Atenas. «Fidias era conocido como el mayor escultor que jamás había existido», escribe Hillyer:

> Pero hizo una cosa que los griegos consideraron un crimen y no se lo perdonaron. A nosotros no nos parece un acto tan terrible, pero la idea de lo correcto y lo incorrecto de los griegos era distinta de la nuestra. Lo que Fidias hizo fue esculpir una imagen suya, y también de su amigo Pericles, en el escudo de una estatua de Atenea que había tallado. Solo formaba parte de la decoración del escudo y apenas se advertía. Pero, según las ideas griegas, era un sacrilegio esculpir la imagen de un ser humano en la estatua de una diosa. Cuando los atenienses se enteraron de lo

---

342. Virgil M. Hillyer, *A Child's History of the World*, Calvert Education Services, Hunt Valley, Maryland, 1997, pp. 163-165.

que Fidias había hecho, lo encerraron en la prisión de Atenas, y allí se quedó hasta el día que murió.

En este corto pasaje hay una dosis de perspectiva histórica sensata, tolerante y apropiada para la edad del lector: «A nosotros no nos parece tan malo lo que Fidias hizo, pero la idea de los griegos de lo correcto y lo incorrecto era distinta de la nuestra». El pasado es un país extranjero. En él la gente hacía cosas distintas de las que nosotros hacemos. Y los niños lo entienden.

En este contexto, leer en voz alta puede convertirse en un acto de respeto por las generaciones pasadas, en un acto de resistencia humana al ojo inquieto del censor. Defender la literatura clásica no es defender los prejuicios, sino la empatía y una mentalidad abierta tanto con relación al pasado como al insistente presente. Es aceptar que, si juzgamos a las personas de antaño, las del futuro nos juzgarán a nosotros. Cualidades de nuestra vida contemporánea que nos parecen irreprochables o inevitables serán consideradas por las generaciones futuras como la evidencia de nuestros límites, estupidez, despilfarro y falta de visión. El presente, como apuntó Walter Edmons, «no es ni siquiera un parpadeo comparado con la inmensidad del tiempo».

De modo que, cuando leáis en voz alta, implicaos plenamente en las obras brillantes e imperfectas del pasado. ¿Por qué no? Los libros que les leáis a vuestros hijos les enriquecerán la vida, y seguirán haciéndolo mucho después de ser adultos y de dejar este mundo.

Y entonces...

Todo habrá terminado. Los manoseados libros para bebés, las pilas de libros ilustrados cuyas sobrecubiertas quedaron hechas trizas tiempo atrás, las ediciones de bolsillo sobadas, los clásicos de tapa dura y las novelas nuevas con sus páginas crujientes..., todos estos libros se guardarán, se venderán o se regalarán. Habremos luchado por una buena causa, habremos participado en la carrera hasta el final. Ya no nos quedará nada más por hacer.

¿O sí?

A veces nos olvidamos de que en la vida familiar se da más de una dinámica importante. El placer y el valor de leer en voz alta van más allá de los padres leyéndoles libros a sus hijos. Los estímulos intelectuales que produce, la conexión emocional, la extraña emoción de la literatura compartida, todo esto también ocurre cuando los adultos les leen libros a los adultos, cuando los hermanos les leen libros a otros hermanos, y cuando un día, siendo ya adultos, se los lean a sus padres.

8

Desde la guardería hasta la residencia de ancianos

Por qué leer en voz alta nunca se vuelve obsoleto

«Léelo despacio, cariño, a Kipling hay que leerlo despacio. Fíjate bien en las comas y descubrirás las pausas naturales. Era un autor que escribía con pluma y tintero. Como la mayoría de los escritores que viven solos, levantaba con frecuencia, según tengo entendido, la vista de la página, miraba por la ventana y escuchaba los pájaros. Algunos no saben los nombres de los pájaros, pero él sí. Tus ojos son demasiado rápidos y norteamericanos. Piensa en el ritmo de su pluma. De lo contrario te parecerá un primer párrafo ampuloso y anticuado.»

Michael Ondaatje, *El paciente inglés*

No hace mucho, una mujer llamada Linda Khan estaba sentada junto a la cama de un hospital en Houston, Texas, sintiéndose muy intranquila. A su lado yacía su anciano padre de ochenta y ocho años. Le fallaba el corazón. Tenían que operarlo urgentemente.

Aunque esto no era lo que le preocupaba a Linda. Lo que realmente la inquietaba es que los dos no habían hecho más que charlar de temas deprimentes. Quería a su padre y le admiraba, y siempre habían mantenido conversaciones inspiradoras, pero ahora él parecía haberse hundido en una contemplación quejumbrosa de su delicada situación. Hablaba de la pésima comida del hospital, de los análisis clínicos, de los médicos, del diagnóstico y de los posibles resultados. Su gran variedad de intereses parecía ahora haberse encogido al tamaño de la habitación. A Linda, por su parte, también le parecía como si el mundo exterior se estuviera volviendo remoto, desvinculado e intranscendente.

«Cuesta una barbaridad hacer compañía[343] a una persona en un hospital —me contó Linda—. Está sufriendo mucho, y da la impresión de que solo se pueda conversar de su situación médica.»

Echando un vistazo a su alrededor para descubrir un modo de distraer a su padre, sus ojos se posaron en una pila de libros que las visitas le habían regalado. Su padre siempre había sido un gran lector, pero últimamente no tenía la energía ni la concentración para ello.

En ese momento Linda tuvo una epifanía. Tomó un ejemplar de *Young Titan*, la biografía de Winston Churchill de Michael Sheldon, y empezó a leerle el libro en voz alta.

«Su estado de ánimo y el ambiente cambiaron al instante. Lo saqué de su rutina de pensar en la enfermedad. No era como mirar la tele distraídamente ni tampoco era agotador para su cerebro o sus ojos, porque era yo quien le leía.»

Aquella tarde Linda le estuvo leyendo a lo largo de una hora. Fue un alivio y un placer para ambos. Leerle en voz alta le permitió a Linda conectar con su padre y ayudarle en una situación que de lo contrario estaría más allá de su control. Escuchar la biografía de Churchill le permitió a su padre viajar con el sonido de la voz de su hija, por lo que se animó y salió del solipsismo de la enfermedad para regresar al ámbito de una actividad intelectual madura, donde sintió que volvía a ser él mismo.

«Ahora entra y sale del hospital con frecuencia y siempre le leo libros. Normalmente, historias militares o biografías, estos temas no son

---

343. Linda Khan, conversación mantenida con la autora, diciembre de 2017.

mis preferidos, pero él tiene buen gusto en este sentido. Estoy muy contenta», observó Linda.

Para Neil Bush, las hospitalizaciones a una edad avanzada de George H. W. y Barbara Bush (sus famosos padres) se convirtieron en oportunidades para devolverles la deuda de gratitud que tenía con ellos. «De niño [mi madre] nos leía cuentos[344] a mí y mis hermanos —le refirió a un periodista en la primavera de 2018—. Como mis padres han estado entrando y saliendo del hospital, hemos estado leyendo libros sobre la política extranjera de papá y, más recientemente, las memorias de mamá.»

Neil Bush prosiguió con la voz cargada de emoción: «Y leer la historia de su increíble vida juntos ha sido un regalo extraordinario para mí, personalmente, como hijo suyo».

Al día siguiente de dar la entrevista, su madre murió a los noventa y dos años.

Al leerles libros a sus padres enfermos, Linda Khan y Neil Bush volvieron al medio tradicional de consolar al doliente. También se unieron a una compañía histórica excelente. De entre los numerosos hombres y mujeres a lo largo de los siglos que le han aliviado la carga del confinamiento a un ser querido leyéndole libros en voz alta, se incluye el gran Albert Einstein. Maja, su hermana, sufrió un derrame cerebral a los sesenta y cinco años y estuvo postrada en la cama el resto de su vida. Según un entrañable artículo publicado en la revista *New Yorker*,[345] el brillante hermano mayor de Maja subía a su habitación por la noche y se quedaba sentado junto a la cama de su hermana cerca de una hora leyéndole textos griegos de la antigüedad: «Empédocles, Sófocles, Esquilo y Tucídides recibían cada noche el tributo de la ciencia moderna más avanzada y abstracta, con la voz tranquila de este afectuoso hermano que le hacía compañía a su hermana».

---

344. Michelle Homer, Deborah Duncan, «Emotional Neil Bush on his mother's life and legacy», KHOU, 16 de abril de 2018, https://www.khou.com/article/news/community/emotional-neil-bush-on-his-mothers-life-and-legacy/285-540211907

345. Niccolo Tucci, «The Great Foreigner», *New Yorker*, 22 de noviembre de 1947, https://www.newyorker.com/magazine/1947/11/22/the-great-foreigner

Einstein era un hombre que apreciaba unos niveles superiores de pensamiento, como se sabe. Quizá fuera su inteligencia casi sobrehumana la que lo hacía tan sensible al sufrimiento de una mente activa atrapada en un cuerpo terrenal. Años atrás, en la celebración de la fiesta de cumpleaños de Max Planck, el físico teórico, Einstein había hablado del anhelo humano de trascender lo burdo y lo cotidiano.

Creo que uno de los mayores motivos[346] que llevan a la gente al arte y a la ciencia es el de escapar de la vida cotidiana con su dolorosa crueldad y su horrible monotonía, el anhelo de escapar de las cadenas de nuestros siempre cambiantes deseos. Una naturaleza de buen temple anhela huir de la vida personal para refugiarse en el mundo de la percepción objetiva y de los pensamientos. Este deseo se puede comparar al irresistible anhelo de un habitante de la ciudad de huir del ambiente ruidoso y atestado en el que vive hacia el silencio de las altas montañas, donde puede mirar a la lejanía sin obstáculos, en medio del ambiente sereno que se respira, y seguir con placer las apacibles siluetas creadas en apariencia para existir eternamente.

Una persona limitada por la vejez o la enfermedad tal vez necesite la ayuda de otra para escapar de «la dolorosa crueldad y la horrible monotonía» de sus circunstancias. Es sin duda lo que le ocurre al personaje que da título a la novela de Michael Ondaatje de 1992, *El paciente inglés*. Con la mayor parte del cuerpo quemado, está activo solo en sus pensamientos, y la joven enfermera canadiense que le lee libros en voz alta sigue destrozando a Kipling.

«Piense en el ritmo de su pluma», le ruega él.

---

346. Albert Einstein, «Principles of Research», un célebre brindis que Einstein hizo en honor de la celebración del 60 aniversario de Max Planck, http://www.neurohackers.com/index.php/ fr/menu-top-neurotheque/68-cat-nh-spirituality/99-principles-of-research-by-albert-einstein

La petición del paciente inglés nos recuerda muy bien que cuando leemos en voz alta debemos ser considerados y afables con el oyente. Nadie quiere oír una voz áspera que no tenga ningún respeto por las palabras del libro o por quien las está escuchando. Cuando la lectura es exquisita e inspiradora, la experiencia se convierte en una obra de arte que el lector crea del aire y que da como un regalo a quien le está escuchando. La obra de arte se compone de las palabras del escritor y de la música que crean mientras le llegan al oído al que las escucha, combinadas con la narración del relato que produce lo que los locutores de radionovelas llamaban imágenes sonoras o «el cine de la mente».

También hay un elemento activo, el fraseo y la entonación, las pausas entre las palabras y las frases, el timbre de la voz y su calidez o su frialdad. Todas estas cosas se transmiten en una compleja experiencia estética tan fugaz como la respiración y tan reconfortante, como se ha visto que les ocurre a los bebes de la unidad neonatal de cuidados intensivos, como el contacto físico.

Y además el lector se olvida de sí mismo. Cuando les leemos un libro a otras personas les mostramos que nos importan, que queremos dedicarles tiempo, energía y atención para crear algo valioso. En los capítulos previos hemos visto cómo funciona con los niños pequeños, y que los relatos compartidos unen a los padres y a los hijos y los arrastran en un delicioso tsunami de sustancias neuroquímicas. Cuando todos los que habían participado en la niñez en las lecturas compartidas ya son adultos, se da la misma magia.

* * *

Lauri Hornik se llevó una desagradable sorpresa[347] cuando su hija le anunció, a los diez años, que ya no necesitaba sus servicios como lectora. Ruby quería leer sola, al ritmo más rápido de sus propios ojos. «Fue un

---

347. Lauri Hornik, conversación mantenida con la autora, 9 de enero de 2018; entrevista telefónica posterior, 26 de enero de 2018.

momento muy triste para mí, pero tenía que permitírselo», me contó Hornik.

Transcurrieron tres años, y cuando leer en voz alta parecía un placer que ya era historia, ocurrió por casualidad una concatenación de situaciones: Hornik y Peter —su pareja— estaban haciendo un viaje en coche de cinco horas de duración por los espacios naturales de las montañas Adirondacks, y como había muy mala cobertura telefónica, Hornik agarró el manuscrito inédito de *Turtles All the Way Down,* la esperada novela para jóvenes adultos de John Green de 2017. Hornik era la presidenta y la editora de Dial Books for Young Readers, y una de las primeras personas de su ramo que iba a leer la última novela de John Green, desde la publicación de *Bajo la misma estrella.* Estaba deseando atacar el relato, pero le pareció una grosería leerlo en silencio mientras Peter conducía.

«Como no podía esperar, empecé a leérselo en voz alta, y creo que estuve varias horas haciéndolo, no podíamos parar. Leerlo en voz alta fue como si estuviera *en* la cabeza de la protagonista. Cuando lees en voz alta una novela narrada en primera persona, sientes más aún que *eres* ese personaje. Fue una experiencia muy profunda y significativa. Además, como cuando leemos en silencio solemos saltarnos partes del texto, cada frase no siempre resuena como cuando leemos en voz alta.»

Esta resonancia se acerca al máximo cuando el lector se toma su tiempo. Como advierte el paciente inglés, para los ojos es demasado fácil ser «demasiado rápidos y norteamericanos», leyendo volando, saltándonos palabras, apresurándonos e interpretando el significado echando un vistazo por encima. El oído pide un ritmo más pausado. Al fin y al cabo, leer en voz alta nos obliga, por su naturaleza deliberada, a interactuar con la obra tal como Vladimir Nabokov dijo que deberíamos hacer.

«La literatura se tiene que tomar y romper a pedacitos,[348] deshacer, aplastar —escribió el novelista en una ocasión—. Después olemos su

---

348. Vladimir Nabokov, «Nabokov on Dostoyevsky», *New York Times Magazine,* 1981, https://www.nytimes.com/1981/08/23/magazine/nabokov-on-dostoyevsky.html

adorable tufo con la palma ahuecada, la masticamos y la saboreamos dejando que nos envuelva la lengua con placer. Es solo entonces cuando apreciaremos realmente su inusual sabor, y las partes rotas y aplastadas se volverán a unir en nuestra mente y revelarán la belleza de una unidad con la que hemos contribuido con una parte de nuestra propia sangre.»

Cuando escuchamos un libro leído en voz alta, palabra por palabra, le damos un peso y un valor al lenguaje, aunque estemos absortos en la trama. El efecto no es solo agradable, sino que la cálida relación que se da entre el lector y el oyente, y el estímulo intelectual de leer en voz alta, parecen también —de formas reales— fomentar la salud y el bienestar en ambos.

* * *

Una tarde de junio[349] al norte de Londres, no hace mucho, media docena de ancianos estaban sentados en cómodas sillas ante dos mesas redondas en la cuarta planta de un centro para personas frágiles y ancianas. En el exterior, nubes planas y densas colgaban del cielo. Pero dentro el lugar de encuentro era agradable, se parecía a un hotel, con el suelo recubierto con una moqueta suave y estanterías modulares. El ambiente no olía a medicamentos, ni tampoco se veía ninguna señal de la violenta catástrofe que había determinado la vida de esa gente.

Kate Fulton, una mujer más joven, les acababa de servir tazas de té humeante y estaba ahora entregándoles a cada uno un fajo de fotocopias grapadas.

«Venga, hoy toca un relato de Doris Lessing», les anunció Fulton tomando asiento.

«Doris Lessing», repitió alguien.

«Creo que fue al mismo colegio que yo», terció una voz lánguida.

Fulton sonrió.

---

349. El grupo de lectura se reunía en el Centro de la Comunidad Judía de Michael Sobell de la calle Golders Green, en Londres.

«Os recuerdo simplemente que la única regla es…»

«Escuchar.»

«No, esa no. ¡Es la de no adelantaros al leer el texto!»

La observación les hizo gracia. Todos la conocían. Fulton la había mencionado para que yo la tuviera en cuenta.

«Este grupo es para vivir el momento con la literatura, para que cuando nos paremos, veamos dónde estamos. Y lo apreciemos. Solo podemos estar en el presente», me explicó Fulton.

«¿Listos? —les preguntó volviéndose hacia el grupo—. Venga, empecemos. "Vuelo" de Doris Lessing. "Vuelo".»

«¿Todavía vive?»

«No, murió hace algunos años. Leeremos hoy este relato en su honor», repuso Fulton.

Tras hacer una pausa, empezó a leer. Pronunciaba las palabras en voz alta y clara. Poniendo una gran atención en respetar cada coma.

El palomar se elevaba por encima de la cabeza del anciano, una repisa alta envuelta en tela metálica apuntalada sobre dos pilotes, llena de palomas pavoneándose y acicalándose las plumas. La luz del sol daba sobre sus pechos grises formando pequeños arcoíris. Arrullado por sus canturreos, el anciano estaba con las manos alzadas hacia su favorita, una paloma mensajera, un ave joven de cuerpo rollizo que se quedó quieta al verlo, mirándolo de soslayo con uno de sus perspicaces ojos brillantes.

«Bonita, bonita, bonita», dijo él.

La mayoría de ancianos estaban sentados inmóviles ante las mesas, con los rostros inclinados hacia abajo, siguiendo el relato en sus hojas grapadas. Una mujer ciega con gafas oscuras tenía la cara girada hacia la lectora. En la sala flotaba una especie de silenciosa y concentrada inteligencia. El conocimiento abierto e interesado que emanaba de este grupo de personas con distintos acentos —galo, teutónico, inglés de emigrante— sugería la diáspora de la posguerra que los había llevado al vecindario en buena parte judío de Golders Green. Todos eran supervivientes del Holocausto, con un pasado tan variado como sus acentos. Algunas de las mujeres tenían un doctorado, y una de ellas había enseñado literatura en una universidad. El único hombre del grupo, un jovial londinense del sur, se describió como «Yo no ser listo. ¡El último de la clase!»

Independientemente de la vida que cada uno hubiera llevado, ahora pasaban una hora y media cada semana sentados en grupo, disfrutando de los relatos leídos en voz alta.

«El pelo suelto cayéndole por la espalda reflejaba la luz del sol…»

Al llegar Fulton al final de la primera página, se escuchó un suave y prolongado murmullo al pasar los ancianos la hoja.

«"… y sus largas piernas descubiertas repetían los ángulos de las ramas del árbol de frangipani, desnudas, de un marrón brillante entre siluetas de flores pálidas."» La lectora siguió describiendo a la nieta adolescente que rompe con su llegada la placidez de su abuelo en el palomar en el relato de Doris Lessing. El anciano ve a la adolescente y suelta con brusquedad la paloma. Se saludan, aunque con recelo. Se nota una cierta tensión entre los dos por alguna causa.

En este punto del relato, Fulton alzó la cabeza del texto.

«¿Dónde creéis que estamos?», les preguntó.

«¿En el campo?»

«Junto a las vías del tren.»

«¿Cómo creéis que es el anciano, según lo leído hasta ahora?»

«Un poco de humor cambiante.»

«¿De humor cambiante? ¿Por qué te lo parece?», preguntó Fulton.

«Porque de golpe decide meter a su paloma favorita en la jaula.»

«Así es. Estaba relajado, pero se pone tenso de repente, ¿no os parece? ¿Cuándo le pasa?»

«Al ver a su hija; no, a su nieta», respondió el anciano.

«Sí, y ¿qué creéis que siente? —les preguntó Fulton—. Imagináoslo, está sentado. Ubicadlo en su propio espacio, en el campo, en un lugar donde la tierra es rojiza. ¿Alguien sabe dónde es? ¿En las Tierras Altas de Escocia? ¿En otro lugar?»

* * *

Cuando visité Golders Green, Kate Fulton llevaba cinco años leyéndole en voz alta al grupo una vez a la semana. Había dejado su carrera de abogada para «alimentar el alma en lugar de la cuenta bancaria», tal como ella lo expresó. Su grupo estaba bajo los auspicios de The Reader, una organización benéfica nacional fundada en 2002 por Jane Davis, una profesora de la Universidad de Liverpool que quería sacar las grandes obras literarias de la torre de marfil para llevarlas a lugares donde vivían personas corrientes y, en especial, a lugares donde la gente sufre.

The Reader patrocina cientos de grupos de lectura en Gran Bretaña, aunque no están formados sobre todo de ancianos, sino que son grupos de escolares y niños en acogida, adolescentes y reclusos, pacientes en unidades de rehabilitación neurológica y pacientes internados en psiquiátricos, drogadictos en recuperación, personas con alzhéimer y también enfermeras y cuidadores estresados.

Con independencia de la composición del grupo, el protocolo siempre es el mismo. A los lectores se les enseña a leer con un tono de voz sereno y modulado, en lugar de expresarse con una gran teatralidad, para que el lenguaje del autor llegue de una manera clara y sin adornos. De vez en cuando les toca a otras personas de la mesa leer en voz alta el material de esa semana, aunque en la mayoría de casos consiste en leer un relato corto y un par de poemas.

«Tengo que asegurarme de que los lugares imaginados donde les llevo sean variados», puntualizó Fulton.

La semana pasada fuimos a una tienda de magia con H. G. Wells. Caminamos por una calle rusa con Chéjov, estuvimos en alguna otra parte con Maupassant o, simplemente, intentando arreglar la portezuela rota de un coche con Rose Tremaine.

A ellos les encanta. Había una señora que nunca hablaba. No hay que olvidar que estas personas tuvieron un pasado muy difícil, aunque solo estuvieran en refugios hasta los ocho años. Esta clase de experiencia te deja muy tocado. A esa anciana la habían evacuado de un refugio, pero yo no lo sabía porque siempre estaba callada. Pero un día, mientras leíamos el poema *La flecha y la canción* de Longfellow sobre la amistad, dijo de pronto: «Es una canción y tú lo sabes, Kate».

¡Era la primera vez que decía algo! «¿Te gustaría cantárnosla?», le pedí. ¡Y lo hizo! Rompió a llorar. Con las lágrimas rodándole por las mejillas nos contó que la habían evacuado durante la guerra cuando estaba con su familia en un parque de bomberos y que no había vuelto a oír la canción desde entonces, y que por eso yo la había llevado de vuelta a la infancia.

Cuando estás con esta clase de grupos, hablando sobre historias, puede aflorar cualquier cosa. No sabes lo que puede salir a la luz.

«Los relatos me hacen *pensar* —comentó la mujer ciega del grupo de lectura de Fulton—. Usas el cerebro y descubres cosas interesantes de las que normalmente no hablas. Las distintas historias te enseñan cosas. Además, es sorprendente lo que aprendes de otras personas. No es tan duro como cuando te lo enseñan en el colegio. Es una relación amistosa.»

«Te relacionas con otras personas», puntualizó el hombre del grupo.

«Hace que la literatura cobre vida —intervino otra mujer—. Oyes un relato y hablas de él. Te pones en la piel del protagonista. Es estimulante. Porque, si no, te quedas mirando las cuatro paredes con una expresión vacía, o te pones a ver la tele o a hacer algo parecido.»

* * *

Hay una razón para creer que esta clase de grupos de lectura les ofrecen a los participantes algo más que simplemente beneficios vagos y anecdóticos.

«En el sentido emocional, te alimentan el alma a más no poder —comentó Paul Higgins, un antiguo voluntario en The Reader que acabó siendo el primer empleado asalariado de la organización benéfica—. No todos hemos tenido la deliciosa experiencia, casi primordial, de que nos leyeran cuentos de niños y nos tranquilizaran. Lo más curioso es que si nos dan la oportunidad de vivirla, todos, en especial los ancianos, exclamamos: "¡Qué relajante es!" Una amorosa bondad es lo que la gente siente a través de la literatura, gracias a la red que crea y a la vía de escape que va abriendo semana tras semana. Bondad, amor y belleza. Esto es lo que nos hace vibrar a todos. Por eso leer libros en voz alta es una actividad tan extraordinaria.»

En una encuesta realizada en 2010 en el Reino Unido, las personas mayores que participaban una vez a la semana en grupos de lectura afirmaron tener mayor concentración, estar menos agitadas y experimentar mejoras en su vida social. Los autores de la encuesta atribuían estas mejoras en gran parte a la «dieta rica, variada y espontánea de literatura de calidad»[350] que los miembros del grupo consumían, ya que las novelas de ficción promovían sentimientos de relajación[351] y de calma, la poesía favorecía la concentración focalizada y los relatos de toda índole generaban pensamientos, sentimientos y recuerdos.

Disfrutar de literatura de calidad también tiene otro atractivo beneficio a largo plazo. Investigaciones llevadas a cabo en la Universidad de Yale han revelado que las personas que leen por placer viven una media de dos años más que las que no leen. Y no solo eso, la lectura de libros produce más efectos protectores que leer periódicos o revistas. «Estos

---

350. Josie Billington *et al.*, «An Investigation into the Therapeutic Benefits of Reading in Relation to Depression and Well-Being», University of Liverpool, 2010, https://www.thepilgrimtrust.org.uk/wp-content/uploads/MERSEY BEAT-Executive-Summary.pdf

351. En un interesante estudio descrito más abajo que no guarda ninguna relación, los investigadores intentaron aclarar los efectos socioemocionales de los libros de ficción y de no ficción, y descubrieron que la «exposición a los libros de ficción se relacionaba positivamente con el apoyo social. La exposición a los libros de no ficción, en cambio, se asociaba a la soledad y se vinculaba negativamente con el apoyo social». Raymond Mar, Keith Oatley y Jordan B. Peterson, «Exploring the Link Between Reading Fiction and Empathy: Ruling Out Individual Differences and Examining Outcomes», *Communications 34*, n.º 4, 2009, págs. 407–428, doi:10.1515/COMM.2009.025

efectos se deben probablemente a que los libros atrapan[352] más la mente del lector —manifestó Avni Bavishi de la Universidad de Yale—. La participación cognitiva explica por qué las facultades relacionadas con el vocabulario, el razonamiento, la concentración y el pensamiento crítico aumentan con la exposición a libros.» La literatura, afirmó, «fomenta la empatía, la percepción social y la inteligencia emocional, procesos creativos que pueden alargarnos la esperanza de vida.»

Y lo más interesante, quizá, son los efectos de leer en voz alta en quienes sufren alzhéimer. Un artículo escrito por médicos de la Universidad de Liverpool en 2017[353] sugiere que esta actividad no solo era tremendamente prometedora para los 800.000 hombres y mujeres con demencia en el Reino Unido, sino también para los aquejados de alzhéimer de todo el mundo.

«Leer textos literarios en compañía de otras personas, además de utilizar el poder de la lectura como un proceso cognitivo, actúa como una presencia social altamente integradora, les permite a los lectores vivir la sensación de una experiencia subjetiva y compartida al mismo tiempo», escribieron los autores del estudio.

Estos beneficios se aprecian fácilmente, pero aún hay más. «Las investigaciones sugieren que el procesamiento neuronal del lenguaje que se da cuando se lee una estrofa compleja de poesía tiene el potencial de estimular redes neuronales del cerebro y de influir en las redes emocionales y en la función de la memoria.»

(Como Morten Christiansen, de la Universidad de Cornell, me manifestó: «La experiencia y el uso del lenguaje tienen una gran importancia[354] a lo largo de nuestra vida. El lenguaje se parece un poco

---

352. Avni Bavishi, Martin D. Slade y Becca Levy, «A Chapter a Day: Association of Book Reading with Longevity», *Social Science & Medicine 164*, setiembre de 2016, pp. 44-48.

353. Josie Billington *et al.*, «A Literature-Based Intervention for Older People Living with Dementia», informe evaluativo, Centre for Research into Reading, Literature and Society, Universidad de Liverpool, 15 de agosto de 2017, https://issuu.com/emmawalsh89/docs/a-literature-based-intervention-for

354. Christiansen, conversación mantenida por Skype.

a un músculo. Si no lo usamos, se atrofia». En Japón, con su gran población de ancianos, los médicos están estudiando cómo un poco de lectura y de matemáticas diarias agudizan la capacidad cognitiva[355] deteriorada por la edad y la falta de uso. En 2016, un equipo de investigadores de la Universidad de Tohoku reclutó a un grupo de ancianos sanos para que se sometieran a una «terapia de aprendizaje» durante seis meses. La terapia consistía en realizar cálculos matemáticos sencillos y en leer en voz alta breves pasajes de prosa japonesa. Al final del experimento, la capacidad cognitiva de muchos de los participantes había mejorado.)

Para mucha gente que se reúne cada semana para leer un libro en voz alta, parte del placer que sienten resulta del gran alivio psicológico de estar en compañía de otras personas. Los hombres y las mujeres que viven solos, o que están confinados en hospitales o en hogares de ancianos o cárceles, puede que apenas tengan contacto con otras personas o que, más que nada, sea una relación de tipo práctico, transaccional y jerárquico. Es posible que no dispongan de demasiadas oportunidades para relacionarse con otras personas de igual a igual, y mucho menos para experimentar la poesía o relatos cortos leídos en voz alta. Con una franqueza conmovedora, un recluso de una de las cárceles más conocidas del Reino Unido describió cómo se sintió cuando participó en una de las sesiones de Reader: «Es casi como si la literatura te "sacara de tu entorno"[356] y le permitiera al lector sentirse como un explorador de un mundo distinto o, al menos, con el privilegio de entrever otro reino "de otro mundo". El ambiente relajado y sosegador que se respira en general en los grupos me hace sentir más cerca de los demás y *llena una necesidad en mí que no sabía que tuviera*». (La cursiva es mía.)

---

355. Rui Nouchi *et al.*, «Reading Aloud and Solving Simple Arithmetic Calculation Intervention (Learning Therapy) Improves Inhibition, Verbal Episodic Memory, Focus Attention and Processing Speed in Healthy Elderly People: Evidence from a Randomized Controlled Trial», *Frontiers in Human Neuroscience 10*, 17 de mayo de 2016, doi:10.3389/fnhum.2016.00217

356. «Connect Realise Change: The Reader», https://vdocuments.site/connect-realise-change-high-quality.html

* * *

La vida moderna puede ser soledad y aislamiento. Y con la llegada de la revolución digital, la soledad como fenómeno cultural[357] parece estar aumentando. Según una reciente evaluación, los índices de soledad se han doblado desde la década de 1980. En la actualidad, en Estados Unidos más del 40 por ciento de los adultos sufren en cierto grado una sensación de aislamiento. Somos animales sociales, como afirmó Aristóteles. Sentirnos desconectados y solos puede salirnos muy caro. Las personas que se sienten solas tienen el triple de posibilidades que el resto de sufrir sentimientos de ansiedad y depresión, según un estudio danés reciente. Los corazones solitarios se enfrentan al doble de riesgo de mortalidad[358] causado por enfermedades cardíacas.

«El mundo está sufriendo una epidemia de soledad. Si no podemos establecer de nuevo conexiones sociales sólidas y auténticas, seguiremos sintiéndonos cada vez más alejados unos de otros», escribió recientemente el general Vivek Murthy, un médico exjefe operativo del Cuerpo Comisionado de Servicios de Salud Pública de EE UU, en la revista *Harvard Business Review*. Esta epidemia no solo nos está dañando la mente y el corazón, sostuvo, sino también el cuerpo. «La soledad genera estrés, y el estrés duradero o crónico produce con mayor frecuencia niveles más elevados de cortisol, una hormona del estrés esencial en el organismo. Lo cual, a su vez, daña los vasos sanguíneos y otros tejidos, por lo que aumenta el riesgo de sufrir cardiopatías, diabetes, enfermedades articulares, depresión, obesidad y muerte prematura. El estrés crónico también se puede apropiar de la corteza prefrontal del cerebro, que gobierna la toma de decisiones, la planificación, la regulación emocional, el análisis y el pensamiento abstracto.»

---

357. Vivek Murthy, «Work and the Loneliness Epidemic», *Harvard Business Review*, septiembre de 2017.

358. European Society of Cardiology Press Office, «Loneliness is Bad for the Heart», 9 de junio de 2018, https://www.escardio.org/The-ESC/Press-Office/Press-releases/loneliness-is-bad-for-the-heart?hit=wireek

Es un catálogo horrendo de sufrimiento, si tenemos en cuenta lo sencillo y económico que son los medios para aliviarlo. La lectura tiene el poder extraordinario de salvar y consolar, sacando al solitario de su aislamiento y ofreciéndole un respiro al enfermo de la agotadora carga de la enfermedad.

Ni siquiera somos la única especie que se beneficia de la lectura. A los perros también les sienta bien.[359] Por eso, voluntarios de la Sociedad Americana para la Prevención de la Crueldad hacia los Animales (ASPCA por las siglas en inglés) llevan desde 2014 leyéndoles textos para ayudarles a recuperarse de un trauma.

«Hace diez o quince años[360] yo era básicamente la única persona que se dedicaba a casos de desatención y maltratos», observó Victoria Wells, la directora de la organización para el adiestramiento y el buen comportamiento canino cuando nos reunimos en la sede central en Manhattan de la ASPCA.

En ocasiones había algunos perros aislados en cuarentena porque llegaban al centro y estaban enfermos. Como habían sido tratados por varias lesiones, no podían levantarse. Yo quería interactuar con los perros de algún modo, pero no podía sacarlos al exterior ni trabajar con ellos físicamente.

Así es que me sentaba delante de sus jaulas y cantaba tocando la guitarra. Solía tocar canciones de los Beatles. Advertí que los perros que estaban muy asustados, escondidos en un rincón en el fondo de la jaula temblando, poco a poco se iban acercando sigilosamente a la parte delantera. Parecían estar escuchándome en un estado de gran relajación.

La respuesta de los perros a la música llevó de forma natural a la idea de leerles en voz alta. Era una forma práctica de dejar que un número

---

359. Andy Newman, «How to Heal a Traumatized Dog: Read It a Story», *New York Times*, 9 de junio de 2016, http://www.nytimes.com/2016/06/12/nyregion/how-to-heal-a-traumatized-dog-read-it-a-story.html

360. Victoria Wells, ASPCA, entrevista realizada por la autora, 3 de octubre de 2016.

mayor de voluntarios se ocupara de la recuperación de los animales sin tener que interactuar con los perros de una manera tan directa que pudiera intimidarles. Wells y sus compañeros de trabajo elaboraron un meticuloso protocolo para minimizar el estrés. En la actualidad forman a los vountarios para que lean los textos con un tono de voz uniforme y tranquilizador y se sienten sin estar de cara a los perros directamente para que no los vean como una amenaza. La elección del material depende de los lectores. Algunos voluntarios mantienen a los perros al día de las noticias de actualidad leyéndoles el periódico, otros eligen libros infantiles o prefieren novelas de ficción para adultos. Un día que me pasé por el centro, una cantante de ópera jubilada les estaba leyendo *La fuga de Logan,* un *thriller* de ciencia ficción publicado en 1967, a media docena de perros alojados en recintos individuales de cristal transparente colocados en hilera. Cuando empezó a leerles la novela estaban ladrando ruidosamente, pero al poco tiempo su voz los relajó como si los hubiera envuelto en una reconfortante manta de sonidos y los animales se hubieran calmado.

«Los perros disfrutan realmente de la lectura —declaró Wells—. Creo que lo más beneficioso para ellos es recibir una atención que no les resulta amenazadora. Hemos advertido que es de gran ayuda en el tratamiento conductual habitual. Los perros se vuelven más receptivos hacia nosotros y parecen sentirse en general más cómodos en sus jaulas (porque es como estar en una pecera, y cuando la gente se arrima al cristal para mirarlos les resulta muy intimidante), pero les prepara realmente para los voluntarios que los sacan a pasear y para los que vienen al centro a verlos para adoptarlos en el caso de gustarles. Creo que es el tono de voz uniforme y tranquilizador y la presencia de alguien que les hace compañía lo que de veras les beneficia.»

Si incluso los perros se benefician cuando les leemos textos en voz alta, no es de sorprender que a las personas les ocurra lo mismo, tanto si se debe a las reuniones organizadas como en los grupos de lectura británicos, como a momentos fortuitos en la habitación de un hospital o durante un largo viaje en coche por el espacio natural de las montañas Adirondacks.

Para los adultos, los libros compartidos en voz alta son una oportunidad para los encuentros, la compañía y el autodescubrimiento. Son un bálsamo para el corazón solitario y una vía de escape de un ambiente o confinamiento, tanto mental como físico, que nos hace sufrir. Nos permite conectar con el momento y, de una forma más profunda, con toda la riqueza de la experiencia humana. «Lees algo que creías que solo te había pasado a ti[361] y descubres que le ocurrió hace cien años a Dostoyevski —observó James Baldwin en una ocasión—. Supone una gran liberación para las personas que sufren por una situación difícil y que siempre creen que solo les ocurre a ellas. Por eso el arte es importante. El arte no sería importante si la vida no fuera importante, y la vida es importante.»

* * *

El arte literario nos ayuda a vivir más años y disfrutarlo en voz alta en compañía nos hace sentir más inteligentes, felices y satisfechos. Incluso es posible —si aplicamos los resultados de la investigación realizada en la Universidad de Tohoku— que ser el lector, el rapsoda, sea en sí mismo bueno para el cuerpo y el alma.

Antilo, un médico romano del siglo ii, así lo creía.[362] Les recomendaba a sus pacientes recitaciones diarias como una especie de tónico beneficioso para la salud. Tenía la extravagante idea[363] de que algunas maneras de disponer las palabras eran más saludables que otras. «Lo ideal es recitar versos épicos de memoria, pero si no es posible hay que recitar verso yámbicos, o elegíacos, o poesía lírica. Los versos épicos son, sin embargo, lo mejor para la salud.»

---

361. James Baldwin, *James Baldwin: The Last Interview and Other Conversations*, Melville House, Hoboken, 2014.

362. Manguel, *Una historia de la lectura*, p. 131.

363. Aline Rousselle, *Porneia: On Desire and the Body in Antiquity*, Wipf and Stock, Eugene, Oregón, 2013, p. 11.

De algún modo, no veo una multitud de entusiastas del bienestar apresurándose a seguir el consejo de recitar versos épicos para zafarse de los achaques, pero los que adoramos leer en voz alta somos los primeros en afirmar que *realmente* es como si sucediera algo saludable cuando lo hacemos. La voz humana es poderosa, y cuando la ponemos al servicio de textos bellos los efectos pueden producirnos un delicioso placer.

Aunque leerle un libro en voz alta a nuestra pareja, a un hermano o a los padres parece exigir demasiado esfuerzo, en realidad no forma parte de la variedad de actividades habituales al considerarse como algo excéntrico y un tanto peculiar. Linda Khan me contó que, justo antes de empezar a leerle la biografía de Churchill a su padre en el hospital, sintió la tentación de olvidarse del libro. Me parecía raro, e incluso inapropiado, plantearme leerle un libro a un hombre que toda la vida siempre había sido fuerte e independiente. No quería que se sintiera tratado con condescendencia. Como sabemos, su miedo estaba fuera de lugar, y a los dos les acabó encantando la experiencia. Como tantas otras muchas personas que se enfrentan a la extrañeza momentánea de leerle a otro adulto, parafraseando a Wordsworth, sorprendidas por la alegría que les reporta.

¿Quién no lo desearía? Hace varios años, un amigo mío después de cenar se dirigió a la sala de estar de su casa y agarró una edición de bolsillo de *Ángeles asesinos*, una novela de Michael Shaara sobre la Guerra de Secesión. Sin pensar demasiado en ello, empezó a leer el prólogo en voz alta. De inmediato se le unió su hijo mayor, que en aquella época tenía doce años. Al cabo de un instante se añadió su mujer, seguida de sus dos hijas pequeñas, aunque como tenían seis y ocho años tal vez no eran la audiencia ideal para presentarles a Robert E. Lee y a Joshua Chamberlain, pero querían formar parte de ese momento familiar. A los pocos minutos, todos parecían sentirse tan cómodos y metidos en el relato que mi amigo siguió leyendo. Aquella noche estuvo haciéndolo durante una hora. La noche siguiente después de cenar siguió leyéndoles la novela, y también la otra, hasta terminarla. Esa vivencia de disfrutar de un libro juntos, me confió mi amigo, se ha convertido en uno de los recuerdos familiares más felices, del que todavía hablan cuando vuelven a verse.

«Ojalá pudiera decirte que se volvió una tradición leer juntos una novela cada noche después de *Ángeles asesinos* —me dijo—. Pero nunca lo volvimos a repetir. No sé por qué. Supongo que debíamos de estar ocupados.»

Mi amigo lo recuerda ahora con melancolía. El placer de la lectura les sorprendió al desear vivir juntos momentos mágicos escuchando una novela que los atrapó por completo, y luego los dejaron escapar.

9

No hay mejor presente que el momento

«¡Léeme!
¡En cualquier momento! ¡En cualquier lugar!»

Eslogan de la Family Reading Partnership, Ithaca, Nueva York

Érase una vez una casa modesta en las afueras de una pequeña ciudad americana donde vivían los Rashid, una familia de clase media.[364] Julie y Alex eran los padres, y por aquel entonces tenían tres hijos: Eva, de diez años, Joseph, de seis, y Ethan, de veintiún meses, todo un derroche compacto de músculos y energía conocido como «el bebé».

Julie y Alex habían oído decir que era una buena idea leerles libros a sus hijos, y planeaban hacerlo… algún día. Pero con la agitada vida que llevaban en una ajetreada familia numerosa —ambos eran miembros de extensos clanes familiares locales, el de ella era medio griego y el de él sirio de pura cepa—, y con el trabajo, la escuela, los iPhones, los iPads y la enorme pantalla del televisor en la sala de estar, por no hablar de la inevitable conmoción de la llegada del bebé, ni el padre ni la madre llegaron nunca a leerles nada a sus hijos.

Como deseaban hacerlo, pero les resultaba tan difícil, los Rashid eran los sujetos perfectos para un experimento de lectura. Aceptaron

---

364. Julie, Alex Rashid y sus hijos, entrevistados por la autora, 29 de mayo y 11 de septiembre de 2016.

someterse a una prueba de tres meses que los llevaría, de la noche a la mañana, de no leer nada en voz alta a leer a diario. Me prometieron que apagarían los dispositivos electrónicos y que leerían por lo menos media hora cada día, teniendo en cuenta que todos nos quedamos cortos en lo que nos proponemos y que podían perderse una sesión de vez en cuando. ¿Qué ocurriría? ¿Sería para Julie y Alex una engorrosa obligación? ¿Se escabullirían sus hijos para ir a ver la tele? ¿Podría un bebé al que ya le costaba prestar atención cinco minutos hacerlo media hora? ¿Observarían los padres algún cambio en el vocabulario de sus hijos? A modo de una ecologista introduciendo lobos en la vida silvestre —salvo, supongo, que en mi caso era lo contrario—, me preguntaba qué efecto tendría este cambio en los habitantes de este ecosistema conectado y esperé que ocurriera lo mejor.

«Estamos muy entusiasmados», me dijo Julie cuando me presenté en su casa el fin de semana del Día de los Caídos con dos bolsas de libros acartonados para bebés, libros ilustrados y novelas cortas para niños de siete a diez años, decidida a ayudarles a empezar las sesiones de lectura.

En el hogar de los Rashid se respiraba un ambiente feliz y vibrante. Joseph se lanzó sobre las bolsas y empezó a sacar los libros a tontas y a locas. «¿Qué libro es este?», me preguntó varias veces sin esperar a que yo le respondiera ni mirarlo siquiera, mientras los iba lanzando, uno tras otro, sobre la moqueta de la sala de estar.

El bebé no estuvo quieto un momento, pisaba los libros que su hermano había arrojado al suelo, sacaba las sobrecubiertas, rodaba por el suelo e intentaba coger mi grabadora digital dondequiera que yo la dejara. En un determinado momento, se colocó detrás de mí para darme golpecitos entre los homoplatos afectuosamente. Callada y sonriente, Eva hojeó algunos de los libros ofrecidos y mandó callar a Joseph, que tendía a interrumpirla, y rescató libros ilustrados de las exploradoras mandíbulas del bebé.

«Es algo que siempre he querido hacer, aunque nunca encontraba el momento —me explicó Julie—. Y ahora, por fin lo haremos. Está en nuestra agenda. Nos hemos programado las lecturas. Es como si nos hubiéramos apuntado a una nueva actividad y estuviéramos todos preparados. ¡Nos morimos de ganas de empezar!»

«Nos hemos comprometido a leerles libros cada día», terció Alex.

Mientras los adultos planificaban las lecturas, sus hijos estaban en modo alborotador. Joseph le había sacado la sobrecubierta a *A Butterfly Is Patient*, lanzó el libro dando vueltas en el aire al sofá y se giró en busca de otra víctima. Su madre, sin perder el tiempo, le volvió a poner la sobrecubierta al libro mientras le decía a su marido: «Creo que podemos hacer las sesiones de lectura más temprano, porque tú vuelves a casa entre las siete y las siete y media de la tarde».

«¡Disfrutad de la experiencia! No es necesario que seáis estrictos con las lecturas, y podéis hacerlas a la hora y en el lugar que os apetezca.»

Había decidido explicarles a los Rashid qué era la lectura dialógica e interactiva, pero mientras estaba en su hogar cambié de opinión. Empezaban de cero y se lo estaban tomando tan en serio que temía agobiarlos. Aunque les sugerí que procuraran leerles libros mientras sus hijos estaban en la bañera, y animé a Julie y a Alex a dejar durante las lecturas que sus hijos se movieran por el lugar y jugaran con juguetes si les apetecía. Era difícil imaginar a los miembros de este frenético grupo sentados quietos.

«¡Estupendo! —exclamó Julie levantando la voz por encima de los chillidos de Ethan—. Empezaremos el primer día de junio, y lo haremos durante tres meses.»

* * *

Al cabo de tres meses…

No, esperad un momento.

De momento dejaremos que la familia Rashid se dedique tranquilamente al experimento. Mientras tanto, hablaré de cómo crear una hora mágica en casa, o incluso solo veinte minutos.

¿Cómo empezar?

Hacedlo poco a poco. Desde el nivel en el que estéis. ¡Empezad hoy! No es necesario que seáis heroicos ni que os comprometáis a un interminable futuro de lecturas en voz alta, o a un periodo de prueba de tres meses, ni incluso a una sesión de sesenta minutos. Empezad, simplemente. Elegid un libro, una revista o una caja de cereales e intentad leérselo en voz alta a un ser querido.

No, de verdad, ¿qué debemos hacer primero?

De acuerdo. Primero, apagad los dispositivos electrónicos. Silenciad los móviles y, si es posible, dejadlos lo bastante lejos como para que no los veáis ni los oigáis cuando vibran. Dad a todo el mundo el espacio psíquico para que se deje llevar por las palabras y la trama del relato, y participad con las otras personas. Los dispositivos electrónicos nos impiden estar presentes en el momento y, como sabemos, también perturban la atención conjunta y la conexión emocional.

Un estudio titulado «Las interferencias en el aprendizaje» elaborado en 2017[365] nos permite hacernos una inquietante idea del extremo en el que los móviles, en especial, tienden a perturbar las relaciones entre padres e hijos. A las mamás que participaron en el estudio les asignaron la tarea de enseñar a sus hijos de dos años dos palabras, primero una y luego la otra. Todas las mujeres llevaban el móvil encima, y los investigadores interrumpían deliberadamente la sesión en la mitad con una llamada telefónica.

«El móvil suena. La madre responde a la llamada. E interrumpe la sesión con su hijo —apuntó Roberta Michnick Golinkoff, de la Universidad de Delaware, una coinvestigadora—. ¿Y sabías que cuando respon-

---

365. Jessa Reed *et al.*, «Learning on Hold: Cellphones Sidetrack Parent-Child Interactions», *Developmental Psychology 53*, agosto de 2017, https://www.ncbi.nlm.nih.gov/pubmed/28650177

demos a una llamada ponemos una cara inexpresiva? Así que la madre pone cara inexpresiva, deja de prestarle atención a su hijo y entonces el pequeño no quiere seguir aprendiendo. Aunque la madre deje de hablar por teléfono y le repita y repita la palabra a su hijo, y lo intente una y otra vez, el pequeño no la aprende.» Cuando las madres y los hijos interrumpían la sesión por una llamada telefónica, los niños no aprendieron las palabras nuevas. Pero cuando no recibían la llamada, los pequeños las aprendían.

Para que la magia de leer en voz alta se dé plenamente, lo mejor es que la tecnología no interfiera. De modo que sí, apagad los dispositivos electrónicos.

¿Te refieres a que no puedo leerles libros en voz alta a mis hijos con una tableta?

Sí que puedes, pero es problemático. Al igual que los móviles, las tabletas representan mundos enteros de posibles interrupciones, investigaciones y estímulos a corto plazo. Los adultos sabemos que la diversión está al alcance del dedo haciendo deslizar la pantalla de la tableta, y los niños también lo saben. Las distracciones están ahí esperando, justo debajo del libro electrónico, y pueden impedir que se sumerjan plenamente en la experiencia de la lectura.

«Aunque la tecnología esté presente en nuestra vida,[366] la *hemos* de dejar a un lado al menos un rato —puntualiza la doctora Perri Klass—. Y cuanto más estresada esté la familia, o cuanto más le cueste al niño aprender, un problema muy real en la actualidad, más grande será la tentación de refugiarse en las pantallas.»

Leer con una tableta no supone ningún problema cuando es un adulto quien le lee a otro, pero si se trata de niños —suponiendo que queramos maximizar los beneficios sociales, emocionales y lingüísti-

---

366. Klass, entrevista.

cos— es mejor no usar una pantalla. Los libros son preferibles en este caso.

¿Y si aún no ha nacido?

¡Estupendo! Si aún no ha nacido, tenéis la oportunidad de ir familiarizándoos con leer en voz alta para adquirir esta costumbre antes de la llegada del bebé. El sonido de vuestra voz puede tener un efecto saludable en su cerebro antes de nacer, aunque, como señala el doctor Abubakar del Hospital de Georgetown, no sabemos exactamente cómo le influirá.[367] Pero tan pronto como vuestro bebé nazca, se sabe que las redes neuronales de su cerebro se activarán en cuanto os pongáis a hablar con él.

¿Y si mi «bebé» ya está en cuarto curso? ¿O en sexto? ¿Es demasiado tarde?

Nunca es demasiado tarde. Aunque probablemente sea demasiado tarde para leerles libros para bebés, aún os queda tiempo para alcanzar un objetivo poco a poco. Encontrad un hueco de diez minutos antes o después de cenar, o a la hora de ir a dormir, o en cualquier momento del día en que podáis estar con vuestro hijo. Empezad poco a poco. Podéis intentar leerle un poema, o noticias actuales, o quizás alguna lectura que le hayan asignado a vuestro hijo (o que ya haya leído) en el colegio. Al día siguiente, haced lo mismo a la misma hora más o menos durante diez minutos, e idlo repitiendo. Si no conseguís leerle más de diez minutos, está bien. Pero tendréis que ir consiguiendo poco a poco que disfrute cada día con las lecturas. Incluso a los mundanos escolares de sexto curso les gusta recibir la atención cálida y positiva de sus padres.

---

367. Abubakar, entrevista.

«Hay algunas cosas que nos hacen sentir más queridos y cuidados[368] —suele decir LeVar Burton, el veterano presentador del programa *Reading Rainbow* de la PBS—. Me refiero a que te den de comer y a que alguien te lea un libro.»

Esto es estupendo. Pero yo no soy LeVar Burton. No tengo la voz de un actor profesional. ¿Cómo voy a lograr que mis hijos me presten atención?

Intentad disfrutar. Cuanto más nos involucremos en la lectura, más persuasivos seremos. Es de ayuda tener un gran libro (al final de *La magia de leer en voz alta* he incluido una lista de lecturas recomendadas), pero lo más importante es que leer en voz alta es una experiencia compleja y generosa. El relato que elijamos no es más que uno de los ingredientes. Nosotros somos otro, al igual que nuestro hijo, con su mente activa y sus sentidos, participando al escuchar, y quizá mirando también las ilustraciones. (O puede que esté al otro lado de la habitación jugando con el Lego, o dibujando con rotuladores mientras le leemos un cuento…, y esto también está bien.)

Entrar en «modo narrador» tiene un poder hipnotizante por sí solo. La escena de un padre, una madre o un maestro sentado con un libro en la mano atrae a los niños pequeños como las limaduras de hierro ante un imán. En una ocasión vi cómo les sucedía a una multitud de personas de mucha más edad en el delirante escenario de un parque temático de Florida, por más inhabitual que sea. Al caer la tarde, mientras una multitud estaba avanzando por las calles artificiales de Diagon Alley —forman parte del espacio dedicado a Harry Potter en el recinto de Universal Studios—, una mujer salió de prontó a un rellano bajo gritando: «¡Venid!» Como la narradora de historias llevaba una toga gris, había un pe-

---

368. LeVar Burton, «Levar Burton Reads to You», entrevista con Lauren Ober, *The Big Listen*, NPR, 23 de noviembre de 2017, https://biglisten.org/shows/2017-11-23/levar-burton-reads

queño elemento de esplendor en la escena, pero lo más sorprendente fue la rapidez con que la gente respondió a su llamada. En un abrir y cerrar de ojos[369] había atraído a una numerosa y atenta audiencia. Durante los veinte minutos siguientes nadie se movió mientras la mujer y varios actores más contaban la fábula de «Los tres hermanos» de J. K. Rowling. Cuando los aplausos se desvanecieron, era evidente, por las caras de los oyentes, que se marchaban sintiéndose renovados.

Tal vez nos digamos que un parque temático es el último lugar en la Tierra donde una voz sin más podría hacer vibrar el corazón humano. Pero la entusiasta respuesta de la multitud me recordó de maravilla el poder de las palabras habladas y el amor natural que sentimos por los relatos. Ambas cosas actúan a nuestro favor cuando les leemos libros a nuestros hijos en casa. No es necesario ser como LeVar Burton. Ni tampoco leer con histrionismo. Lo único que tenemos que hacer es dejar que las palabras fluyan de nuestra boca. Frase por frase, y les hechizarán.

Dicho esto, también es cierto que cuanto más nos metamos en el papel de un lector, más convincente será la experiencia de la lectura para todos. Aunque las voces ridículas y los acentos cómicos pueden hacer que sea mucho más atractiva. Si leéis rimas infantiles, versos cómicos como *El búho y la gatita* de Edward Lear o el estribillo de la canción de los Oompa-Loompas de *Charlie y la fábrica de chocolate,* tal vez os guste decir las palabras canturreando en lugar de leerlas simplemente.

No. No quiero cantar

¡No os preocupéis! Haced lo que prefiráis. Aunque a los niños pequeños les encantan las canciones, y cuando el lector es juguetón con el texto, y con ellos, les está animando a ser también juguetones.

---

369. ¡Es una historia real! Ocurrió la tarde del 30 marzo de 2016.

«Mi hija una vez pilló a sus hijos gemelos de dos años alejándose sigilosamente del regazo de su papá mientras él intentaba leerles un cuento», me confesó una abuela.

Mi yerno es socio de un bufete muy importante. Es un abogado muy culto, y además es hijo de profesores.

Mi hija le dijo: «¡Cariño, les estás leyendo *El grúfalo* como si fuera un informe jurídico! Métete en el papel. ¡No lo leas de una forma tan impersonal! ¡Diviértelos!

A él no se le había ocurrido.

Leer puede también contener un elemento de aventura si lo hacemos en un lugar distinto al habitual. Antes he hablado de la técnica de un padre de leerles a sus hijos libros de marineros embutidos debajo de las literas como si estuvieran «bajo cubierta». Una madre dejó todo lo demás para llevar una cesta de pícnic, un libro de la biblioteca —aunque casi hubiera caducado la fecha de devolución— y a sus hijas a la ladera de una colina cubierta de césped que había cerca de su casa. Rodeadas por el aire fresco y bajo el sol, leyeron el libro en voz alta por turnos hasta terminarlo. «Ese recuerdo le hizo ver a mi familia[370] lo importante que son las pequeñas cosas, como dedicar un rato a leer un cuento juntas en la ladera soleada de una colina, y recordaremos y atesoraremos ese momento en nuestro corazón para siempre», me contó una de las hijas años más tarde.

Leer en voz alta debe tener *algo* que no sea tan idílico y perfecto…

Así es. Puede costarnos una barbaridad hacernos un hueco en nuestra apretada agenda para esta actividad. Pero no nos queda más remedio.

---

370. Annie Holmquist, intercambio de correos electrónicos mantenidos con la autora, 2 de agosto de 2017.

«A mí me parece *fenomenal*.[371] Me encanta cada minuto que estoy leyéndoles a mis hijos, de verdad. Me encanta el bienestar que produce la lectura, los cuentos —refiere Carolyn Siciliano después de que ella y su marido decidieran leerles a sus hijos en voz alta en su alegre y caótico hogar—. Pero a veces me siento culpable. Todo lleva mucho tiempo, y los niños necesitan dormir. Por eso a veces me siento frustrada y decepcionada. Mis hijos me dicen: "¿Hoy no vas a leernos un cuento?" Y yo les respondo: "¡Uf! Bueno, pero solo veinte minutos". A mi marido y a mí nos cuesta horrores hacernos un hueco para ello.»

A algunos padres les cuesta mucho mantenerse despiertos. «No hay noche que *no* me quede dormida», se quejó otra madre. Otra me confesó: «Me encantan los libros de Beverly Cleary, y estaba esperando ilusionada leérselos a mis hijos, pero… cada vez que lo hago es como si me tomara un somnífero».

Otra madre me envió una fotografía de su hija pequeña: una noche la niña había estado esperando durante tanto tiempo a que alguien fuera a leerle un cuento que se había quedado dormida bajo una pila de libros ilustrados. Su madre se la encontró tumbada en la cama con la boquita abierta. Zzzz.

Paris, mi hijo, me dijo que se alegraba de que hubiésemos estado leyendo juntos tanto tiempo, pero que, cuando era un adolescente gruñón, la hora de las lecturas le había parecido a veces una obligación. «Cuando crecí y lo recordé, me di cuenta de que ese buen recuerdo se me había quedado grabado en la cabeza, las lecturas nocturnas eran algo con lo que siempre podía contar —me dijo—. No fue nunca un mal recuerdo, salvo…»

En una ocasión en que les estaba leyendo a Paris y a mis hijas una bella edición de *Pinocho* ilustrada por Roberto Innocenti. Una de las últimas imágenes nos impresionó a todos. Al pasar la página nos encontramos con unas espantosas fauces rojas abiertas de par en par, llenas de dientes afilados.

«Mis hermanas se asustaron por la imagen del tiburón del final del cuento —prosiguió Paris—. Y yo exclamé: "¡Buuu!", acercándoles a la cara el libro abierto para asustarlas, y tú me mandaste a mi habitación.

---

371. Carolyn Siciliano, entrevista realizada por la autora, 5 de junio de 2016.

»Entonces dibujé un mapa de piratas muy chulo en la puerta y tú te enfadaste conmigo, mamá, porque lo hice con un rotulador.»

Supongo que intentaremos leerles en voz alta

«O se los leemos o no se los leemos. No hay medias tintas en este asunto», afirma Yoda. Si vosotros y vuestra familia queréis aumentar el enriquecimiento que produce esta actividad, me temo que *tendréis* que hacer que ocurra. ¿Acaso esto os suena desalentador? ¿Estáis pensando que ya tenéis muchas cosas para hacer y compaginar como para asumir otra responsabilidad más?

Os prometo que se convertirá en una costumbre más deprisa de lo que creéis. Adam Alter describe en *Irresistible,* un libro sobre la adicción a la tecnología, una sutil técnica[372] que nos ayuda a cambiar nuestras rutinas. Consiste en ajustar el lenguaje de la autodeterminación. «Estoy intentando no usar las redes sociales» puede que sea una afirmación sincera, pero la palabra «intentando» deja demasiado margen. Según Alter, es más eficaz cerrar todas las vías de escape afirmando: «No uso las redes sociales», o «No entro en las redes sociales». No veo ninguna razón por la que esta estrategia no tenga también que funcionar con la lectura en voz alta. En lugar de decir: «Estamos intentando arreglar las cosas para empezar a leerles en voz alta a nuestros hijos», procurad decir: «Les leemos libros cada día», o «No hay una sola noche en la que no les lea libros a mis hijos».

¿Es mejor leer por la noche?

Hazlo cuando te vaya mejor. Si cuando tus hijos son pequeños estás en casa todo el día, puede que se den muchos momentos sueltos y fugaces

---

372. Alter, *Irresistible,* pp. 272-273.

en los que puedes leerles un cuento. Y si trabajas fuera de casa, tal vez en los primeros años te resulte más fácil leerles cuentos a tus hijos mientras realizas actividades domésticas, como en el desayuno o en el momento de bañarlos. («Yo se los leía a mi hijo cuando estaba en la trona», me contó una madre, imitando el acto de sostener un libro con una mano y darle de comer con la otra.)

A medida que los niños van creciendo, la hora de irse a la cama es normalmente el mejor momento para reuniros. En mi familia era así. Después del caos de la cena y de la vorágine de bañar a mis hijos, cepillarles el pelo y ponerles los pijamas, la hora de leerles cuentos era, como he dicho al principio, como trepar agotados a una balsa salvavidas. Mecidos por las olas del mar, todos estábamos aún un poco mojados y con el pelo revuelto, pero nos encontrábamos a salvo, rodeados de la celestial sensación de haber sido rescatados y de estar recuperándonos.

Pero mis hijos son de edades muy distintas. ¿Se supone que tengo que leerles los mismos libros a la vez?

¿Por qué no? Quizá. Depende. Tal vez tengas que irlo probando para descubrir lo que les va bien a las distintas personalidades de tus hijos. Tanto si les lees a todos al mismo tiempo o a cada uno por turnos, esta situación puede evolucionar con el tiempo. Con el paso de los años he hecho todo tipo de ajustes relacionados con la edad para satisfacer las necesidades de mis hijos. Hubo alegres momentos en los que todos nos reuníamos a la misma hora y les leía una pila de libros ilustrados, y luego uno o dos capítulos de una novela durante una hora antes de ir a la cama. Todos recibían lo que necesitaban: estar juntos un rato, sentirse seguros y disfrutar con el placer visual de los libros ilustrados (a los niños de más edad también les gustan), y además el rico vocabulario y la estimulante trama de las novelas cortas les exigían crear escenas en su propia cabeza.

Hubo una intensa temporada, duró quizá dos años, en la que les leía libros ilustrados a mis hijos pequeños durante cuarenta y cinco minutos, y luego bajaba a la planta inferior a leerles *Secuestrado, La isla del tesoro, La familia Robinson Crusoe* y *Veinte mil leguas de viaje submarino* a mis dos hijos mayores durante cuarenta y cinco minutos más.

Supongo que apenas tenías vida social

¡No, sí que la tenía! Si no me quedaba más remedio que trabajar después de la cena, o si mi marido y yo teníamos planes, les leía libros a mis hijos mientras cenaban más temprano de lo habitual. Pero exige sacrificio, no queda otra. Si consideramos los beneficios de leer en voz alta, incluso sale barato. Naturalmente, había días en los que solo les podía leer un par de libros ilustrados, o lo hacía mientras desayunaban, o era tan tarde que apagaba las luces, diciéndoles: «Esta noche vuestro relato ha sido la película que hemos ido a ver».

Quizá sea una fanática de la lectura en voz alta, pero no soy una santa.

Siempre dices «yo». ¿Acaso tu marido no les leía nunca?

Lo hacía, pero en contadas ocasiones. Cuando nuestros hijos eran pequeños, él trabajaba muchas horas y casi siempre llegaba a casa cuando ya estaban durmiendo. Además, como me gusta leer en voz alta, yo disfrutaba haciéndolo. Aunque mi marido se unía a nuestras sesiones de lectura cuando le era posible como un oyente más.

¿Importa quién le lee en voz alta a los niños? ¿Les influye de alguna forma que sea un hombre o una mujer?

No y sí. Lo ideal es que los niños tengan un rato en el que les lean, y cuántas más voces sean, más contentos se sentirán. Normalmente, la persona a la que más le gusta leer en voz alta —el actor frustrado, por ejemplo (ejem), que no dispone de ningún otro público que le escuche— es quien lo hará. Como un entusiasta dijo: «Leer en voz alta, si los demás te lo permiten, es lo más divertido del mundo».[373]

Las investigaciones académicas sugieren que los hombres tienen cualidades distintas de las de las mujeres cuando leen relatos en voz alta, aunque las diferencias entre una persona y la otra son probablemente mucho más importantes y significativas en este sentido que las de los sexos. Investigadores de la Universidad de Nueva York han observado[374] que los padres son más proclives a hablar con sus hijos de matemáticas y cifras. Cuando les leen a sus hijos libros ilustrados, por ejemplo, tienden más a pedirles que cuenten los bloques de madera o los ositos de peluche de las ilustraciones. Durante las lecturas en voz alta, tanto las madres como los padres ofrecen a sus hijos un gran número de estímulos cognitivos, pero hacen hincapié en distintas cosas.

Oí un ejemplo divertidísimo de ello. «Teníamos un libro titulado *The Maggie B* de Irene Haas sobre una niña que lleva a su hermanito a navegar con una cómoda barquita», me contó una madre de seis niños en una ocasión.

La niña ordena la barca y la deja lista para navegar. Luego le canta canciones de marinero de lo más bonitas a su hermanito James. Le prepara una deliciosa cena caliente y cierra las escotillas cuando se avecina el mal tiempo. Yo les leía el cuento a mis hijos, apretujados en la cama de alguien, y cantábamos canciones de marineros, charlábamos sobre la cena e íbamos pasando poco a poco las páginas del libro. Me encantaba el cuento. Y a mis hijos también.

Pero a mi marido no le gustaba. Creía que no se parecía en nada a un relato de marineros. Así que cuando nuestros hijos le pedían que les leyera *The Maggie B*, lo transformaba en *La carrera de Maggie B*. Su versión incluía piratas, tormentas ululadoras,

---

373. Fue Walter Olson.

374. Tamis-LeMonda, entrevista.

ollas burbujeantes de estofados marineros y una huida por los pelos de una muerte certera. Como es natural, a los niños les gustaba más la versión de mi marido.

Otro padre estaba tan harto de leer el mismo libro ilustrado a su tres hijos —adoraban el libro— que reescribió el texto. La familia entera acabó memorizando su versión, de lo más subversiva: «Thomas la Locomotora no paraba de armar jaleo —recitaba su esposa—. Siempre estaba haciendo novillos en el instituto, acabó en un centro de rehabilitación del que entraba y salía continuamente, estuvo entre rejas por un corto tiempo, no le duraba ningún trabajo y se metió en un buen lío en Las Vegas...»

Hay otra fascinante variación en los estilos de lectura que pertenece a los oyentes más pequeños. En los centros de investigación, los investigadores han advertido que el adulto que más tiempo pasa con un niño de corta edad tiende a estar más en sintonía con las nuevas habilidades lingüísticas del pequeño. Cuando el niño responde a una pregunta con frases imperfectas, ese adulto le entiende fácilmente: «¡Sí, cariño, este es el elefante!» Un adulto que pase más tiempo fuera de casa necesitará que se lo aclaren y puede que diga: «¿Qué? ¿Qué dices?» Esto anima a los niños a intentar hablar con más claridad y a hacerse entender. De modo que tener distintos miembros de la familia que les lean en voz alta aumenta tanto la comprensión del niño como su habilidad para expresarse.

La hora de la lectura también puede ser el único momento del día en que los padres ocupados tienen la oportunidad de relacionarse con su hijo, o con sus hijos, en un rato de tranquilidad dedicado a ellos. Lo que puede que empiece como una obligación puede volverse la hora más preciada del día.

¿Tengo que mostrarles a mis hijos pequeños las palabras del libro mientras se las leo?

¿Por qué no? Ver las palabras es parte del placer de la lectura, y además es educativo. Sobre todo cuando se trata de cuentos que riman. Mientras tu hijo está a punto de decir la última palabra de una frase rimada («Pito, pito colorito, dónde vas tú tan...») remarca la palabra («bonito»). Pero no hace falta convertirlo en un suplicio.

«Cuando mis hijos eran pequeños les solía leer los mismos libros ilustrados una y otra vez —me contó una madre de tres niños—. Era estupendo cuando me los repetían "leyéndolos". En realidad, no los leían, solo habían memorizado el texto página por página, y disfrutaban siendo los "lectores".»

Jonah, un padre, me contó que a su hijo, que tenía dificultades de aprendizaje, le encantaba seguir por su cuenta cualquier libro que él le leyera. «A mi hijo siempre le han gustado las imágenes muy pequeñas, se fija en los detalles y no en el conjunto», observó.

> Siempre le ha faltado la clase de razonamiento necesario para tener una visión de conjunto: el tema, las conexiones, todo lo que se supone que es el propósito de la literatura. Pero le encanta aprender y recordar los detalles.
>
> Cuando tenía unos ocho años, empecé a leerle la serie de Harry Potter a la hora de acostarse. Como nos lo pidió, le compramos primero la versión británica y luego la americana. Le leía el texto en inglés americano y él me seguía cuidadosamente con la versión británica hasta que llegaba el momento excitante a cada varias páginas en el que *truck* ("camión") era "lorry" en su versión británica, y entonces gritaba triunfante la palabra. Leímos los primeros libros de Harry Potter de esta manera.

Mis hijos no paran de moverse. ¿Cómo se supone que debo leerles de esta forma?

Es una situación complicada, y no hay una respuesta sencilla. Algunos niños actúan como si estuvieran aburridos y pasaran olímpicamente del relato, pero en realidad son muy conscientes de su entorno y prestan atención. Como en el caso de Gabe Rommely, que tenía autismo. A otros niños les cuesta concentrarse, o no les gusta estar en el regazo. Es posible que intenten zafarse del brazo del adulto que les impide levantarse. Estos niños solo disfrutan de la experiencia de la lectura si les damos el espacio para moverse. A un adulto esto le puede parecer una especie de rechazo, pero no debemos tomárnoslo así.

Vale la pena recordar que no hay una forma «correcta» de leer en voz alta. Dados los increíbles beneficios que produce, tenemos que adaptarnos a toda clase de personalidades. Los niños también son personas, como alguien dijo. Son distintos unos de otros en cuanto a la clase de relatos que les gustan, al deseo de que los sostengan o toquen y a la cantidad de descripciones paisajísticas que toleran (a Molly, Paris y Violet les encantaba cada palabra de *El príncipe Caspian* de C. S. Lewis y estaban sentados fascinados a mi lado todo el capítulo, pero en cuanto llegábamos a un pasaje ventoso sobre ríos, acantilados o desfiladeros, Phoebe salía disparada para jugar con juguetes en el suelo).

Cuando el niño parece preferir la pantalla a cualquier otra compañía o diversión, la situación ya es más delicada. Las familias han de tomar sus propias decisiones, pero yo coincido con los psicólogos del desarrollo que sostienen[375] que los niños que pasan la mayor parte de su tiempo libre con dispositivos electrónicos son los que probablemente más necesitan recibir con regularidad el soplo de aire fresco de ese ramillete de sustancias neuroquímicas.

Me siento mal. Antes leíamos juntos, pero dejamos de hacerlo y no sé por qué. Y mis hijos aún son pequeños...

No importa. ¡Puedes recuperar esos momentos! Amelia DePaola le estuvo leyendo en voz alta a su hija hasta que esta cumplió ocho años y ya leía

---

375. Pinker, *Village Effect*, p. 181.

sola. Durante los años siguientes, la niña apenas leía libros y la relación que mantenía con su madre se volvió muy tensa. Discutían mucho. Ambas se habían quedado atrapadas en un círculo de constantes enfrentamientos. Un día, alguien le envió a Amelia DePaola el artículo de un periódico (dio la casualidad de que era mío) sobre las alegrías de leer en voz alta y recordó, de pronto, lo felices que habían sido las dos entonces. Le propuso a su hija volver a leer relatos juntas por la noche y, para su alegría, la niña aceptó.

«Me pregunté: ¿por qué dejé de leerle en voz alta?[376] —me contó cuando quedamos para tomar un café—. Ahora que se los estoy leyendo de nuevo, puedes verla con un libro en la mano y no me lo puedo creer, ¡es como un milagro!»

Hizo una pausa. La cara se le descompuso, y se le humedecieron los ojos.

«Cuando volví a leerle en voz alta, me sentí como si hubiéramos *retrocedido* en el tiempo. No parábamos de pelearnos —dijo cerrando las manos en un puño y golpeándoselos el uno contra el otro para mostrarme hasta qué punto habían estado enfrentadas—. Y yo me preguntaba: ¿qué más puedo hacer para que volvamos a ser felices como antes, en lugar de *estar* peleándonos todo el día?

»La lectura en voz alta nos ha ayudado una barbaridad. Al menos ahora tenemos esos momentos mágicos y vinculadores en los que madre e hija se quieren. Los hemos recuperado.»

Recuperar la antigua magia no siempre es posible. Lauri Hornik había dejado de leerle a su hija cuando esta tenía diez años y decidió volver a intentarlo cuando Ruby tenía trece. Hornik me describió la conversación que mantuvo con su hija: «Le dije: "¿Qué te parecería[377] si vuelvo a leerte libros como antes? Sería un relajante momento por la noche para las dos. ¿Te gusta la idea?" Pero ella la rechazó de plano», comentó Hornik echándose a reír.

---

376. Amelia DePaolo, entrevista realizada por la autora, 20 de julio de 2017.

377. Lauri Hornik, entrevista realizada por la autora, 26 de enero de 2018.

La moraleja de la historia es que, una vez empecemos a leerles a nuestros hijos, no debemos dejar de hacerlo. En *Fingerposts to Children's Reading,* un interesante libro[378] de 1907, Walter Taylor Field responde categóricamente a la pregunta de cuándo los padres deberían dejar de leerles en voz alta a sus hijos: «En ningún momento».

Esto es una locura.

¡No, no! Mi marido se refiere a que deberíamos dejar *a nuestros hijos* decidir cuándo quieren poner fin a esta experiencia en lugar de decidirlo nosotros. La mayoría de los niños que participaron en la encuesta de la editorial Scholastic en 2016 sobre hábitos de lectura familiar afirmaron que lo que más les gustaba de las lecturas en voz alta era «los momentos especiales vividos con sus padres».[379] Mientras deseen que les sigamos leyendo libros, ¿acaso no deberíamos seguir manteniendo la conexión emocional que se da en esos momentos?

En psicología hay un concepto sobre la motivación humana conocido como teoría de la autodeterminación. Según esta idea, necesitamos satisfacer tres necesidades intrínsecas para sentirnos felices y llenos. Sebastian Junger lo resume en *Tribu,* su breve y excelente libro sobre la alienación y la conexión. Los seres humanos «necesitamos sentirnos competentes en lo que hacemos,[380] auténticos en nuestra vida y conectados con los demás», escribe.

Este pasaje me ayudó a entender por qué leer en voz alta es tan beneficioso en la vida familiar. El oyente recibe muchas cosas de la expe-

---

378. Walter Taylor Field, *Fingerposts to Children's Reading*, A. C. McClurg, Chicago, 1907, citado en Annie Holmquist, *Intellectual Takeout*, 9 de noviembre de 2015, http://www.intellectualtakeout.org/blog/5-tips-1907-turning-your-child-reader

379. De entre los menores de seis a diecisiete años, el 78 por ciento eligió «Es/fue un momento especial con mi padre o mi madre» como la razón principal de haber disfrutado con las lecturas en voz alta. Scholastic, *Kids & Family Reading Report*, 5.ª ed., p. 35.

380. Sebastian Junger, *Tribe: On Homecoming and Belonging*, Twelve, Nueva York, 2016, p. 22.

riencia, como se ha visto, al igual que quien lee el libro. La lectura en el hogar ayuda a satisfacer estas tres necesidades intrínsecas. Cuantos más libros leamos en voz alta, más expertos seremos en ello. La autenticidad consiste en vivir el momento presente y en ofrecerles a los oyentes nuestra plena y sincera atención. Y la conexión consiste en crear una biblioteca imaginativa compartida de relatos, personajes, palabras y frases divertidas con nuestros hijos, pareja o padres.

Nadie es un héroe para su ayuda de cámara, afirman los ingleses. Hay un corolario para los padres que solo raras veces deseamos admitir: nuestros hijos nos admiran de pequeños sin sospechar lo que sabemos que es cierto sobre nosotros: que aunque procuremos ser justos, sensatos y conscientes de las cosas, a veces fallamos estrepitosamente. Somos imperfectos y falibles, y en ocasiones perdemos los estribos. Cuando los niños se acercan a la adolescencia empiezan a advertirlo, y puede ser una transición incómoda para todos los implicados.

Quizá parezca que me estoy yendo por las ramas, pero para mí todo esto va unido. Leerles relatos a diario a los hijos no le garantiza a ninguna familia resultados perfectos respecto a las notas, la felicidad o las relaciones de sus retoños. Pero se parece lo máximo posible a un producto milagroso, y además nos sale gratis. Como la persona con defectos y falible que soy, con un carácter imperfecto, sé que leerles libros a mis hijos cada noche no es solo lo más bonito que he hecho con ellos, sino que además representa, indudablemente, lo mejor que he sido capaz de darles como madre.

Si hacemos lo que aconsejas y les leemos a nuestros hijos a diario, ¿cuánto tardaremos en ver una diferencia? Me refiero a un vocabulario más rico, una mayor capacidad de concentración y todo lo demás. ¿Cuánto tiempo nos llevará ver estos resultados?

Los resultados pueden variar, como afirman las advertencias, pero espero que podamos sacar algunas conclusiones de lo que ocurrió en el hogar de los Rashid durante la prueba de tres meses. Creo que los resultados os impresionarán. A mí, que tan partidaria soy de la lectura en voz alta, me dejaron estupefacta.

* * *

Al llamar a la puerta de la casa de los Rashid al final del verano, cuando Julie me hizo pasar, noté un cambio sutil en el ambiente. La familia estaba tan alegre como cuando la visité la vez anterior, pero ahora se respiraba una evidente sensación de calma. Entré en la sala de estar y saludé a Alex. Me di cuenta de que el lugar estaba lleno de libros desparramados por todas partes, igual como lo había dejado tres meses atrás, pero en esta ocasión se debía a que sus hijos se habían pasado la última media hora buscando por la casa los libros que yo les había prestado.

¡Qué cambio! El bebé, que ahora tenía dos años, ya no estaba pisando los libros, sacándoles la sobrecubierta o aplastándoles el lomo. Me había venido a recibir y ahora trotaba a mis espaldas hacia la sala de estar. Se quedó plantado en medio de los libros, y luego se agachó al lado de una edición de tapa dura de *Go, Dog, Go!* y se puso a hojear las páginas.

«¡Vaya!», exclamé mirando a sus padres para que me lo confirmasen.

«Ethan antes mordisqueaba los libros, pero hace dos meses que ha empezado a hojearlos», me comentó Julie.

«Me pregunto por qué», repuse, y todos nos echamos a reír.

«Es asombroso cómo han cambiado nuestros hijos. Él ha pasado de mordisquearlos a hojearlos», observó señalando al pequeñín,

> ¡y hemos descubierto que de repente Joseph tiene ahora un vocabulario más rico! A Eva le encanta leer, y ha acabado adoptando el papel de lectora.
>
> Todos esperábamos con ilusión los momentos de la lectura en voz alta. Incluso invitamos a una de sus tías a unirse a las sesiones, y también a mi madre para que les leyera cuentos a los niños; lo hemos convertido en una actividad. Decidíamos a qué

hora queríamos leerles los libros, y no *si* se los queríamos leer. A veces lo hacíamos a las nueve de la mañana y otras a las cuatro de la tarde. La mayoría de las veces dependía de lo que el pequeñín hubiera hecho durante el día. ¿Se había levantado a las cinco y media? ¿Había hecho la siesta? Fijábamos la hora de las lecturas dependiendo sobre todo de Ethan.

Y nos ha gustado hacerlo durante el día, ha sido divertido; aunque lloviera o hiciera calor, era agradable hacer un descanso a las dos del mediodía para leer. Y yo diría que las sesiones duraban de cuarenta y cinco minutos a una hora.

Leerles libros mientras se bañaban fue un gran éxito. «¡Ha sido estupendo! —exclamó Julie—. Estaban quietos, me escuchaban, al menos les leía seis libros mientras jugaban en la bañera. Si me saltaba frases por querer acabar antes el cuento porque ya había bañado al bebé o tenía que hacer alguna otra cosa, me decían: "¡Te has saltado algo, vuelve atrás otra vez!"»

Joseph se retorció orgulloso en el sofá de cuero. En el suelo asomaba su pañal. Ethan seguía enfrascado en el cuento ilustrado de P. D. Eastman de una fiesta perruna.

«Joseph ha memorizado una serie de libros, como el de *Brush of the Gods...*»

«Y también *Finding Winnie*», dijo Eva.

«Y *El oso se comió tu sándwich*», terció Julie.

«... *Demolition*, y *King Arthur's Very Great Grandson...*»

«Después del primer mes todos me pedían los libros que querían —observó Julie—. Les leía un cuento nuevo, pero siempre oía uno, dos o tres "Mamá, ¿nos puedes leer otro?"»

En el suelo, Ethan se entretenía con el cuento de *Buenas noches, Gorila*, y miraba pausadamente las páginas con ilustraciones de vivos colores de animales que salían sigilosamente de sus jaulas y formaban una cola silenciosa detrás del cuidador sin que él se diera cuenta de nada. Julie se percató de que yo estaba mirando a su hijo.

«Esto no pasaba hace tres meses», puntualizó.

«No hemos leído demasiadas novelas infantiles, pero creo que la mayoría de libros ilustrados que hemos leído los hemos escuchado unas cien veces», comentó Eva.

«Y él es quien más ha aprendido, por las mañanas se porta mucho mejor», añadió Alex señalando a Joseph, que ahora estaba enfrascado en las páginas de *El dragón de papá*. «Ha sido estupendo verlo incluso por la noche sentado y atento, escuchando y haciendo preguntas.»

Alex se echó a reír.

«Ha sido genial, justo lo que todos necesitábamos, sobre todo ahora que pasamos demasiado tiempo ante las pantallas en esta casa. Y es algo que yo mismo no puedo evitar. Probablemente sea el peor, ya que estoy buscando constantemente información en Internet. Sí, aunque me dedique a leer, estoy ante una pantalla, de modo que no soy el mejor ejemplo para los tres.»

Y tomando *Jacobo dos-dos y Colmillo Encapuchado*, la edición de bolsillo de Mordecai Richler, prosiguió:

«El tacto y la sensación de un libro no tiene nada que ver con todo lo demás», afirmó agitándolo en el aire para enfatizar su mensaje.

Alex no había sido un gran participante en las sesiones de lectura, pero estaba encantado con sus efectos.

«Las lecturas han sido muy buenas en distintos sentidos para los chicos. Les han resultado muy provechosas a los tres, han sido enormemente beneficiosas», afirmó.

«Y se nota la diferencia, es espectacular», terció Julie.

«Me refiero a su *vocabulario*», dijo Alex ladeando la cabeza hacia Joseph de nuevo.

«¡Cuando hablaba decía un montón de palabras nuevas! —asintió Julie—. ¡Y yo las reconocía porque eran de alguna historia en particular! Me pareció sorprendente. Usaba una palabra en el contexto adecuado y yo le preguntaba: "¿Dónde has oído esta palabra?", y él me respondía: "¡Oh!, en ese libro…"»

Y yo me dije: *Bingo*.

Epílogo

En *El principito*, el zorro del desierto le confiesa un secreto al pequeño visitante del asteroide B-612 y este a su vez se lo cuenta a Antoine de Saint-Exupéry, el autor. Se ha convertido en la cita más famosa de este conocido libro: «Solo se ve bien con el corazón,[381] lo esencial es invisible a los ojos».

Mientras está caminando por el bello e inhóspito desierto con el principito, Saint-Exupéry «se sorprende al comprender algo de golpe».[382] Nos dice:

> Cuando era niño vivía en una casa antigua que, según la leyenda, tenía un tesoro escondido. Sin duda, nadie lo encontró y quizás nadie lo buscó, pero la casa parecía estar encantada por ese tesoro que guardaba en secreto dentro de su corazón...
>
> —Sí —le dije al principito—. Sea una casa, las estrellas o el desierto, lo que los hace hermosos es invisible.

Lo esencial es invisible a los ojos.

A mí me parece que la promesa y el tesoro de leer en voz alta se parece mucho a esto. Como espectáculo, es aburrido. Simplemente se ve a

381. Antoine de Saint-Exupéry, *The Little Prince*, Egmont, Londres, 2012, p. 68.
382. Saint-Exupéry, pp. 73-74.

un adulto sentado con uno o dos niños, o quizá con media docena de adultos reunidos en torno a dos mesas. Hay un libro, o una pila de libros, o varias hojas fotocopiadas de poemas. Un reloj y un poco de tiempo libre. Se oye una voz humana leyendo un texto mientras unos oídos humanos lo escuchan.

Lo que hace que esta experiencia sea tan bella y esencial —el rico intercambio emocional, la activación de la mente, los viajes con la imaginación, la cultura compartida, el *pathos* y el humor de los textos— es invisible a los ojos.

Sin embargo, sus efectos se ven. Y son maravillosos.

Vivimos en una época de una complejidad inmensa, de un ritmo vertiginoso y de una sofisticación prodigiosa que parece burlarse de las formas y las cosas más sencillas. Pero en la simplicidad se encuentra la magia. La harina, el agua y la levadura hacen el pan. Un bolígrafo, un papel y la imaginación crean un retrato, un paisaje o una novela. Dos personas y un libro juntas producen una experiencia tan poderosa y significativa que sus beneficios son mucho mayores que el tiempo que exige.

Cuando Anna Dewdney, escritora e ilustradora,[383] se enteró de que un tumor cerebral se la iba a llevar prematuramente de este mundo, pidió a sus amigos y a las personas que amaban sus libros que, en lugar de un funeral o de una misa conmemorativa, les leyeran relatos a los niños. Sabía lo que era esencial en la vida. En un artículo para *Speakeasy*, el blog del *Wall Street Journal*, escribió: «Cuando le leemos a un niño,[384] no solo estamos enseñándole a leer o estamos inculcándole el amor por el lenguaje, sino que además estamos haciendo algo poderosísimo a mi modo de ver que se está perdiendo en nuestra cultura: le estamos enseñando a ser humano».

---

383. Shannon Maughn, «Obituary: Anna Dewdney», *Publishers Weekly*, 6 de septiembre de 2016, http://publishersweekly.tumblr.com/post/150056066571/childrens-author-illustrator-and-educator-anna

384. Anna Dewdney, «How Books Can Teach Your Child to Care», *Wall Street Journal*, 7 de agosto de 2013, https://blogs.wsj.com/speakeasy/2013/08/07/why-reading-to-children-is-crucial-not-just-for-literacy/

Leer en voz alta no es poca cosa, es algo muy profundo. Leerle a un ser querido es el más sencillo de los regalos y uno de los mejores que podemos hacerle. Lo único que necesitamos para gozar de una sarta larga y feliz de horas mágicas es alguien que se encargue de que sucedan.

Sin duda, es algo a lo que podemos aspirar. Con amor.

Agradecimientos

A Isaac Newton se le suele atribuir una frase que capta la naturaleza acumulativa del conocimiento. En una carta redactada en 1676, el padre de la física moderna escribió: «Si he llegado a ver más lejos que otros es por haberme subido a hombros de gigantes». Aunque en realidad no fue el primero en usarla. Fiel a la metáfora, lo logró al subirse a hombros de pensadores anteriores que habían dicho más o menos lo mismo.

¡Es alentador tener al menos una cosa en común con Isaac Newton! Para escribir este libro me he subido, como él, a hombros de gigantes, saltando de uno a otro para contemplar vistas que nunca habría podido contemplar de haberme quedado en el suelo, limitada por la perspectiva inmediata de mis ojos.

Aunque la experiencia personal también cuenta. Durante los numerosos años que llevo leyéndole en voz alta a mis hijos, he sabido que estaba ocurriendo algo extraordinario. Lo notaba. Ello se manifestaba en la implicación de todos, la rapidez y la magnitud con la que el lenguaje de mis hijos se enriquecía, la emoción y las risas compartidas con los relatos que leíamos. La experiencia fue tan práctica como mística. Sin embargo, sin los gigantes —los investigadores, los profesores, los bilbiotecarios, los escritores y los filántropos que dedicaron su energía a estudiar los secretos ocultos de la lectura en voz alta— no os podría haber podido explicar por qué esto estaba ocurriendo.

Tengo una deuda de gratitud con numerosas personas. Les estoy muy agradecida a mis abuelos, Mary y Frank Gillman y Barbara y Allan Cox, por traer al mundo a mis padres y por leerles relatos (y a mí también). Les doy las gracias a Noel Cox, mi madre, y a Allan Cox y Grace Simonson, mi padre y mi madrastra, por el amor leal e inagotable que siempre me han ofrecido.

Mil gracias, Lisa Wolfinger. Me has enseñado cómo hacer que leer en voz alta fuera la esencia de mi vida familiar. Gracias, Robert Messenger, por revisar de una forma tan delicada el artículo «El gran regalo de la lectura en voz alta» y por publicarlo en un espacio tan fabuloso en el *Wall Street Journal* en el verano de 2015. Gracias, Mary Ortiz, por guiarme después en la dirección correcta y por motivarme.

Gracias, Stephen Barbara, mi extraordinario agente literario, por tus sabios consejos y tu optimista buen humor mientras te entregaba borradores consecutivos del libro. También le estoy muy agradecida al resto del equipo de Inkwell Management, en especial a Lindsey Blessing y Claire Draper.

Gracias, Gail Winston, mi maravilloso editor de Harper, por tu compasivo don, propio de un acupunturista, de saber exactamente dónde clavar la aguja.

Gracias, Sofia Groopman, y a la fantástica Emily Taylor, en especial, por cuidar de los gatos de la editorial, y a Robin Bilardello y Fritz Metsch por la bella cubierta de la edición original y el diseño del interior del libro. Gracias, Miranda Ottewell, por salvarme de los errores tipográficos y de las meteduras de pata.

Por el constante amor que me han ofrecido en la editorial y lo generosos que han sido conmigo con su tiempo, tengo una gran deuda de gratitud con Rosemary Wells, Diane Zeleny y Mona Charen, y también con Danielle «Ministra de la Diversión» Crittenden y David Frum, por los numerosos años de afectuosa amistad, excelentes consejos y fabulosas fiestas.

Por los innumerables conocimientos, inspiración, anécdotas y profesionalidad que han hecho posible este libro, les estoy enormemente agradecida (los cito por orden alfabético, de lo contrario me sería imposible) al doctor Mohammed Kabir Abubakar, Anne Applebaum, Lizzie Atkinson, la doctora Barbara Bean, Claudia Zoe Bedrick, Patrick Braillard, Stuie Brown, Morten Christiansen, Lora Coonce, Dan Coupland, Melissa Davidson, Carl Dennis, Maureen Ferguson, Jane Fidler, Luke Fischer, Amy Freeman, Kate Fulton, Sally Gannon, Reuel Gerecht, Roberta Michnick Golinkoff, Kelli Gray, Chen Guangcheng, Amy Guglielmo, Paul Higgins, el doctor Scott Holland, Annie Holmquist, Lauri Hornik, el doctor Tzipi Horowitz-Kraus, el doctor John Hutton, la doctora Candace Kendle, la doctora Perri Klass, Deborah Lancman, Jamie Lingwood, Alyson Lundell, Matt Mehan, Taylor Monaco, Christine Nelson, Walter Olson, Marshall Peters, Susan Pinker, Steve Pippin, Andrew Pudewa, Christine Rosen, Caroline Rowland, Matthew Rubery, Laura Amy Schlitz, Roger Scruton, la doctora Suna Seo, Christina Hoff Sommers, el doctor Siva Subramanian, Catherine Tamis-LeMonda, Maria Tatar, Puffin Travers, Jack Wang, Victoria Wells, Natasha Whitling, Marianne Worley y Paul O. Zelinsky.

Les doy en especial las gracias a los miembros de la familia Barsantini, Baylinson, Carroccio, Daniels, DeMuth, Duggan, Grey, Mullner, Nader, Reese, Rossiter y Sikorski, y también a las familias de los Yeager, ya sabéis quiénes sois, así como a la plantilla del Story Museum, en Oxford, Inglaterra. Desearía también dar las gracias a Gwendolyn van Paasschen por haber puesto a mi disposición, como lugar de retiro, el elegante hogar que compartió con John Makin durante la decisiva etapa en la que empecé a escribir el libro, y a los doctores Toby y Liz Cox por su hopitalidad en Utah y por compartir conmigo sus conocimientos de pediatría. Gracias también a ti, Erich Eichman, mi editor en el *Wall Street Journal* y uno de los auténticos caballeros que quedan en el mundo, por la bondad y la paciencia que me has demostrado a lo largo de los numerosos años de colaboración.

Con un espíritu de gratitud más amplio, me gustaría saludar a ciertas personas que han convertido la lectura en voz alta en su causa. Entre estos campeones se incluye Claudia Aristy, cuya vigorosa gestión del programa «Reach Out and Read» realizada en el Hospital Bellevue de

Nueva York ha hecho posible que innumerables niños de familias de bajos ingresos pudieran vivir este milagro. Un aplauso también para Katrina Morse y sus colegas de la Family Reading Partnership en Ithaca, Nueva York, que han colgado en el paisaje de Tomkins County alegres pósteres exhortativos y han instalado pequeñas repisas rojas provistas de lecturas para las familias. Me quito el sombrero ante Lester Laminack y Mem Fox, dos defensores excepcionalmente elocuentes y entusiastas de la lectura en voz alta. Y también ante la filántropa Dolly Parton, cuya organización benéfica Imagination Library ha puesto al alcance de los niños la increíble cantidad de más de cien millones de libros. Deseo darles en especial las gracias al doctor Robert Needlman, el doctor Barry Zuckerman y el doctor Alan Mendelsohn, los fundadores de Reach Out and Read. Y a Jim Trelease, autor de *The Read-Aloud Handbook*, que desde 1982 lleva dedicándose más que quizá ninguna otra persona a difundir el mensaje de la lectura en voz alta en Estados Unidos.

Mi vida como escritora y madre sería imposible de imaginar sin el amor y apoyo de Hugo Gurdon, mi marido y compañero en mil intrépidas aventuras. ¿Y los Chogen? Naturalmente, nada de todo esto habría sido posible sin vosotros. Molly, Paris, Violet, Phoebe y Flora, leeros relatos ha sido el privilegio más grande de mi vida. Ser vuestra madre es mi mayor alegría.

Libros citados en

La magia de leer en voz alta

¡Todos altamente recomendados!

A Baby Sister for Frances de Russell Hoban, ilustrado por Lillian Hoban.

Abel's Island de William Steig.

Adam of the Road de Elizabeth Gray, ilustrado por Robert Lawson.

Adivina cuánto te quiero de Sam MacBratney, ilustrado por Anita Jeram.

Ahora no, Bernardo de David McKee.

Alicia en el país de las maravillas de Lewis Carroll, ilustrado por John Tenniel.

The Amazing Bone de William Steig.

Andrew's Loose Tooth de Robert Munsch.

Around the World with Ant and Bee de Angela Banner.

Una arruga en el tiempo de Madeleine L'Engle.

Art & Max de David Wiesner.

A través del espejo, «Galimatazo», de Lewis Carroll.

Las aventuras de Huckleberry Finn de Mark Twain.

The BabyLit Series de Jennifer Adams, ilustrados por Alison Oliver.

Bajo la misma estrella de John Green.

Beowulf, adaptación de Michael Morpurgo, ilustrado por Michael Foreman.

The Big Honey Hunt de Stan y Jan Berenstain.

Book of Greek Myths de Ingri d'Aulaire y Edgar Parin d'Aulaire.

Buenas noches Ludovico de Patsy Scarry, ilustrado por Richard Scarry.

Buenas noches, luna de Margaret Wise Brown, ilustrado por Clement Hurd.

Boy: relatos de la infancia de Roald Dahl, ilustrado por Quentin Blake.

Brush of the Gods de Lenore Look, ilustrado por Meilo So.

Buenas noches, gorila de Peggy Rathmann.

El búho y la gatita de Edward Lear, ilustrado por Robert Ingpen.

A Butterfly Is Patient de Dianna Hutts Aston, ilustrado por Sylvia Long.

El caballo mágico de Han Gan de Chen Jiang Hong.

La casa de la pradera de Laura Ingalls Wilder, ilustrado por Garth Williams.

La casa redonda de Louise Erdrich.

Charlie y la fábrica de chocolate de Roald Dahl, ilustrado por Quentin Blake.

A Child's History of the World de Virgil Hillyer, ilustrado por Carle Michel Boog y M. S. Wright.

The Cozy Classics Series de Jack Wang y Holman Wang.

Las crónicas de Narnia de C. S. Lewis.

El cuento de la señora Bigarrilla de Beatrix Potter.

Cucú de Janet y Allan Ahlberg.

El dador de Lois Lowry.

Demolition de Sally Sutton, ilustrado por Brian Lovelock.

Un día de nieve de Ezra Jack Keats.

El diario totalmente verídico de un indio a tiempo parcial de Sherman Alexie.

Dominico de William Steig.

El dragón de papá de Ruth Stiles Gannett, ilustrado por Ruth Chrisman Gannett.

Cuentos de Hadas de los Hermanos Grimm de Jacob y Wilhelm Grimm.

The Emperor's New Clothes de Hans Christian Andersen, ilustrado por Virginia Lee Burton.

La estación de bomberos de Robert Munsch.

Fahrenheit 451 de Ray Bradbury.

Finding Winnie de Lindsay Mattick, ilustrado por Sophie Blackall

Flotsam de David Wiesner.

Fortune de Diane Stanley.

La fuga de Logan de William F. Nolan y George Clayton Johnson.

Go, Dog. Go! de P. D. Eastman.

Goodnight iPad de «Ann Droyd» (seudónimo de David Milgrim).

Un granjero de diez años de Laura Ingalls Wilder, ilustrado por Garth Williams.

Un grillo en Nueva York de George Selden.

El grúfalo de Julia Donaldson, ilustrado por Axel Scheffler.

The Happy Lion de Louise Fatio, ilustrado por Roger Duvoisin.

Harry Potter y la piedra filosofal de J. K. Rowling, ilustrado por Mary GrandPré.

His Royal Highness, King Baby de Sally Lloyd-Jones, ilustrado por David Roberts.

Historia de Babar el elefantito de Jean de Brunhoff.

La historia de Ferdinando de Munro Leaf, ilustrado por Robert Lawson.

El Hobbit de J. R. R. Tolkien.

The House of Sixty Fathers de Meindert DeJong, ilustrado por Maurice Sendak.

How Much I Love You de Sam McBratney, ilustrado por Anita Jeram.

Hoyos de Louis Sachar.

Huevos verdes con jamón del Dr. Seuss.

I Love You to the Moon and Back de Amelia Hepworth, ilustrado por Tim Warnes.

The Iliad, adaptación de Gillian Cross, ilustrado por Neil Packer.

La isla de los delfines azules de Scott O'Dell Jacob.

La isla del tesoro de Robert Louis Stevenson.

Jacobo dos-dos y Colmillo Encapuchado de Mordecai Richler, ilustrado por Dušan Petričić.

James y el melocotón gigante de Roald Dahl, ilustrado por Lane Smith.

El jardín secreto de Frances Hodgson Burnett, ilustrado por Tasha Tudor.

Johnny Tremain de Esther Forbes, ilustrado por Lynd Ward.

Jorge el Curioso de H. A. Rey y Margret Rey D'Aulaires.

Los juegos del hambre de Suzanne Collins.

Kangaroo and Crocodile: My Big Book of Australian Animals de Bronwyn Bancroft.

Kidnapped de Robert Louis Stevenson, ilustrado por N. C. Wyeth

The Killer Angels de Michael Shaara.

King Arthur's Very Great Grandson de Kenneth Kraegel.

El largo invierno de Laura Ingalls Wilder, ilustrado por Garth Williams.

El león, la bruja y el armario de C. S. Lewis, ilustrado por Pauline Baynes.

El libro de los colores de las ceras de Drew Daywalt, ilustrado por Oliver Jeffers.

The Light in the Forest de Conrad Richter.

Los lobos de Willoughby Chase de Joan Aiken.

Madeline de Ludwig Bemelmans.

The Maggie B de Irene Haas.

El maravilloso mago de Oz de L. Frank Baum, ilustrado por W. W. Denslow.

Mary Poppins de P. L. Travers, ilustrado por Mary Shepard.

The Merry Chase de Clement Hurd.

Mi amigo el gigante de Roald Dahl, ilustrado por Quentin Blake.

Mi primer libro de arte de Lucy Micklethwait.

Mike Mulligan y su máquina maravillosa de Virginia Lee Burton.

Mirar con lupa. Las grandes obras de la pintura occidental de Claire d'Harcourt.

Mr. Wuffles! de David Wiesner.

The Odyssey, narrada por Gillian Cross, ilustrada por Neil Packer

Old Mother West Wind de Thornton W. Burgess.

One Grain of Rice de Demi.

El oso se comió tu sándwich de Julia Sarcone-Roach.

Pedro Melenas de Heinrich Hoffman.

Pequeño águila de Chen Jiang Hong.

Peter Pan de J. M. Barrie.

Pinocho de Carlo Collodi, ilustrado por Roberto Innocenti.

Pip y Posy de Axel Scheffler.

Pippi se embarca de Astrid Lindgren, ilustrado por Florence Lamborn.

Precisamente así, «Así fue cómo al rinoceronte se le formó su piel», de Rudyard Kipling.

La princesita de Frances Hodgson Burnett, ilustrado por Tasha Tudor.

El príncipe feliz y otros cuentos, «El príncipe feliz» y «El gigante egoísta» de Oscar Wilde, ilustrado por P. J. Lynch.

El principito de Antoine de Saint-Exupéry.

Querido zoo de Rod Campbell.

Rana, ¿dónde estás? de Mercer Mayer.

Rapunzel de Paul O. Zelinsky.

Rebeldes de S. E. Hinton.

Redwall de Brian Jacques.

Un reino lejano y claro de Mark Helprin, ilustrado por Chris Van Allsburg.

Rip Van Winkle, la leyenda de Sleep Hollow de Washington Irving.

El robinsón suizo de Johann Wyss.

Rumpelstiltskin de Paul O. Zelinsky.

Sam y Leo cavan un hoyo de Mac Barnett, ilustrado por Jon Klassen.

The Sand Castle Contest de Robert Munsch.

El Señor de los Anillos de J. R. R. Tolkien.

The Shadow de Donna Diamond.

Las siete princesas sabias de Wafa Tarnowska, ilustrado por Nilesh Mistry.

Sleepy Solar System de John Hutton, ilustrado por Doug Cenko.

Solomon Crocodile de Catherine Rayner.

The Story About Ping de Marjorie Flack, ilustrado por by Kurt Wiese.

Stuart Little de E. B. White, ilustrado por Garth Williams.

Sylvester and the Magic Pebble de William Steig.

The Tales of Mother Goose de Charles Perrault, ilustrado por Gustave Doré.

Scrawny Lion de Katherine Jackson, ilustrado por Gustaf Tenggren.

Tawny Scrawny Lion de Katherine Jackson, ilustrado por Gustaf Tenggren

La telaraña de Carlota de E. B. White, ilustrado por Garth Williams.

Touch the Art (la colección) y *Brush Mona Lisa's Hair* de Amy Guglielmo y Julie Appel.

Los viajes de Babar de Jean de Brunhoff.

Turtles All the Way Down de John Green.

The Underneath de Kathi Appelt, ilustrado por David Small.

Utterly Lovely One de Mary Murphy.

Veinte mil leguas de viaje submarino de Jules Verne.

La verdadera historia del motín de la «Bounty» de William Bligh.

El viento en los sauces de Kenneth Grahame, ilustrado por Arthur Rackham.

Winnie de Pooh de A. A. Milne, ilustrado por Ernest H. Shepard.

El yesquero, adaptación de Stephen Mitchell, ilustrado por Bagram Ibatoulline.

Yo quiero mi gorro de Jon Klassen.

Young Titan: The Making of Winston Churchill de Michael Shelden.

Más relatos sugeridos para leer en voz alta

Aventuras por el vasto mundo

Clever Ali de Nancy Farmer, ilustrado por Gail de Marcken.

Cloud Tea Monkeys de Mal Peet y Elspeth Graham, ilustrado por Juan Wijngaard.

Cómo aprendí geografía de Uri Shulevitz.

Naves negras ante Troya de Rosemary Sutcliff, ilustrado por Alan Lee.

Night Sky Dragons de Mal Peet y Elspeth Graham, ilustrado por Patrick Benson.

Pippi Calzaslargas de Astrid Lindgren.

Rosie's Magic Horse de Russell Hoban, ilustrado por Quentin Blake.

Libros sobre arte

The Art Book for Children, tomos 1 y 2, publicados por los editores de Phaidon Press.

Blue Rider de Geraldo Valério.

The First Drawing de Mordicai Gerstein.

Imagine! de Raúl Colón.

Lives of the Great Artists de Charlie Ayers.

El museo de arte de Babar de Laurent de Brunhoff.

Old Masters Rock de Maria-Christina Sayn-Wittgenstein Nottebohm.

Libros para dormir

The Big Red Barn de Margaret Wise Brown, ilustrado por Felicia Bond.

El libro del oso de Kate Banks, ilustrado por Georg Hallensleben.

Power Down, Little Robot de Anna Staniszewski, ilustrado por Tim Zeltner.

The Prince Won't Go to Bed! de Dayle Ann Dodds, ilustrado por Krysten Brooker.

Si la luna pudiera hablar de Kate Banks, ilustrado por Georg Hallensleben.

What Can You Do with a Shoe? de Beatrice de Regniers, ilustrado por Maurice Sendak.

Where's My Teddy? de Jez Alborough.

Soy bondadoso

Gorilón de Jeanne Willis, ilustrado por Tony Ross.

The Hundred Dresses de Eleanor Estes, ilustrado por Louis Slobodkin.

Last Stop on Market Street de Matt de la Peña, ilustrado por Christian Robinson.

La pequeña salvaje de Chris Wormell.

Stella's Starliner de Rosemary Wells.

Todos con Vanesa: un pequeño gesto puede cambiar el mundo de Kerascoët.

Wolf in the Snow de Matthew Cordell.

Soy pequeño

Du Iz Tak? de Carson Ellis.

Edward's First Night Away de Rosemary Wells.

Esperando de Kevin Henkes.

Un globo tan bonito como la luna de Komako Sakai.

Hola, Tilly de Polly Dunbar.

King Jack and the Dragon de Peter Bently, ilustrado por Helen Oxenbury.

Little Wolf's First Howling de Laura McGee Kvasnowsky y Kate Harvey McGee.

Coches, camiones y medios de transporte que hacen brum brum

20 Big Trucks in the Middle of the Street de Mark Lee, ilustrado por Kurt Cyrus.

The Caboose Who Got Loose de Bill Peet.

Demolition de Sally Sutton, ilustrado por Brian Lovelock.

Fire Truck de Peter Sís.

Here Comes the Train de Charlotte Voake.

Machines Go to Work de William Low.

Machines Go to Work in the City de William Low.

Libros de conceptos, ilustrados con cuentas, colores y opuestos

Alphablock de Christopher Franceschelli, ilustrado por Peskimo

Before After de Anne-Margot Ramstein y Mathias Arégui.

Cockatoos de Quentin Blake.

Los contrarios de Xavier Deneux.

Ducks Away! de Mem Fox, ilustrado por Judy Horacek.

Llamaphones de Janik Coat.

My Pictures After the Storm de Éric Veillé.

Acepta la excentricidad

Cecil the Pet Glacier de Matthea Harvey, ilustrado por Giselle Potter.

Cómo venció Tom al capitán Baladrón de Russell Hoban, ilustrado por Quentin Blake.

Henry Huggins de Beverly Cleary, ilustrado por Louis Darling.

Imogene's Antlers de David Small.

Marshall Armstrong Is New to Our School de David Mackintosh.

Martha Speaks de Susan Meddaugh.

Traction Man Meets Turbo Dog de Mini Grey.

Fábulas y cuentos a modo de postres

The Chinese Emperor's New Clothes de Ying Chang Compestine, ilustrado por David Roberts.

Los cuentos de así fue de Rudyard Kipling.

The Goat-Faced Girl de Leah Marinsky Sharpe, ilustrado por Jane Marinsky.

Hubert's Hair-Raising Adventure de Bill Peet.

El lobo, el pato y el ratón de Mac Barnett, ilustrado por Jon Klassen.

Lousy Rotten Stinkin' Grapes de Margie Palatini, ilustrado por Barry Moser.

The Storyteller de Evan Turk.

Cuentos de hadas y cuentos populares, antiguos y modernos

The Bearskinner de Laura Amy Schlitz, ilustrado por Max Grafe.

Brave Red, Smart Frog de Emily Jenkins, ilustrado por Rohan Daniel Eason.

The Girl with a Brave Heart de Rita Jahanforuz, ilustrado por Vali Mintzi.

Iron Hans de Stephen Mitchell, ilustrado por Matt Tavares.

The Jungle Grapevine de Alex Beard.

Robin Hood de David Calcutt, ilustrado por Grahame Baker-Smith

The White Elephant de Sid Fleishman, ilustrado por Robert McGuire.

Vida familiar

Building Our House de Jonathan Bean.

Leave Me Alone! de Vera Brosgol.

The Money We'll Save de Brock Cole.

Rotten Ralph de Jack Gantos, ilustrado por Nicole Rubel.

Tormenta de nieve de John Rocco.

Toys Go Out, Toys Come Home y *Toy Dance Party* de Emily Jenkins, ilustrado por Paul O. Zelinsky.

Yard Sale de Eve Bunting, ilustrado por Lauren Castillo.

Encuentra tu lugar

León de biblioteca de Michelle Knudsen, ilustrado by Kevin Hawkes.

Leon the Chameleon de Mélanie Watt.

Make Way for Ducklings de Robert McCloskey.

Noodle de Munro Leaf, ilustrado por Ludwig Bemelmans.

The Obvious Elephant de Bruce Robinson, ilustrado por Sophie Windham.

Piper de Emma Chichester Clark.

Wee Gillis de Munro Leaf, ilustrado by Robert Lawson.

Amistad y amor

The Chirri & Chirra books de Kaya Doi, traducido del japonés por Yuki Kaneko.

El dragón perezoso de Kenneth Grahame, ilustrado por Ernest H. Shepard.

El león feliz de Louise Fatio, ilustrado por Roger Duvoisin

Martin Pebble de Jean-Jacques Sempé.

Paul Meets Bernadette de Rosy Lamb.

The Runaway Bunny de Margaret Wise Brown, ilustrado por Clement Hurd.

The Song of Delphine de Kenneth Kraegel.

Grandes tesoros

The American Story de Jennifer Armstrong, ilustrado por Roger Roth.

The Annotated African American Folktales de Maria Tatar con Henry Louis Gates Jr.

The Brambly Hedge Treasury de Jill Barklem.

Jorge el curioso construye un hogar de H. A. Rey y Margret Rey.

Jorge el curioso planta una semilla de H. A. Rey y Margret Rey.

Maps de Aleksandra Mizielinska y Daniel Mizielinski Norse.

Norse Myths: Tales of Odin, Thor and Loki de Kevin Crossley-Holland, ilustrado por Jeffrey Alan Love.

The World of Robert McCloskey de Robert McCloskey.

Ingenio e iniciativa

The Arabian Nights de Wafa' Tarnowska, ilustrado por Carole Henaff.

Anatole y *Anatole and the Cat* de Eve Titus, ilustrado por Paul Galdone.

The Donut Chef de Bob Staake.

The Duchess Bakes a Cake de Virginia Kahl.

The Dunderheads de Paul Fleischman, ilustrado por David Roberts

Good Enough to Eat de Brock Cole.

Stone Soup de Marcia Brown.

Relatos más largos para pequeños oyentes

Camino de fresnos de Ivan Southall.

A Drowned Maiden's Hair de Laura Amy Schlitz.

El libro del cementerio de Neal Gaiman, ilustrado por Dave McKean.

Half Magic y *Magic by the Lake* de Edward Eager, ilustrado por N. M. Bodecker.

The Inquisitor's Tale de Adam Gitwitz, ilustrado por Hatem Aly

The Miraculous Journey of Edward Tulane de Kate DiCamillo, ilustrado por Bagram Ibatoulline.

A Tale Dark and Grim de Adam Gidwitz, ilustrado por Dan Santat.

Poesía y rimas

Beastly Verse de JooHee Yoon.

A Child's Garden of Verses de Robert Louis Stevenson, ilustrado por Tasha Tudor.

El gato Mateo va de paseo de Brendan Wenzel.

17 Kings and 42 Elephants de Margaret Mahy, ilustrado por Patricia MacCarthy.

Life Doesn't Frighten Me de Maya Angelou, ilustrado con pinturas de Jean-Michel Basquiat.

Lo que escuchó la mariquita de Julia Donaldson, ilustrado por Lydia Monks.

Orange Pear Apple Bear de Emily Gravett.

Busca y encuentra

Fish on a Walk de Eva Muggenthaler.

In the Town All Year' Round de Rotraut Susanne Berner.

El intruso de Bastien Contraire.

Lost and Found: Adèle and Simon in China de Barbara McClintock

One Is Not a Pair de Britta Tekkentrup.

Where's Walrus? de Stephen Savage.

Where's Warhol? de Catherine Ingram, ilustrado por Andrew Rae.

Historias del mundo real

Bulcken Root Josephine: The Dazzling Life of Josephine Baker de Patricia Hruby Powell, ilustrado por Christian Robinson.

Dadblamed Union Army Cow de Susan Fletcher, ilustrado por Kimberly Bulcken Root.

Sky Boys: How They Built the Empire State Building de Deborah Hopkinson, ilustrado por James E. Ransome.

Strong Man: The Story of Charles Atlas de Meghan McCarthy.

Tiny Creatures: The World of Microbes de Nicola Davies, ilustrado por Emily Sutton.

El viaje de Shackleton y *Los lobos de Currumpaw* de William Grill.

Wise Guy: The Life and Philosophy of Socrates de M. D. Usher, ilustrado por William Bramhall.

Emociones fuertes

Brave Martha de Margot Apple.

The Funeral de Matt James.

Un gorila de Anthony Browne.

Grumpy Bird de Jeremy Tankard.

Jabari Jumps de Gaia Cornwall.

Maybe a Bear Ate It! de Robie H. Harris, ilustrado por Michael Emberley.

The Terrible Plop de Ursula Dubosarsky, ilustrado por Andrew Joyner.

Juegos de palabras graciosos

The Alphabet Thief de Bill Richardson, ilustrado por Roxana Bikadoroff.

Bashful Bob and Doleful Dorinda de Margaret Atwood, ilustrado por Dušan Petričić.

Betty's Burgled Bakery de Travis Nichols.

Mirror Mirror de Marilyn Singer, ilustrado por Jośee Masse.

Mom and Dad Are Palindromes de Mark Shulman, ilustrado por Adam McCauley.

Stegothesaurus de Bridget Heos, ilustrado por T. L. McBeth.

Take Away the A y *Where's the Baboon?* de Michaël Escoffier, ilustrado por Kris di Giacamo.

Libros ilustrados sin texto

Explora e *Imagina* de Aaron Becker.

Fox and Hen Together de Béatrice Rodriguez.

El granjero y el payaso de Marla Frazee.

The Hero of Little Street de Gregory Rogers.

Ice de Arthur Geisert.

El ladrón de gallinas de Béatrice Rodriguez.

El libro rojo y *Read Again* de Barbara Lehman.

La ola de Suzy Lee.

PARA OYENTES DE MÁS EDAD
Historias clásicas

«The Body Snatcher» de Robert Louis Stevenson.

«El collar» de Guy de Maupassant.

El desván y otros relatos de Saki.

«La doncella de hielo» de Hans Christian Andersen.

«Encender un fuego» de Jack London.

Estudio en escarlata de Arthur Conan Doyle.

El trigo tierno de Colette.

La leyenda de Sleepy Hollow de Washington Irving.

«El corazón delator» de Edgar Allan Poe

Novelas y narraciones cortas clásicas

Cuento de Navidad de Charles Dickens.

El código de los Wooster de P. G. Wodehouse.

El doctor Jekyll y Mr. Hyde de Robert Louis Stevenson.

Emma de Jane Austen.

El gran Gatsby de F. Scott Fitzgerald.

La maldición de Hill House de Shirley Jackson.

La muerte de Ivan Ilich de Lev Tolstói.

Rebelión en la granja de George Orwell.

Valor de ley de Charles Portis.

Menciones de copyright de fragmentos citados de las siguientes obras

imprint of the Knopf Doubleday Publishing Group, a division of Penguin Random House LLC. All rights reserved. [El paciente inglés].

Una historia de la lectura, Alberto Manguel, Alianza Editorial, Madrid, 1998. Traducción de José Luis López.

James y el melocotón gigante de Roald Dahl, Alfaguara, Madrid, 1987. Traducción de Leopoldo Rodríguez.

¡Duérmete ya, joder! de Adam Mansbach, Random House Mondadori, Barcelona, 2011. Traducción de Laura Manero Jiménez.

Leer como por arte de magia, Mem Fox, Paidós, Barcelona, 2003. Traducción de Joan Carles Guix.

El largo invierno de Laura Ingalls Wilder, Noguer Ediciones, Barcelona, 1996. Traducción de Ana Cristina Werring Millet.